평신도를 위한 신학

– 역사신학적 조명 –

평신도를 위한 신학

– 역사신학적 조명 –

김홍기 지음

이화여자대학교출판부

| 차 | 례 |

제1장

삼위일체론
(三位一體論: Trinity)

구약의 삼위일체

안드레이 루블레프, 1410-20년경, 모스크바, 드레타코프 미술관, 141×113cm
삼위일체를 아브라함에게 찾아온 세 천사로 상징하고 있다. 여성적 이미지 때문에 여성 신학자들이 좋아하는 아이콘(icon)이다.

들어가는 말

흔히 하르낙(Adolf Harnack) 같은 19세기 자유주의 신학자들을 비롯하여 비판적으로 초대교회 삼위일체론과 기독론을 이해하는 학자들은 초대 교리의 헬라적 형이상학적 요소를 비신화하여야 한다고 주장한다. 또한 오늘날의 역사적 예수 연구를 다시 활발히 전개하는 학자들도 신격화된 신앙의 그리스도를 헬라 철학적 잔재로 비판한다.

그러나 초대교회의 역사적 상황, 즉 그들의 삶의 자리(Sitz-im-Leben)로 돌아가 보면, 철학을 전제로 전개시킨 연역법적 교리 형성이라기보다는 그들의 실존적 신앙 체험, 곧 창조주 하나님 체험, 속죄주 그리스도 체험, 그리고 구원의 완성 주 성령 체험에서 그것을 설명하고 변증하기 위하여 헬라 철학적 방법을 빌려 온 귀납법적인 발전이었음을 이해할 수 있다. 특히 곤잘레스(Justo Gonzalez) 같은 학자들이 이러한 귀납법적 신앙고백을 강조한다. 다시 말해서 삼위일체이신 성부 하나님 체험, 성자 하나님 체험, 성령 하나님 체험이 먼저 있었고, 그 체험을 신학적으로 체계화한 것은 후대의 작업이라는 것이다.

확실히, 초대교회 성도들에게 있어서는 삼위일체론적, 기독론적 질문은 '예수를 속죄주 그리스도로 고백하는 신앙을 어떻게 논리적으로 설명할 것인가? 창조주 하나님의 실존적 체험, 속죄주 그리스도의 실존적 체험, 성화의 주님 성령의 실존적 체험을 논리적으로 어떻게 설명할 수 있을까? 인간이 어떻게 구원을 받을 것인가?(구원론), 교회의 본질과 기능은 무엇인가?(교회론), 그리고 역사의 종말과 천국은 무엇인가?(종말론)'라는 초대교회 현장과 초대 교인들의 실존적 신앙 경험 속에서 쏟아져 나온 산 신학(living theology)이었다. 다시 말해서 교리화(dogmatizing)에 그 목적이 있었던 것이 아니라, 크리스천의 삶의 활성화(vivifying)를 찾는 것에 그 목적이 있었다. 그래서 먼저 카파도키아학파 이전의 삼위일체 형성 과정을 살펴 본 이후에 본격적으로 카파도키아학파의 역할을 추적하기로 하고 그 학파의 결론적 고백이 콘스탄티노플회의(381년)에서 나타났음을 고찰하여 보고자 한다.

I. 카파도키아학파 이전까지의 삼위일체론 형성의 역사적 전개 과정:

초대교회의 삼위일체론은 예수의 신성과 관련하여 발전하게 되었다. '예수가 누구인가? 그가 신성을 지닌 하나님인가? 그가 신성을 소유하고 있는 하나님이라면 성부와 똑같은 신성을 소유하고 있는가? 아니면 한 단계 낮은 신성을 소유하고 있는가? 성부와 성자와의 관계는 어떤 것인가?' 라는 질문에서부터 발전하였다.

먼저 에비온주의(Ebionism)에서 이해한 예수 이해부터 생각해 볼 필요가 있다. 주로 유대인들에 의하여 형성된 양자설(adoptionism)이다. 곧 예수의 신성을 믿지 않고, 그의 인간성만을 강조하는 사상이다. 예수는 마리아와 요셉의 결혼 관계에 의해서 탄생된 인간 예수인데, 세례받는 순간에 하나님의 아들로 양자되었다는 것이다. 그 후에 십자가에 못 박히기 전에 하나님의 아들의 신분은 사라지고 순수한 인간으로 처형되었다는 것이다. 예수의 신성을 부인하는 이단 사상이 되었던 것이다.

오늘날 문선명의 『원리강론』과 그것을 풀이한 김영운의 『통일신학』에서는 이러한 양자 사상을 도입한다. 예수가 양자가 되었듯이 문선명도 하나님의 양자로 제2의 재림주로 선택되었다는 것이다. 심지어 통일교 신학자 김영운은 예수는 마리아와 제사장 사가랴 사이에서 태어난 아들로 해석하기도 한다. 고대 근동 지방에서는 제사장에게 몸을 바치는 경우가 있었는데 마리아가 사가랴의 집을 방문하였다가 그녀의 몸을 바쳐 예수가 태어났다는 것이다. 그러니까 예수와 세례 요한은 같은 아버지 사가랴의 아들들이라는 해괴망측한 해석을 하는 것이다. 그런데 예수는 영혼만 구원하였고 육체의 구원은 실패하여 십자가에서 처형되었으므로 문예수가 육체의 구원을 완성한다는 것이다. 그러므로 통일교는 에비온주의적 이단이다.

한편 초대교회에서 예수의 신성을 인정하지 않는 또 하나의 이단이 일어났다. 단일신론(Monarchianism)이다. 이것을 군주신론이라고도 표현하나, 필자는 단일신론이라고 표현하기를 좋아한다. 역동적(dynamic) 단일신론과 양태론적(modalistic) 단일신론으로 구분되는데, 삼위의 일체성만을 그리고 성부의 신성만을 지나치게 강조함으로써 세 위격의 구분도 없어지는 성부수난설(Patripassianism)을 주장하는 사벨리우스주의(Sabellianism)의 극단으로 치우치게 되었다. 역동적 단일신론이란 성부만 참 하나님이고, 성자와 성령은 단지 하나의 에너지에 지날 뿐이라는 것이다. 양태론적 단일신론은 성부만 참 하나님이고, 성자와 성령은 성부의 양태(appearance)일 뿐이라는 것이다. 다시 말해서 성자와 성령은 인격적 객체로 존재하는 것이 아니라, 성부의 한 현현 곧 나타나심의 양태일 뿐이라는 것이다. 그러니까 결국은 십자가에 달리신 분은 성부 하나님이라는 결론에 이르게 되었다. 그래서 성부, 성자, 성령의 위격은 분리되지는 (separated) 않지만, 구분되어진다(distinguished)는 해석이 정통 삼위일체론에서 발전되어 가게 되었다.

이러한 단일신론적 이단의 현대적 모습은 바로 여호와증인이다. 여호와증인은 여호와 하나님의 신성만을 믿고 예수의 신성과 성령의 신성을 믿지 않는다. 그러므로 여호와증인의 신앙은 기독교적 유일신 신앙이라기보다는 이단적 단일신론적 신앙이다.

지금까지 살펴본 에비온주의나 단일신론은 예수의 신성을 거부하는 이단이었으나, 인간의 육체로 성육신하신 예수의 인성을 부인하는 영지주의라는 이단도 등장하였다. 이 영지주의는 초대교회를 가장 힘들게 만든 이단 사상이었다. 영지주의(Gnosticism)는 신적 존재인 예수가 육체로 오심을 부정하는 이원론과 가현설(Docetism)을 주장하였다. 다시 말해서 영혼은 거룩하고 육체는 악하다는 이원론에 근거하여, 예수는 선하고 거룩한 영적 존재로서 악하고 더러운 육체를 가질 수 없다는 것이다. 다만 유령적인 존재로 가짜로 현현하였다는 것이다. 그것이 곧 가현설이다.

이러한 예수의 신성을 부인한다든가, 예수의 인성을 부인하는 두 극단적 이단 사상의 양극을 달리지 않고 기독교의 정통 삼위일체 신앙을 발전시킨 학자들이 바로 이레니우스와 터툴리아누스였다. 이레니우스(Irenaeus)는 경세적 삼위일체 혹은 경륜적 삼위일체론을 전개하였다. 다시 말해서 멸망으로 치달리는 역사를 구원하기 위하여 재포착(희랍어로 anakepalaiosis, 라틴어로 recapitulatio)하는 구원의 경륜(oikonomia)을 이레니우스는 강조하였다. 오이코노미아(oikonomia)는 영어의 이코노미(economy) 곧 경제로 해석되기도 한다. 즉 역사 속에서 성부, 성자, 성령은 구별되면서도 동시에 인류 구원의 책임감과 경륜을 갖는다고 주장하였다.

특히, 마르시온과 영지주의가 구약의 창조주 하나님과 신약의 속죄주 그리스도가 다르다는 주장을 분쇄하기 위하여, 창조주 하나님은 창조의 경륜을, 그리스도는 화해와 회복의 재포착의 경륜을, 성령은 인간의 갱신의 경륜을 이루어 가진다고 이레니우스는 이해하였다. 아담이 불복종함으로 하나님의 형상을 잃어버리고 타락의 역사가 시작되었듯이, 제2 아담 예수 그리스도가 순종함으로 잃어버린 하나님의 형상을 회복하고 역사를 재포착하게 되었음을 강조한다. 아담은 사망의 원인이 되었으나, 그리스도는 새롭게 구속된 인간성 회복의 원인이 되었다.[1]

그리스도를 통한 구속의 재포착과 재회복은 새 창조(new creation)로 표현되었다. 그리스도 안에서 이루어진 새 창조는 옛 창조를 재포착하고, 재회복하는 것이기도 하다. 그리스도의 복종으로 말미암아 선악과를 따먹은 불복종으로 멸망에 이르게 된 옛 창조를 새 창조로 갱신시키고 개혁시키게 되었다는 것이다. 그리고 이브가 하나님의 말씀을 어기고 선악과를 따먹음으로 파괴된 옛 창조를 마리아가 하나님의 말씀과 복음에 복종함으로써 새 창조를 이루는 재포착이 일어나게 되었음을 이레니우스는 강조한다. 그리고 그리스도 안에서 인간이 성령과 하나가 되는 새 창조가 일어나게 되었고, 인간 안에 성령이 거하는 새 창조가 일어나게 되었으며, 그리스도는 성령의 머리가 되셨고 성령은 인간의 머리가 되시는 새 창조가 일어나게 되었다고 이레니우스는 주장한다. 그리스도로 말미암아 성령을 통하여 우리는 영의 눈이 열려서 보고, 영의 귀가 열려서 듣게 되며, 영의 입이 열려서 말하게 되는 새 창조가 일어나게 되었음을 또한 이레니우스는 강조한다.[2]

1 J. N. D. Kelly, *Early Christian Doctrines*, (New York: Harper & Row, 1978), 170–74.
2 Irenaeus of Lyons, "An Exposition of the Faith"(Selections from the Work against Heresies), *Early Christian Fathers*, ed. Cyril C. Richardson, (New York: Macmillan Publishing Co., 1978), 389–90.

터툴리아누스(Tertullianus)는 내재적 삼위일체론을 강조하였다. 즉 삼위일체의 내적 합일과 내적 구분을 강조하였다. 인격(persona: hypostasis의 라틴어역)은 세 개의 구원 경륜으로 구분지어지지만(distinction), 분리되거나 배타하지 않는다(separation)는 것이다. 특히 이레니우스는 삼위가 역사 속에서 구원의 경륜을 이루어감으로 설명하는 외향적 삼위일체 이해를 전개하였다면, 터툴리아누스는 삼위의 내적 친교(koinonia)를 중요하게 생각하였다. 삼위는 신성을 공유하고, 신성의 공유 속에서 친교를 맺는 사랑의 관계를 가지는 것으로 표현하려고 하였다. 이것이 나중에 카파도키아학파에게 영향을 준 것이다.

그리고 삼위일체의 세 위격을 라틴어 페르소나(persona)로 번역함으로 물의를 일으키기도 하였다. 페르소나는 가면이란 뜻이므로 세 가면을 쓴 배우와 같은 오해를 받기도 하였다. 삼위의 위격은 구별되나, 나뉘어지지 않으며 다르나 상호간에 분리되거나 독립되지 않는다고 터툴리아누스는 해석하였다. 인간의 복잡한 구원 경험은 이렇게 인간 역사 안에서 구별되지만, 그래도 협동하는 방식으로 활동하는 신성의 세 위격의 내적 에너지의 외적 결과라는 것이다. 그럼에도 불구하고 신성의 전체적 통일성은 훼손되지 않는다고 터툴리아누스는 해석하였다. 그래서 터툴리아누스는 서방 라틴 교회의 전통인 삼위일체의 통일성에 강조점을 두었다.[3] 이것은 후에 어거스틴에 의해서 더욱 발전하게 되었다.

그런데 '예수의 신성이 성부와 똑같은 신성인가? 아니면 보다 저급한 신

3 서방 라틴 교회란 라틴어를 말하는 문화권의 교회라는 뜻이다. 곧 북아프리카와 그리스의 서쪽 유럽 지역을 말한다. 특히 로마가 그 중심을 이룬다. 그래서 로마를 중심으로 하는 서방 로마 천주 교회(Roman Catholic Church)가 형성된 것이다. 반대로 동방 희랍 교회란 희랍어를 말하는 문화권의 교회이다. 그리스 동쪽 유럽과 아시아 그리고 아프리카의 도시 알렉산드리아 동쪽 지역을 말한다. 특히 동로마 제국의 수도였던 콘스탄티노플을 중심으로 형성된 동방 희랍 정교회(Greek Orthodox Church)가 형성된 것이다.

성인가?' 하는 문제가 제기되었다. 오리겐과 아리우스는 저급한 신성 곧 유사본질론을 발전시킨 학자들이었다. 오리겐(Origen)은 예수를 제2하나님(deuteros Theos)으로 성부에게 종속하는 존재(Subordinationism)로 이해하였다. 아리우스(Arius)는 예수의 신성은 성부와 동일하지 않고 유사함(homoiousios)을 주장하였고, 예수의 선재성과 영원성을 인정하지 않고 피조물 중의 뛰어난 존재로 이해하였다. 다시 말해서 요한복음 1장 1절에서 말하는 태초부터 말씀 곧 로고스로 존재하는 성자의 영원성과 선재성을 거부한 것이다.

이러한 유사본질에 항거하여 정통 동일본질(homoousios)을 수립한 알렉산드리아학파의 신학자들이 알렉산더(Alexander)와 아타나시우스(Athanasius)였다. 알렉산드리아교회 감독 알렉산더는 성부와 성자의 동일본질(homoousios)을 주장하여 니케아회의의 참피온이 되었다. 결국 니케아회의(A.D. 325)에서 성자 예수는 vere Deus(신성의 동일본질), vere homo(인간성의 동일본질)임을 고백하기에 이르렀다. 그리고 성령은 생명의 수여자(life-giver)로 고백되었으나 성령의 동일본질론을 논하지는 않았다.

그리고 알렉산드리아 교구의 감독 알렉산더의 비서였던 흑인 콥틱 족의 난쟁이 아타나시우스가 알렉산드리아 교구의 감독이 되면서 동일본질론을 발전시키는 대가로 등장하게 되었다. 아타나시우스는 성자 예수가 성부와 동일본질임을 속죄주의 개념으로 해석하였다. 아타나시우스는 삼단논법으로 성자가 성부와 동일본질임을 주장하였다. 첫째, 하나님만이 인간의 죄를 속죄하신다. 둘째, 예수는 인간의 죄를 속죄하신다. 셋째, 그러므로 예수는 하나님이다. 성부 하나님과 동일본질이어야만 인간의 죄를 속죄하실 수 있다는 것이다. 그리고 그의 속죄의 이유는 속죄를 받은 인간을 하나님의 성품으로 변화시키는 신화(神化, theosis)에 있다. 그리고 성자의 동일본질의 두 번째 이유는 유일신 예배에 있다. 성자도 성부와 동일본질이어야 한 하나님께 예배드릴 수 있게 된다는 것이다. 만일 유사본질이면 두 하나님께 예배드리게 된다는 것이다.

성자가 성부와 동일본질임이 고백된 니케아회의 이후에 '그러면 성령도 동일본질인가? 아니면 유사본질인가?'라는 문제가 제기되었다. 성령이 성부와 동일한 신성이 아니라 유사한 신성임을 주장한 학파가 마케도니아학파(Macedonian School)였다. 마케도니아학파는 콘스탄티노플의 유사본질론자 마케도니우스(Macedonius)에 의해 발전된 학파였다.[4] 마케도니아학파는 성령의 인격성을 인정하지 않고 성령을 에너지나 도덕적 감화력으로 이해하는 성령 유사본질론자들이었다. 그들의 또 다른 이름은 성령훼방당파였다. 성령의 신성을 인정하지 않는 것은 영원히 죄사함을 받을 수 없는 성령훼방 죄라는 것이 초대교회 성도들의 신앙이었다.

카파도키아학파가 등장하기 이전에 성령의 동일본질에 기여한 학자들이 예루살렘의 시릴(Cyril of Jerusalem)과 아타나시우스였다. 시릴은 유세비우스적인 성령의 종속론적 표현을 거부하고 성령이 신적인 존재임을 주장하는 데 기여하였다. 그리고 362년 알렉산드리아 회의에서 아타나시우스가 성령은 피조물이 아니고 성부와 성자의 본성으로부터 분리될 수 없는, 성부와 성자의 신성에 속하는 본성을 지닌 분으로 주장하였다.[5] 그리고 아타나시우스 역시 후대 서방 교회의 전통이 된 성령의 이중유출설(filioque)을 말하지 않고, 성령의 단일유출설을 말하였다. 성경에서 성령은 성부의 아들이라고 불리어지는 곳이 없고, 성자의 아들이라고 불리어지는 곳도 없으며, 성자는 성부의 아들이고, 성령은 성부의 영으로 표현된다고 아타나시우스는 강조한다. 그러므로 성령은 성부와 성자로부터 이중

4 Kelly, 259.
5 Kelly, 258-59.

으로 유출된다는 것이 아니라, 성령은 성부로부터만 유출된다는 동방 교회적 단일 유출로 해석을 한 것이다.[6] 그리하여 성 삼위일체의 한 신성이 있고, 성 삼위일체를 믿는 하나의 신앙이 있다는 것이다.[7]

카파도키아학파(Cappadochian School)의 세 신학자들은 아타나시우스의 동일본질론을 성령에게까지 적용하는 신학적 해석에 크게 기여한 학자들이었다. 그들은 닛사의 그레고리(Gregory of Nyssa), 가이사랴의 바실(Basil of Caesarea), 나치안추스의 그레고리(Gregory of Nazianzus)이다. 그들에 의해 페리코레시스(perichoresis)란 용어가 사용되게 되었다. 헬라어 페리코레시스는 원어적으로는 "dancing around in chorus(합창하면서 돌면서 춤추는 것)"라는 뜻이다. 영어로는 "상호침투(mutual interpenetration)"라는 용어로 설명되기도 하였다. 서로가 신성을 공유하면서 서로가 서로에게 사랑의 침투적 관계를 유지하면서 친교한다는(koinonia: 코이노니아) 뜻이다. 다시 말해서 삼위가 각각 기능과 개성을 유지하면서도(treis hypostasis: 세 존재 양태와 기능) 공통된 하나의 신성을(mia ousia) 공유하며 깊은 친교를 나눈다는 것이다. 그래서 성부와 성자와 함께 성령도 우리의 예배와 찬양을 받으시는 신앙의 대상임을 카파도키아학파들은 정립하기에 이르렀다.[8] 결국 카파도키아학파의 주장은 콘스탄티노플 회의(Council of Constantinople, A.D. 381)에서 정통 교리로 인정을 받았고, 성령 동일본질론의 승리로 돌아가게 되었으며, 성령 유사본질론자들인 마케

6 서방 로마 가톨릭 교회는 성령도 성부만 아니라 성자로부터도 유출되었다는 이중유출설을 주장하였고, 동방 희랍 정교회는 성령은 성부로부터만 유출하였다는 단일유출설의 주장 때문에 1053년 콘스탄티노플회의에서 동방 교회와 서방 교회로 완전히 분열되었던 것이다. 라틴어로 필리오케(filioque)는 '그리고 아들로부터'라는 뜻으로 성자로부터도 유출되었다는 뜻이 되었다.

7 Ed. & Tr. Henry Bettenson, *The Early Christian Fathers(A Selection from the Writings of the Fathers from St. Clement of Rome to St. Athanasius)*, (Oxford: Oxford University Press, 1984), 294.

8 Kelly, 260-62.

도니아학파가 정죄를 당하게 되었다.

이러한 역사적 발전 과정을 통하여 다음과 같이 총괄 요약할 수 있게 되었다. 첫째, 성부, 성자, 성령은 동일한 신성(전지, 전능, 무소부재, 영원성, 불변성, 사랑, 정의, 자유 등)을 공유하는 동일본질이라는 신앙고백이 성립되게 되었다. 둘째, 성부, 성자, 성령은 동등 위치로 존재하지 어떤 위격이 어떤 위격보다 상위에 있다는 것은 잘못임을 인정하게 되었다. 곧, 일등 하나님, 이등 하나님, 삼등 하나님이 없다는 것이다. 셋째로, 그러나 샘의 한 근원이 있듯이 신성의 하나의 근원이 성부임을 주장하였다. 영원히 스스로 존재하는(agennesis) 성부로부터 영원히 탄생하신 분(gennesis: begotten)이 성자이고, 영원히 발현하신 분(proceed)이 성령이다. 성부는 다른 근원에서 유래하지 않는 독립적 존재로, 성자와 성령은 다른 이에게서 유래한 의존적 존재로 묘사되는 경향이 나타나게 되었다. 넷째, 성부, 성자, 성령은 기도와 찬양과 예배와 신앙의 대상이라는 신앙이 형성되었다. 다섯째, 성부는 창조주(Creator), 성자는 속죄주(Redeemer), 성령은 성화의 완성주(Sanctifier)로 그 기능이 나뉘어짐을 고백하기에 이르렀다. 결국 신성의 공유에서는 보편(universality)의 개념이 쓰여졌으나, 기능의 이해에는 개별자(individual)의 개념이 쓰여졌다. 보편과 개별자의 관계와 같다. 마치 인간들이 공통의 본성을 공유하지만, 각자의 개성을 유지하는 것과 같다. 가이사랴의 바실은 말하기를 본성(ousia)은 보편적인 것(universal: koinon)으로 위격 혹은 품격(hypostasis)은 특수한 것(particular: to katha hekaston)으로 구분을 짓는다.[9] 그래서 카파도키아학파 교부들은 베드로, 야고보, 요한을 비유적으로 소개하기도 하고, 아담, 이브, 셋을 비유적으로 소개하기도 한다. 아담은 피조물(ktisma)로, 이브는

9 Kelly, 265.

조각물(tmema)로, 셋은 탄생자(gennema)로 각각 다르게 존재하지만 인간의 본성에서는 똑같은 것과 같다는 것이다. 가이사랴의 바실(Basil)은 아버지되심(paternity: patrotes), 아들되심(sonship: hyotes), 성화케 하는 능력 혹은 성화(sanctifying power, sanctification: hagios)라고 표현하였다.[10] 그러나 이러한 인간적 비유가 삼위일체를 모두 소개하지는 못한다고 해석하기도 한다. 왜냐하면 인간은 객체가 전적으로 분리되지만, 삼위일체의 신성은 구분은 되지만 분리되지 않기 때문이다.[11] 여섯째, 성자는 성부와 동일본질이면서, 인간과 동일본질이심이 고백되게 되었다. 일곱째, 성령은 우리로 하여금 예배와 찬양과 기도를 신령과 진정으로 드리게 하시며, 동시에 우리의 예배와 신앙의 대상이라는 신앙도 형성되게 되었다.

II. 카파도키아학파의 삼위일체론:

카파도키아학파들은 삼위일체의 관계 속에서의 성령의 위치를 찾기 위해서 전치사(前置辭) 연구를 시도하고자 한다. 성부와 성자, 성자와 성령, 성령과 성부의 관계(connective)를 분석함과 동시에 그 관계 속에서 성령의 본질을 확증함에로 집중한다. 그 관계 분석의 필연적 작업이 전치사 연구이다. 그 까닭은 가이사랴 교회의 감독 성 바실(St. Basil of Caesarea)이 바로 전치사들로써 삼위의 관계를 밝히고 성령의 위치를 확신하기 때문이다. 그 전치사들은 신의 계시의 국면에서 세 가지, 휘포(ὑπο: 부터), 디아(δια: 통하여), 엔(ἐν: 안에), 인간의 하나님 인식의 차원에서 메타(μετα: 함께), 디아(δια: 통하여), 엔(ἐν: 안에)이 표현된다. 이 전치사들이 두 위격

10 Kelly, 265.

11 Alister McGrath, *Historical Theology*, (Oxford: Blackwell, 1998), 61-67.

(位格)끼리 각각 관계를 가짐으로써, 동등한 본질로서 인간에게 계시하시고, 동등한 영광을 받으심이 밝혀진다. 그 얻어진 구조 분석의 결과를 다시 나치안추스의 성 그레고리(St. Gregory of Nazianzus)의 본문에 투사시켜 성령의 속성과 역사를 통해서 "인격적 하나님"이신 것을 입증하고자 한다.

A. 전치사적 용법에 의한 삼위일체론:

바실은 그의 저서 『성령에 관하여(Peri tou Hagios Pnematos: About the Holy Spirit)』에서 이단과 이교 철학을 거부하면서 두 가지 측면 곧 인간에로 향하시는 계시의 측면과 신에 대한 인간의 인식의 측면에서 성부, 성자, 성령의 관계를 논한다. 먼저 인간에로 향하시는 신의 계시의 측면에서 바실은 삼위일체의 관계를 논한다. 인간에로 향하시는 신의 계시란 곧 '하나님이 주체가 되시고 인간이 객체가 되어 주체인 하나님이 객체인 인간에게 어떻게 자신을 드러내 보이시는가?'를 의미한다. 그 삼위일체 하나님의 계시 행위 중에 창조의 차원에만 국한하여 언급하고자 한다.

1. 성부와 성자의 관계:

'성부로부터, 성자를 통하여(eks theou, dia tou hyou)'를 가지고 바실은 설명한다. 먼저 성부로부터 만물이 창조되기에 성부는 창조의 원인이시다. 그리고 성자를 통하여 만물이 창조된다. 성자는 창조의 대행자요 창조의 근본이신 분으로 태초부터 선재(pre-existence)하시었다. 그러나 '그를 통하여(dia hou)'는 성자에만 적용되는 전치사가 아니라 성부에게도 적용된다는 것이다. 그리고 성령에게도 모두 적용된다는 것이다.[12] 뿐만 아니라 아버지로부터 나오는 선한 것이 아들을 통해서 우리에게 도달한다고 할지라도 그것은 종속을 나타내거나 낮은 계급을 표현하는 것이 아니다.[13]

하나님 보좌 오른편은 더욱 낮은 위치를 표현하는 것이 아니라 동등한 관계를 표현하는 것이다.

시편 110: 1에 "당신은 나의 오른편에 앉으시오"라든가, 히브리서 1: 3에 "하나님의 위엄의 오른편에 앉으셨도다"라는 표현은 모두 동등한 관계를 의미한다고 바실은 해석한다. 그런데 바실은 성서에는 '성부로부터, 성자를 통하여'라는 표현과는 거꾸로 '성부를 통하여, 성자로부터(dia patros, eks Christou)'라는 표현도 있다는 것이다. 마케도니아학파와 아이티우스가 성부에게만 고정시킨 '그로부터(eks hou)'라는 어휘는 성자에게도 적용된다는 것이다. 그리고 성자에게만 고정시킨 '그를 통하여(dia hou)'도 성부에게도 적용된다는 것이다. 그래서 바실은 "그러나, 우리는 '그로부터(eks hou: of whom)' 뿐만 아니라, '그를 통하여(dia hou: through whom)'도 성부께 적용되는 것을 발견할 수 있다"고 말한다.[14] '그를 통하여'와 '그로부터'는 한 법칙 아래 있지 않고 주의깊게 위격(hypostasis)을 구분하는 저자의 말이라는 것이다.[15] 그러니까 그 저술의 목적은 본성의 다양성이 아니라 혼동되지 않는 성부와 성자의 위격을 보여 주기 위함이라는 것이다. '그를 통하여(dia hou)'가 성부에게 적용된 경우를 보면 창세기 1: 4 "하나님으로 말미암아(dia tou theou) 내가 득남하였나이다," 창세기 40: 8 "해석은 하나님을 통하여(dia tou theou) 나온다," 고린도전서 1: 9 "그에 의하여(dia hu) 너는 그의 아들의 친교에로 불리워졌다" 등에서 찾아 볼 수 있다는 것이다. 위에 열거한 구절들을 보면 '그를 통하여(dia hu)'가 도구라는 의미에서 사용된 것이 아니라, 최고의 원인(tes auw tatw

12 Basileios tou Kaisareias, "Peri tou Hagiou Pneumatos"(성공회 미카엘신학원 소장), Kefalaiou E(제5장), 10.

13 Basileios, Kefalaion H, 19.

14 Balsileios, Kefalaion E.

15 Basileios, Kefalaion, E.

aitias)임을 밝혀 주고 있다. 하나님은 득남 및 유업을 가져오는 창조적 질서의 근원이시며 비밀을 해석할 수 있는 계시의 원인이시다.

따라서 '그를 통하여(dia hu)'는 도구이며 성자에게만 제한시키는 마케도니우스주의의 주장은 잘못임이 드러난다. 이처럼 성부에게 '그를 통하여(dia hu)'가 상용될 수 있듯이 성자에게도 '그로부터(eks hu)'가 사용된다는 것이다. 로마서 11: 36에 "만물이 그에게서(eks auto) 나오고, 그로 말미암고 그에게로 돌아감이라"를 바실은 해석한다. 성부의 뜻에 따라 만물이 성자로부터 나오는 것은 그들의 존재의 원인이기 때문이다. 그를 통하여 만물이 유지되고 조성된다고 해석한다.[16] 위에서 살핀 바 성부가 최고의 원인이며, 성자가 존재의 원인이라는 해석은 같은 내용의 두 표현일 뿐이라는 것이다. 결국은 성부와 성자는 동일본질임을 보여 주고 있다. 또 에베소서 4: 16에 "그에게서(eks autou) 온 몸이 각 마디를 통하여 도움을 입음으로 연락하고 상합하여……"에서 그는 교회라는 유기체의 근본 원인이심이 밝혀진다. 성자는 모든 불완전한 것을 완전케 하시는 창조의 능력의 근원이요 발상임을 알 수 있다. 따라서 이 두 어휘 '그로부터(eks hu)'와 '그를 통하여(dia hu)'는 동등한 가치를 가지며, 그 둘에 있어서 동등한 하나님의 능력이 사용된다.[17]

2. 성자와 성령의 관계:

마케도니우스학파는 이 표현법을 통하여 계시의 수단과 장소를 보여줌으로써 고정시키지만 바실은 이를 부정한다. 바실은 계시가 성부로부터 성자를 통하여 성령 안에서 나온다는 것을 인정하긴 하지만, 그것을 수단과 장소의 개념으로 이해하지 않는다. 수단과 장소라고 구분지음으로써

16 Basileios, Kefalaion E.
17 Basileios, Kefalaion E.

본성 자체를 구분을 짓는 것을 거부하고 다만 위격의 차이를 보여주고 있다. 계시에 있어서 신의 존재 양태를 시사해 주는 것으로 이해한다. 창조라는 계시 행위 가운데 세 분이 함께 일하시되 그 계시 양태의 차이를 설명한다. 곧 창조의 뜻과 섭리는 성부가, 그 생성케 하는 힘은 성자가, 그 창조를 완성하는 것은 성령이 하신다는 것이다.

마케도니우스학파는 '그 안에서(en ho)'를 성령께만 제한된 용어로 생각하여 장소라는 의미로 보고 있음에 반하여 바실은 '그 안에서(en ho)'가 성자에게도 사용되고 있음을 보여주고 있다. 고린도전서 1: 30에 "너는 그리스도 안에서(en Christo) 하나님께 속해 있다"를 표현하고 있음을 바실은 지적한다. 이것은 곧 그리스도 안에서 하나님에 의해 만들어진 존재요 하나님의 자녀라고 해석한다.[18] 데살로니가전서 1: 1 "하나님 아버지와 예수 안에 있는(en Christo)……" 등 바울서신 거의 전역에 걸쳐 '그리스도 안에(en Christo)' 신비주의가 나타나 있음을 바실은 지적한다. 그래서 그리스도 안에 거하는 것이 곧 성령 안에 거하는 것이요 성령 안에 거하는 것이 곧 그리스도 안에 거하는 것임을 바실은 해석한다. 실제로 요한1서 4: 13에 우리에게 주신 성령 안에서 우리가 그리스도 안에 있음을 알게 된다고 말한다. 그러므로 창조를 비롯하여 구속 사건과 함께 거의 모든 계시는 그리스도 안에서 일어나고 또한 성령 안에서 일어난다.

그리고 '그 안에서(en ho)'가 성자에게도 적용됨과 마찬가지로 '그를 통하여(dia hou)'도 성령께 적용됨을 바실은 주장한다. 바실은 하나님은 우리에게 성령을 통하여(dia pneumatos) 계시하셨다고 주장한다.[19] 디모데후서 1: 4에 "우리 안에 거하시는 성령으로 말미암아(dia pneumatos) 네게 부탁한 아름다운 것을 지키라," 그리고 고린도전서 12: 8에 "어떤 이에

18 Baseilos, Kefalaion E.
19 Basileios, Kefalaion Δ.

게는 성령으로 말미암아(dia pneumatos hagiou) 지혜의 말씀을……" 등에서 성령을 통하여 우리에게 필요한 은사를 나누어 주신다는 것이다.

3. 성령과 성부의 관계:

마케도니아학파가 '그로부터(eks hou)'를 성부에게만 고정시키고 '그 안에서(en ho)'는 성령에게만 고정시켜 삼위를 설명한다. 그러나 카파도키아학파 교부들은 성부에게도 '그 안에서'를 사용할 수 있고 성령에게도 '그로부터'를 사용할 수 있다. 계시가 성부로부터 나오며 성령 안에서 완성된다고 생각한다. 특히 창조 행위가 성부가 근원이시고 성령 안에서 완성된다고 생각한다.

나치안추스의 그레고리는 성부로부터(eks patros) 만물이 생성되는 까닭에 그는 제1원인이시며, 성령 안에서(en pneumatos) 신자의 성화 및 완전이 가능케 되어 인간이 신과 같이 되는 까닭에 그는 창조의 완성자라고 해석한다.[20] 그리고 '그 안에서(en ho)'가 성부에게도 사용될 때가 많음을 보여준다. 에베소서 3: 9 "영원부터 만물을 창조하신 하나님 속에(en theo) 감취었던……" 말씀 속에서 하나님 안에는 계시의 비밀이 감취어져 있음을 곧 은폐성을 보여줌을 나치안추스의 그레고리는 강조한다. 그러므로 성부 안에는 계시가 숨겨져 있고 그것이 성령과 성자를 통해서 나타남을 카파도키아학파는 주장한다. 반대로 성령께도 '그로부터(eks hou)'가 사용됨을 주장한다. 갈라디아서 6: 8 "성령을 위하여 심는 자는 성령으로부터(eks tou pneumatos) 영생을 거두리라," 그리고 요한1서 3: 24 "그가 우리에게 주신 성령으로 말미암아(eks pneumatos) 그가 우리 안에 거하시는 줄 안다……" 등에서 성령으로부터가 표현되어 있음을 바실은 강조한다.[21]

20 Gregorios tou Nazianzou, Peri tou Hagiou Pnematos. ed. Jac. Billius Prumnaeus Parisiis Sumptibus C. Morelli, (Jypographi Regii MDC-XXX, 1630), 609.

그러므로 영생을 거두게 하신다거나, 영적 교제를 하게 하신다거나 위로부터 오는 것은 성령으로부터 온다고 표현한다. 심지어 인간의 모습으로 나타나신 것도 성령으로부터 된 것이다. 마태복음 1: 20에서 "그녀 안에서 잉태된 자는 성령으로(eks pneumatos) 된 것이다." 그러므로 성령의 창조의 영이요 새 창조의 영이다.

4. 분석과 종합:

이상에서 살핀 바와 같이, 우리는 세 표현 에크스 아우토스(ἐξ αὐτος: 누구로부터, of whom), 디아우투(δἰ αὐτου: 누구를 통하여, through whom), 엔 아우토(ἐν αὐτω: 누구 안에서, 혹은 누구에게로, in whom 혹은 into whom)는 성부, 성자, 성령께 모두 적용됨을 알 수 있다. 바실은 "만일, 그들이(마케도니우스) 에크스 아우투(ἐξ αὐτού, 디 아우투(δἰ αὐτου), 에이스 아우토스(εἰς αυτος)의 세 표현들이 주님(성자)에 대해서 말해질 수 있는 것임을 부여하지 않는다면 그 표현들은 성부께도 적용될 수 없다"[22]고 하였던 바, 성령께도 적용될 수 없는 결과를 가져온다. 따라서 이 표현들은 하나님이 주체가 되시어 인간에게 자기를 계시하실 때, 하나님의 신성이 드러나고 하나님이 하나님 되심을 보여준다. 성부와 성자와 성령이 모두 계시의 주체요 같은 본질임이 밝혀진다.

1) 역사의 주인: 우리는 바실에게서 세 분 모두 에크스 아우토스(ἐξ αὐτος)를 사용할 수 있음을 찾을 수 있게 되었다. 그것은 결국 성부로부터 성자로부터 성령으로부터 만물이 창조되고 역사가 시작되었다는 뜻이다. 한마디로 요약하면, 성부, 성자, 성령 삼위일체는 역사의 주인이라는 말이다.

21 Basileios, Kefalaion E–11.
22 βασιλ., κεφ. T.–(8) 〈제3장 8절〉

역사의 주인으로서 만물을 창조하고 다스리신다. 성부가 창조와 역사 섭리의 근원이신 주체자라면, 성자는 창조와 역사 섭리의 대행자시요 성령은 완성자라는 것이 바실과 카파도키아학파의 결론이다. 그것을 다음과 같이 세 가지 원인으로 언급하기도 한다. 창조에 있어서, 만들어진 만물의 근원적 원인으로 성부를(Tήν προκαταρκτικήυ αἰτἰαν), 창조적 원인으로 성자를(Tήν δημιουργικήν), 완성하시는 원인으로 성령을(Tήν Tελ εἰω τἰκηυ) 생각하기를 카파도키아 교부들은 기원한다.[23]

곧 성부는 섭리하시고 주관하시는 근원이시고, 성자는 실행하시는 말씀이시요, 성령은 완성시키는 힘이시다. 따라서 성부의 뜻에 의해서 봉사하는 영(Tαλε ἰτουργικα πνεύματα ὑπαρχεἰν)이 현존하고, 성자의 역사에 의해 존재에 이르고(εἰς τὸ εἰνά), 성령의 현존(παρουσἰα)에 의해서 완성된다.[24] 나치안추스의 그레고리는 물에 비유하여, 한 눈(ὀφθαλμός) 곧 샘의 근원, 한 샘(πηγή), 한 강(ποτάμος)으로 묘사하고 있다. 샘의 근원을 뜻하는 눈(ὀφθαλμός)은 성부로 두 번째 샘(πηγή)은 성자로 세 번째 강(ποτάμος)은 성령으로 유비한다. 이 경우에 비록 그 위격들은 셋으로 나누어지는 것처럼 보일지라도 서로 서로의 관련성 속에서부터 나오고 시간적으로 아무 구분이 없다고 함으로써 한 근원인 것을 보여준다.[25]

2) 하나의 근원(μουάρχη): 세 분 모두 디 후(δἰ ὅυ)를 적용할 수 있다는 것은 "도구"라는 의미가 아니라 "의지(will)"라는 의미로 사용되고 있음을 말해준다. 곧 세 분이 모두 한 뜻으로 말미암아 다스리신다는 것을 드러내준다. 성자나 성령이 노예적 봉사자가 아니라 창조자로서 성부의 뜻과 일

23 Βασιλ., κεφ. I -(38) 〈제16장 38절〉
24 Βασιλ., Κεφαλαιον I φ.
25 Γρεγορίος του Να?ιαυηνου, 611. & N.P.N.F., 328.

치한다. 곧 의지의 통일성(the unity of will)을 보여준다. 따라서 복수 통치가 아니라 단수 통치(*μουάρχη*)이다.[26] 하나의 근원 곧 성부로부터 태어나고 발현하신다는 것이다. 바실은 "그러므로 우리가 우리의 위대하신 하나님과 구주 예수 그리스도에 의해서 인간을 위해 만들어진 섭리에 대해서 말할 때에(디도서 32:13) 성령의 은사로 말미암아 그 섭리가 성취되었다는 것을 누가 반박할 것인가?" 라고 계속 하나의 뜻, 의지로서 성취되는 것을 밝혀준다. 그렇다고 해서 성부의 뜻이 성자나 성령 없이는 불완전한 것이 아니다. 성자, 성령 역시 그 스스로 완전한 뜻을 가지고 역사(役事)를 하시는 "완전"이라는 속성을 지니신다. 그러나 서로가 상호 침투하는 역사 속에서 한 뜻과 섭리가 완전히 성취된다. 곧 만물 안에서 만사를 주관하시는 성부의 역사(operation, work)는 불완전하지 않고 또한 성자의 창조하시는 역사가 성령에 의해 완성되지 않으면 불완전한 것도 아니다. 그 자신의 유일한 뜻에 따라 창조하시는 성부는 성자의 어떤 요구도 필요치 않으시지만, 그럼에도 불구하고 성자를 통해서 계획하신다. 성부와 비슷하게 일하는 성자도 어떤 협동도 필요치 않으시지만 성자는 성령을 통해 완전하기를 원한다.[27] 현대의 민주주의 체제가 입법, 행정, 사법의 3부가 3권 분립되어 서로 견제와 균형으로 바로 다스려지듯이 삼위는 상호침투함으로써 "구원"이라는 하나의 뜻을 성취시키는 "구속사(Heilsgeschichte)"가 전개된다.

3) 동일본질(*ὁμοούσια* : Consubstantiality): 세 분에게 모두 *ἐξ*, *διά*, *ἐν*을 사용할 수 있고 *ἐξ*와 *διά*, *διά*와 *ἐν*, *ἐξ*와 *ἐν*이 동시에 쓰여짐을 시사함

26 마르틴 루터도 그의 저서 "De Sero Arbitrio (The Bondage of the will)에서 성부와 성자와 성령의 "의지"가 동일하심을 설명한다.

27 *βασιλ*., *I* ?–(39)

으로써 세 분의 동일본질을 논한다. 이런 표현으로 바실은 종속 개념을 완전히 극복한다. 동방에는 종속설이 강하였지만 유독 카파도키아 교부들만은 그것을 극복하였다. ἐξ, διά, ἐν을 각각 한 위에만 적용시킴으로써 우열을 논하는 아리우스파와 마케도니우스주의를 완강히 거부하면서 세 분 모두 동일한 창조의 역사에 동참하셨고 동일한 구원의 뜻을 가지고 일하심을 증명함으로써, 본질(οὐσία)과 능력(δύναμις)의 다양성이 없고 하나임을 밝힌다. 서열을 논하는 것을 거부하기 위해서 바실은 사도 바울의 본문을 인용한다. "은사에는 여러 가지가 있으나 성령은 같고(성령), 직임은 여러 가지이지만 주는 같으며(성자), 역사는 여러 가지이지만 모든 것을 모든 것 가운데서 역사를 하시는 하나님은 같다.(고린도전서 12:4, 5, 6)" 위의 표현에서 사도는 성령은 첫 번째 자리에 놓고, 두 번째에 성자를 세 번째에 성부를 놓는다고 해서 그들의 서열이 거꾸로 될 수는 없다고 말한다.[28]

다시 말하면, 성부, 성자, 성령의 차례로 이름을 부른다고 해서 그것이 서열을 말함이 아니고, 성령이 제일 처음 나온다고 해서 그가 다른 분보다 더욱 높은 하나님이라 볼 수도 없다는 것이다. 마태복음 28:19에 나타난 바, "성부, 성자, 성령의 이름으로 세례를 베풀고……"에서 삼위의 이름으로 세례받음으로써 구원받는다는 말씀들의 동격 관계에 따라서, 성자에 대한 성령의 관계는 성부에 대한 성자의 관계와 같다. 성령이 성자와 동격이시고 성자와 성부가 동격이시라면, 성령과 성부도 동격이시라고 주장한다.[29] 나치안추스의 그레고리는 이를 같은 장소, 같은 시대에 살았던 아담, 이브, 셋을 통하여 유추한다. 곧 아담은 피조물(πλάσμα)이요, 이브는 그 피조물에게서부터 나온 한 단편(τμήμα)이요, 셋은 출생된 자(γενημα)이다. 그러나 이 세 사람은 모두 동일본질(ὁμοούσις: Consubstantiality)이다. 서

28 *Βασιλ., κεφ.*, I(37)
29 *Βασιλ.*, IZ'–(43)

로 다른 인격(ὑποστάσις)이지만 똑같은 하나의 본질(οὐσία)을 갖고 있고 한 사람 아담을 최고의 원인으로 하여 이브도 셋도 나왔다는 것이다.[30] 성부, 성자, 성령이 세 다른 위격(ὑποστάσις)을 지니고 계시지만 본질에 있어서는 같다고 주장한다. 이것은 바로 성부, 성자, 성령이 서로 비슷할 뿐(ὁμοιούσια) 같지 않다는 본질의 다양성을 강조하는 마케도니우스주의에 대한 정식 도전이다.[31] 마케도니우스주의는 단순히 니케아회의에 의해 붕괴되었던 유사본질론자(類似本質論者 : ὁμοιούσιον)로부터 이어 받은 유사본질론(ὁμοιούσιον)이 그들의 주장이다.

그러나 그레고리의 비유에서 삼신론의 위험성이 있다. 세 인격을 뚜렷이 구분하여 사용함으로써 세 신이 아닌가 하는 오해를 줄 수도 있다. 또 카파도키아학파는 흔히 베드로, 요한, 야고보를 통해서 삼위일체론을 논하기도 하는데 이것 역시 동일한 위험성이 따른다. 그러나 이들은 근본 동기가 삼신론을 배격하기 위함이요 종속론을 배격하기 위함이었다. 따라서 그들은 위격(ὑποστάσις)을 분명히 구분지음으로써 세 존재 양태를 설명하려 하였고, 동일한 한 본질(οὐσία)을 주장함으로써 종속론을 거부한 것이다.

B. 성령의 신성과 인격성:

1. 동일본질(ὁμοούσια : Consubstantiality):

카파도키아학파는 삼위일체의 관계 속에서 동일본질을 밝힐 뿐 아니라 성령의 동일본질을 계속해서 논한다. 나치안추스의 그레고리는 "우리 가운데 현명한 자들 중 어떤 자는 성령을 능력(influence:영향력)이라고, 다른

30 Γρεγορίος ΝαΖιανΖηνου, 598.

31 βασιλ, κεφ.B'

사람은 피조물이라고, 또는 하나님 자신이라고 생각한다.[32] 그러나 성령은 피조물도 아니요 단순한 하나님의 능력도 아니요 그는 하나님이시다. 본도의 세바스챠(Sebasteia)의 감독 유스타티우스는 성령이 하나님이신 것을 받아들이기를 거부했으며 그는 단순히 피조물이라고 확신하였다"[33]고 그의 저서 『성령에 관하여』(*Π. Α. Π.*)[34]에서 밝힌다. 그레고리는 계속해서 말하기를 성령은 하나님이신가? 예, 동일본질이신가? 예, 그가 피조물이라면 그는 다른 것에 봉사해야 한다. 반대로 그는 만물의 주인이요 만물은 그의 종이다. 그가 피조물이 아니요 하나님이시기 때문에 그는 성부와 동일본질이라는 것이다. 무엇이 동일본질인가? 세 신이 아니라 한 본질을 세 분이 모두 공유한다는 뜻이다.[35] 성령은 모든 개념에서 성부와 성자로부터 분리될 수 없다. 곧 감지할 수 있는 대상들의 창조에서 인간 행위들에 대한 다가오는 심판에서 분리되지 않고 전적으로 나눌 수도 없다. 아나니아와 삽비라 부부 사건에서 베드로는 어찌하여 주의 영을 함께 시험함에 동의하였는가? 네가 사람에게 거짓말한 것이 아니요 하나님께 한 것이로다. 여기서 성령께 거슬려 죄짓는 것은 곧 하나님께 거슬려 죄짓는 것이다. 다시 말해서, 모든 활동에 있어서 성령께서는 성부, 성자와 밀접히 결합되어 있고 분리될 수 없는 것이다.[36] 때로는 그는 낮은 형태로 언급되기도 한다. 즉 주어진 자(το *δίδοσθαι*), 보냄을 받은 자(το *άποστολεσθαι*), 나누어진 자(το *μεριϑεσθαι*), 은혜(*χαρίσμα*), 은사(*δώρημα*), 영감(*ἐμφύσημα*), 약속(*ἐπαγγελία*) 우리를 위한 중보(*ὑπερεντευϑις*) 등……[37]

32 *τον κα–θ΄ ἡμας σοφων μον ἐνεργείαν Τον Το πνευμα ἁγιον ὑπελάβου ὁ δε κομα οί δε θεον.*
33 *Γρεγορίουσ Του Ναζιανχήνου*, 284.
34 위에서 제시한 바 : *Περι Του ῾Αγίου Πνευματος*의 약호임.
35 *Γρεγορι.*, 598.
36 *βασιλ., κεφ. Ιζ*–137.
37 Gregory of Nazianzus, N.P.N.F. ch. XXX.

그렇지만, 정반대로 그를 부르기를 하나님의 영(πνεῦμα θεοῦ), 그리스도의 영(πνεῦμα, χριστοῦ), 그리스도의 정신(νους χριστου), 주의 영(πνευμα κυριου), 주님 자신(αυτο κυριος), 양자의 영(υιοθεσιας), 진리의 영(ἀληθειας), 자유의 영(ἐλευθεριας), 지혜의 영(σοφιας), 인식의 영, 상담의 영(ρουλης), 능력의 영(ἰσχύς), 지식의 영(γνωσεώς), 경건의 영(εὐσεβειας), 하나님을 두려워하는 영(φβου φεου), 창조의 영(πνευμα το ποιὴσαν)으로서 세례에 의해 그리고 부활에 의해 재창조하시며, 모든 것을 아시는 전지 하신 영, 가르치시는 영, 지도하시고 말씀하시고 앞서 보내시고 구분하시는 영은 화내시고 시험하기도 하시고, 계시하시고, 조명하시고, 흔드시기도 하시며, 참 빛이요, 생명이시다. 만물이 그의 본질로 가득 차 있고 만물을 포함하여 그의 본질 안에서 세상을 가득 채우시지만, 세상은 그의 능력을 이해할 수 없다. 선택에 의해서가 아니라 자연적으로 선하시고 곧고 왕자다우시며 거룩하게 되지 않으시나 거룩하게 하시며 측정되어지지 않으나 측정하시고, 나누어지지 않으나 나누시고, 채워지지 않으나 충만하게 하시고 포함되어지지 않으시나 포함하시고 성부와 함께 유업을 나누시고 영화롭게 되신다. 하나님이 행하시는 모든 것을 행하시는 그분은 하나님의 손가락 하나님의 불 등으로도 묘사되며, 이미 언급한 대로, 성부와 동일한 본질(ὁμοούσιον)로 나타나신다.[38] 그러므로 삼위는 동일본질을 지니신다는 증명과 함께 성령론을 따로 논함으로써 그의 본질이 다른 위와 동등임을 바실과 그레고리는 함께 증거하고 있다.

2. 성령의 존재:

성령은 완전히 자기 스스로 존재하신다.[39] 그러므로 그는 '자유'라는 신

38 Gregory of Nazianzus, XXIX.
39 *Γρεγορ., Π. Α. Π.* 595.

의 속성을 지니신다. 인간과의 관계 없이도 스스로 존재하시는 완전 자유의 주체이시다. 그는 탄생하지 않은 자이다. 만일 그가 성부로부터 탄생한 자라면, 두 아들이요 형제가 될 것이다. 따라서 그들을 쌍둥이로 혹은 형과 동생으로 만들지도 모른다. 또 만일, 그가 성자로부터 탄생한 자라면, 그는 손자 하나님이 될 것이다.[40] 제3의 약속으로 말미암아 성령은 하나님으로부터 발현하시고, 그곳에서 발현하시는 만큼 그는 피조물도 아니고 그는 탄생되지도 않으셨기에 아들도 아니다. 오직 그는 탄생한 자와 탄생하지 않은 자 사이에서 존재하시는 하나님이시라는 것이다.[41]

아들이 영원성으로부터 성부에게서 탄생된 것처럼 성령도 성부로부터 성자를 통하여 나오신다. 성자로부터의 발현은 라틴교회에서 문제시되어 필리오케(filioque) 논쟁을 일으켰으며, 니케아 교부들은 몰랐다.[42] 그러나 카파도키아 교부들은 filioque에 관해서 언급하지는 않았으나 filioque의 요소는 있었다. 성부에게서 성자가 탄생되고 성령이 발현하신다 하더라도 종속 개념을 거부하고 동등한 위격임을 밝히고 한 근원(성부:*μόν αρχία*)을 주장한다. 성부는 시작이 없으시며(*ἀναρχία*) 성자와 성령은 성부가 시작이신데 시작이 없는 근원이신 성부에게서부터 나오시기에 영원한 존재라는 것이다. 그들은 탄생과 발현을 구분하였고 성령의 발현은 제3의 약속 곧 성자께서 말씀하신 약속으로부터 되었다고 말하기 때문에 간접적으로 성자로부터의 발현도 시사하는 듯한 인상을 준다. 탄생과 발현의 구분은 사실상 그들의 매우 어려운 문제였다. 그것을 위격(*ὑποστάσις*)으로 표현했는데, 곧 존재 양태를 뜻한다. 다시 말해서 발현과 탄생은 존재 양태의 차이일 뿐인 것이다. 그러나 탄생과 발현의 구분은 특별히 규정되지 않는

40 *Γρεγορι.*, *Π.Α.Π.*, 596.
41 *Γρεγορι.*, 596.
42 Schaff, 666.

다. 어거스틴은 말할 수 없고 설명할 수 없는 것이라고 부른다.[43]

성령은 언제부터 존재하셨는가? 제3의 약속[44]은 오순절 강림 사건에서 실현되었으니, 성령은 그 사건 이후로부터 존재한다고 하는 자들이 있으나 카파도키아 교부들은 태초부터 계시고 구약 시대 때에도 계셨음을 주장한다. 태초부터 한 분이 존재하셨다면, 세 분도 존재하셨음에 틀림없다[45]고 나치안추스의 그레고리는 말한다. 결국 성령은 성재하시는 하나님이시다. 태초부터 세 분이 선재하시며, 질서를 부여하시는 하나님, 창조하시는 말씀, 확립하시는 성령(*τον στερ εούντα το πνευμα*)이시다. 콘스탄티노플 신조에서 더욱 인격적 표현을 하고 있다. 곧 성부로부터 발현하시는 주님이시요 동시에 생명 수여자이심(*τον κυριον καί τον Ζωοποιον το εκ του πατρος ἐκπορευομενον*)을 고백한다.

3. 성령의 속성과 역사:

만일 어떤 본질(본체)이 있고 그 본질에 대한 속성이 없으면, 그가 피조물이든지 하나님으로써든지 생각될 수 있을까라는 나치안추스의 그레고리의 물음에서부터 속성 문제를 다루어야 할 것이다.[46] 카파도키아학파에서 본체와 속성은 구분된다. 본체는 말할 수 없는 것이요 속성은 공통으로 지니고 있는 신성을 의미한다.[47] 그러므로 성령은 공통(共通)의 속성을 지니면서도 어떻게 특수한 역사를 하시는지 살펴보고자 한다.

43 Schaff, 666. "Ego distinquere nesoio, non suffioio, Propterea quia siout generatio ita-prooessio

44 요 14:16 : 내가 아버지께 구하겠으니 그가 또 다른 보혜사 곧 진리의 영을 너희에게 보내실 것이다.

45 *Γρεγορι.*, 594.

46 *Γρεγορι.*, 595.

47 L. C. C. vol Ⅲ, 242-243.

1) 예배에 있어서의 성령의 역할:이미 언급된 대로 인간과의 관련 없이도 성부와 성자와 함께 자유로운 존재로 계신다. 따라서 우리는 자유의 속성을 지니신 삼위께 동등한 영광을 돌려야 한다. 이단들은 성령을 예배하고 기도를 드린 자가 누구인가, 우리가 그에게 예배를 드려야 한다는 것이 성경 어디에 쓰여 있는가 묻는다. 이에 대해서 요한복음 4:24을 해석함으로써 증명한다. 그레고리는 "푸뉴마(*πνευμα*)"를 대문자로 사용하여 "하나님은 영(*πνευμα*)이시니 예배하는 자가 신령(*ἐν Πνευματος*)으로 예배해야 한다"는 것은 성령으로 예배드린다는 뜻임을 강조한다. 그리고 우리는 어떻게 기도해야 할지 모르지만 성령께서 말할 수 없는 탄식으로 우리를 위해서 친히 간구를 하신다. 그레고리는 이상의 성구들을 해석하기를 "그러므로, 내게 있어서는 성령으로 경배하고 성령으로 기도하는 것은(*τον ουν προσκυνείν τω πνεύματω προσευχεσθαι, ούδεν ἀλλο εἰναίμοι*) 성령 자신에게 기도하시고 그 분 스스로에게 찬양하는 것으로 보인다(*φαινεται ἡ αὐτὸ εαὐτω την εὐχήν προσάγειν και την προσκηνεσιν*)[48]라고 분석한다. 곧 다시 말해서 나치안추스의 그레고리는 성령 자신이 친히 우리로 하여금, 예배드리게 하시고, 기도를 드리게 하시는 동시에 그 행위가 곧 그가 예배 받으시고 기도를 받으시는 행위라는 것이다. 그러므로 인간의 입장에서 보면, 그와 함께 예배드리는 것이 곧 그에게 예배드린다는 의식을 가져야 한다. 따라서 성령은 우리로 하여금 믿음에 이르게 하시고 동시에 그 분 스스로 믿음의 대상이 되신다. 또한 우리로 하여금 하나님을 인식하게 하시며 동시에 인식의 대상이 된다. 결국 예배에 있어서 성령이 예배의 대상이신 동시에 예배를 주관하시는 주체자이시다.

48 *Γρεγορ.*, 599.

2) 성령의 완전과 신자의 성화: 성령께서는 부족한 것이 전혀 없다.[49] 그는 완전하시다. 왜냐하면 그는 하나님이시기 때문이다. 성부와 성자와 똑같이 완전이라는 속성을 지닌다.

따라서 그가 완전하시기 때문에 우리 인간을 성화시키는 일을 하신다. 성령은 특히 사랑 안에서 완전하시다. 동시에 그가 신자를 성화시키는 완성의 단계 완전한 사랑의 실현을 의미한다.

나치안추스의 그레고리는 "성령을 받지 못하고서는 우리는 완전해질 수 없다. 성령 없이 완전한 것이 있을 수 없다"[50]고 강력히 주장한다. 바실도 성령 없이는 성화가 없으며…… 성화는 성령과의 교제(*κοινωνὶα*)에 의해서 완전에 이를 수 있다고 해석한다.(*Π*. *Α*. *Π*) 완전이라는 개념을 그레고리는 더욱 발전시켜 신비주의적 표현에까지 이른다. 곧 완전하신 성령께서 우리를 하나님으로(하나님의 성품으로) 만들고 신성에로 영합하게 한다는 것이다. 더욱 구체적으로 표현해서 "세례를 통해서 우리를 하나님같이 되게 한다(*θεοτ*)"는 것이다. 〈마28:19〉, 만일, 그가 하나님이 아니라면 완전하지 않다면 세례를 통하여 나를 하나님처럼 되게 하겠는가? (*ἐμὲ θεοὶ δια του βαπισματος*)[51] 그러므로 그에게 있어서 성화의 완성은 신처럼 되는 것이다.

계속해서 나치안추스의 그레고리는 "구원의 쇠사슬"을 언급한다. "황금으로 된 구원의 쇠사슬"이란 성령으로부터 우리 신생(*ἡ ἀναγεννησις* : New birth or Re-birth)이 일어나고, 신생(*ἡ ἀναγεννησις*)으로부터 우리의 새 창조(New Creation)가 나오고 새 창조로부터 성령의 위엄에 대한 깊은 인식이 일어나는 것을 말한다.[52]

49 *Γρεγορι*., 597.
50 *Γρεγορι*., 594.
51 *Γρεγορι*., 609.

3) 진리의 증거자와 스승이신 성령: 성부와 성자가 진리를 보이시고 우리를 지도하듯이 성령도 전지하신 속성, 전능하신 속성을 지니시기에 진리를 증거하시기도 하시고 우리를 진리에로 인도하시는 스승이기도 하시다. 성령이 예수 그리스도(성자)에 의해 증거되는 것과 같이(요 14:16) 성자도 성령에 의해 증거된다. 요한복음 15:26에 "아버지께서 너희에게 보내실 보혜사 곧 아버지께로서 나오시는 진리의 성령이 오실 때에 그가 증거하실 것이요"에서 성령은 성자를 증거하시는 분이심이 확실하다.[53]

또한 그리스도께로 인도하는 스승이기도 하다.[54] 우리 안에 내재하셔서 진리 가운데 이끄신다. 성부와 성자와 함께 신자 안에 거하셔서 신자들로 하여금 신적 생명의 참여자가 되게 하신다.[55] 그는 사람의 사정을 사람의 영 외에 알지 못하듯이 하나님의 사정을 통달하시는 분이시다. 그 전지하신 분이 우리 안에 내재하셔서 우리를 가르치시고 지도하신다. 그 분의 필요에 따라 세례 후에 은사를 나누어주기도 하신다.[56]

그러므로 전지하신 성령의 속성을 강조함으로써 우리를 지도하시는 스승임을 카파도키아학파는 밝히 드러내었다. 반면에 전능하신 성령에 관한 것은 거의 강조한 바가 없다. 따라서 성령이 능력을 주신다는 이해가 많이 다루어지지 않았다. 그 이유는 분명하다. 당시에 이단들이 성령의 능력으로 이해하여 물질적 개념으로 하락시키었으므로 이를 극복하기 위해 지혜를 강조한 것이다. 오늘 한국 교회의 성령 이해가 바로 되어지려면 지혜의 영이신 성령의 역사에 대한 이해를 바로 정립해야 할 것이다.

52 *Γρεγορι*. 609.
53 Gregory of Nazianzus, N. P. N. F XXVII.
54 Gregory of Nazianzus, X X VI.
55 Schaff, 666.
56 Gregory of Nazianzus, XXIX.

4. 성령론의 이단 사상:

1) 본체와 위격을 오해한 이단들: 우리는 위에서 "성령은 인격적 하나님"이란 사실을 명확히 분석 및 이해하려 했던 카파도키아 교부들의 노력을 고찰하였던 것이다. 성령은 삼위의 일위(一位)로서 성부, 성자와 동일본질이시고 영원히 존재하시는 분임을 밝혀낸 셈이다. 결국 카파도키아학파는 그의 신성과 인격성을 모두 긍정했기 때문에 정통 교리로 인정받게 된 것이다. 성령론의 이단은 본체와 위격 중, 그 어느 하나를 부정하든가, 모두를 부정하는 사상이다.

사벨리우스주의(Sabellianism): 사벨리우스주의는 신적 통일(Divine Unity)의 근본 교리를 강조하는 한편, 삼위일체를 받아들이긴 하지만 정통 교회가 고수하는 삼위일체론이 아니고 오직 한 본질의 삼중적 현현으로써만 재현한다고 본다. 그의 입장에서 성부, 성자, 성령은 일시적 현상에 지나지 않는다. 결국 사벨리우스주의는 하나의 본질(*οὐσία*)을 강조하여 신성이 있음을 긍정했지만 위격(*ὑποστάσις*)을 혼동하였다.[57] 그래서 바실은 비판하기를 "사벨리우스는 성부, 성자, 성령은 한 위격(*ὑποστάσις*)이었다고 말했다. 세 이름 아래 한 인격(one Person)으로, 그리고 성부, 성자, 성령을 똑같은 분으로 묘사한다"[58]고 지적한다. 따라서 일체(一體)는 긍정했지만 삼위는 부정한 셈이다.

아리우스주의(Arianism): 아리우스파는 정반대의 이단이다. 아리우스파의 가장 큰 모토는 "성자는 한때 없었던 때도 있었다"라는 것이다. 아리우스파는 성자의 위엄을 낮출 뿐만 아니라 성령의 위엄도 낮추었다. 아리우스는 삼위일체의 세 인격들은 본질(*οὐσια*)과 영광(*δοξά*)에 있어서도 전적으로 서로 같지 않다는 이른바 유사본질론자(*ὁμοιούσια*)이다.[59] 그들은

57 Gregory of Nazianzus, XXX.
58 *βασιλ.*, *KEφα.*, CCX, N. *P*. *N*. F. vol Ⅷ.

"삼위일체는 있으시지만, 동등한 영광 중에 계신 것은 아니고, 한 분은 다른 분들보다 더욱 큰 영광 중에 있다"[60]고 주장함으로써 세 위격(ὑποστάσιϛ)은 잘 구분하였으나 본체(οὐσὶα)까지도 나뉘는 오류를 범함으로써 삼신론(三神論)의 위험성이 짙게 된 것이다. 그러므로 성령의 신성은 부인하고 인격만을 긍정한 이단이다. 따라서 아리안의 삼위일체는 내적이며 영구적인 삼위일체가 아니요 창조되지 않은 하나님과 피조물 두 신들(demigods)로 구성되어 있다.[61]

2) 마케도니우스주의(Machedonianism): 사벨리우스나 아리우스는 직접적으로 성령에 대한 이단적 견해를 보인 것은 없고 일반론적으로 삼위의 관계를 오해하였지만, 마케도니우스주의는 직접적으로 성령을 훼방한 학파들이다. 그래서 그들을 소위 "성령훼방론자"라고 부른다. 아리우스 논쟁에서 니케아회의 신조로 확인된 성자의 동일본질을 거절한 신학자들은 거의 모두 오리겐처럼 성령을 성자에게 복종하는 피조물(Κτισμα)로 묘사한 것이다.[62] 그중에 가장 두드러진 도전자가 마케도니우스다. A.D. 341년 콘스탄티노플 감독이었던 마케도니우스는 반아리우스파 박사로서 성자는 성부와 본질에 있어서 유사하고 성령은 단순히 피조물 혹은 우주에 두루 확산시키는 하나님의 에너지로 생각하였던 것이다.[63] 그래서, 성부와 성자로부터 구별되는 한 인격이 아니었다. 마케도니우스주의들은 위격의 작용에 있어서 ἐξ, διὰ, ἐν 이라는 전치사들의 차이를 강조하고, 성서는

59 동일본질은 ὁμοούσιον요, 유사본질은 ὁμοιούσιο다. 희랍어(이오타) 한자 때문에 정통과 이단이 나뉘게 된다.

60 βασιλ., preface.

61 Schaff, 663.

62 Hastins Encyclo pedia of Religion & Ethics T & T. clark. 1915. vol 18. 226.

63 Tecrop L.Naz., 283.

성령을 찬양의 대상으로 묘사하지 않고 성부와 성자의 관계는 제3을 허락지 않는다는 것이다.[64] 성령의 본질(οὐσία)도 격하시키고 인격성도 하락시키어 피조물 혹은 에너지라는 물질적 개념으로 이해한 것이다. 그러므로 성령의 신성과 인격성도 모두 부인한 극단의 이단이다. 결국 그들의 사상, 형태는 동일본질(οὐσία)이 아니라 유사본질(ὁμοουσια)이었음은 의심할 여지가 없다.[65]

니케아회의 후기의 동일본질론 정통파는 거의 다신론적 형태로 세 위격(ὑτοστάσις)을 구분지었기[66] 때문에 이런 이단의 도전을 받았다. 이런 도전에 대한 답변을 위해 카파도키아학파는 투쟁한 것이다. 가톨릭을 저주하기를 시도하였던 발렌스(Valens)의 통치 아래서 마케도니우스주의는 정통파에 더욱 가깝게 묘사되었다. 그러나, 발렌스 사망 후에, 귀향 갔던 카파도키아 교부들이 돌아오면서 마케도니우스학파는 정죄되었던 것이다.

III. 카파도키아학파에 의해서 형성된 콘스탄티노플회의(A.D.381)의 신앙고백:

콘스탄티노플회의는 동방에서 니케아 신앙 곧 동일본질론이 최후의 승리를 거둔 사건이었다. 따라서 동서방을 망라하고 기독교 내에서 니케아 신앙 곧 삼위의 동일본질론이 확립된 것을 보여주게 되었다. 325년 니케아회의 이후 381년 콘스탄티노플회의에 이르기까지 모든 압박과 박해를 무릅쓰고 니케아 신앙 즉 예수 그리스도와 성부의 동일본질성을 꾸준히 주

64 Harnack, 114.
65 Hastings, 226.
66 Hastings, 226.

장해왔고, 성령마저도 동일본질성을 소유함을 고백하는 완전 승리를 이룩하게 되었던 것이다. 특히 데오도시우스 황제는 콘스탄티노플에서 아리우스주의 감독을 추방함으로써 이것을 분명히 하였고, 그의 법령으로써 동방에 있어서 니케아 신앙의 권위를 완전히 세웠던 것이다. 콘스탄티노플회의에서 신앙의 문제에 있어서는 아리우스주의의 그리스도 유사본질론과 함께 마케도니아학파의 성령 유사본질론, 즉 성령훼방당(Pneumatomachia)에 대한 정죄만 아니라, 예수가 인간과 똑같은 몸으로 오신 것이 아니라 로고스적 몸(logos-body)으로 오셨다고 주장한 아폴리나리스주의 문제도 정죄하게 되었다. 안디옥 감독, 콘스탄티노플 감독, 예루살렘 감독 등의 문제도 함께 다루는 교회 행정적인 회의이기도 하였다.

여기서 콘스탄티노플회의에서 고백한 신앙고백 전문을 싣고 신학적으로 분석해 보고자 한다.

> 우리는 한 분 하나님, 전능하신 성부, 하늘과 땅과 보이는 것이나 보이지 않는 만물을 만드신 분을 믿습니다.
>
> 또한 한 주 예수 그리스도를 믿습니다. 그는 하나님의 독생자시요, 모든 세대 이전에 아버지로부터 나신 자요, 빛으로부터의 빛이시요, 참 하나님으로부터의 참 하나님이시요, 나시되 만들어지신 것은 아니며, 아버지와 동일본질이십니다. 그를 통하여 만물이 생겨났으며, 그는 우리 인간들을 위하여, 우리의 구원을 위하여 하늘로부터 내려오시어 성령과 동정녀 마리아에게서 성육신하시었고, 사람이 되시었고, 우리를 위하여 본디오 빌라도에게 고난받으시고, 십자가에 못박히시었고, 장사지낸 바 되시었다가 성경대로 3일 만에 다시 살아나시어 하늘에 오르사 아버지 우편에 앉아 계십니다. 산 자와 죽은 자를 심판하기 위하여 영광으로 다시 오실 것

> 이며 그의 나라는 무궁할 것입니다.
>
> 또한 성령을 믿사오니, 그는 주님이 되시며 생명의 수여자(life-giver)이시니, 성부로부터 발현하시며(proceeds), 곧 성부와 성자와 함께 예배를 받으시며, 함께 영광을 받으실 분이시며, 선지자들을 통하여 말씀하여 오신 분이십니다. 하나의 거룩한 보편적인 사도적 교회를 믿습니다. 우리는 죄를 사하시는 한 세례를 고백합니다. 우리는 죽은 자의 부활과 오는 세상의 영생을 바라고 있습니다.[67]

물론 하르낙(Harnack)이나 제베르크(Seeberg) 등은 니케아 신조와 콘스탄티노플 신조가 전혀 다른 것이라고 주장하였다. 그러나 슈바르츠(Eduard Schwartz)나 켈리(J. N. D. Kelly) 등은 이 콘스탄티노플 신조나 니케아 신조가 하등의 다른 것이 아니라고 주장하였다.[68] 자세히 들여다 보면 확실히 콘스탄티노플 신조는 니케아 신조에다 몇 부분을 보충하고 있다. 슈바르쯔와 켈리의 주장에 의하여 콘스탄티노플 신조는 니케아 신조의 보충 확대판으로 보아온 전통적인 입장은 완전히 재확립되게 되었던 것이다. 그래서 교회사적으로 니케아 신조와 콘스탄티노플 신조를 구별하지 않고, 둘을 합하여 니케아-콘스탄티노플 신조(Nicene-Constantinoplolitan Creed)라고 부른다.[69]

제1 항목 성부에 관한 신앙고백에 있어서 니케아 신조의 '모든 것의 창조자' 대신에 '하늘과 땅과 모든 것의 창조자'로 함으로써 성경대로 창조

67 Philip Schaff. *The Creeds of Christendom*, (Grand Rapids, Michigan: Baker Book House, 1985), 28-29.

68 한철하, 『고대기독교사상』,(서울: 대한기독교서회, 1992), 194-95.

69 Bethune-Baker, *An Introduction to the Early History of Christian Doctrine*, 193.

주 하나님은 언제나 하늘과 땅과 거기 있는 모든 것을 만드신 자로 고백하는 것이 반영되었다. 제2 항목 성자에 관한 고백도 본질적인 면에서는 별 차이가 없다. 다만 니케아 신조에서는 "아버지로부터 홀로 나신 자로서 다시 말해서 아버지의 본질로부터 나시었으니"를 콘스탄티노플 신조에서는 "하나님의 독생자로서 만세 전에 아버지에게서 나시었으니"라고 표현함으로써 성부의 근원에서 나온 동일본질임에는 아무런 차이가 없다. 그리고 뒤에 성부와 동일본질이심을 다시 한번 강조하고 있다. 그리고 니케아 신조에서는 "성육신하사"를 콘스탄티노플 신조에서는 "성령과 동정녀 마리아로 말미암아 성육신하사"로 표현되어 있을 뿐이다. 그러니까 성부에 관한 제1 항목과 성자에 관한 제2 항목은 거의 대동소이하고 다만 제3 항목 성령론 부분에 있어서는 많이 보충되고 있다. 니케아 신조에서는 성령 동일본질론이 아직 취급되지 아니하여서 "성령을 믿사옵니다"로만 되어 있으나, 콘스탄티노플 신조에서는 성령도 동일본질임을 다음과 같이 고백하고 있다: "그는 주님이 되시며 생명의 수여자시니, 성부로부터 발현하시며, 성부와 성자와 함께 예배를 받으시고 함께 영광을 받으시며." 이것은 카파도키아학파가 주장한 성령도 예배의 대상이요 영광의 대상이신 동일본질임을 강조하고 있는 것이다. 카파도키아 교부들은 요한복음 4:24에 "신령으로 예배함"을 희랍어로 대문자를 써서 "en Pneumatos" 곧 우리는 성령으로 예배하며 우리의 예배를 받으심을 강조한다. 다시 말해서 성령의 참 예배의 원동력을 주시며, 동시에 예배의 대상이 되심을 강조한다. 여기서 또한 주목하여야 할 것은 이 콘스탄티노플 신조에는 서방교회의 주장인 성령의 이중유출설(filioque)은 없다. 곧 성부와 그리고 성자로부터 나오심을 고백하지 않고 있다. 오직 성령은 성부로부터만 나오심을 고백하고 있다. 성부만이 신성의 유일한 근원 곧 오직 하나의 근원(monarchia)임을, 단일유출(ekporeusis: single procession)임을 고백하는 동방교회 전

통이 드러나고 있다.[70]

여기서 콘스탄티노플 신조가 주장하는 동일본질의 참 뜻을 생각해 볼 필요가 있다. 하르낙은 콘스탄티노플 신조에서 니케아 신조를 확인하기는 하였으나 그것은 외형적인 일치로 내용에 있어서는 그렇지가 않았다고 주장한다. 즉 동일본질이란 말의 뜻이 콘스탄티노플 신조에서는 유사본질에 불과하다는 것이다.[71] 물론 니케아 신조 당시에는 본질(ousia)과 품격(hypostasis)의 구별을 짓지 않았다. 그러나 362년 알렉산드리아 회의에서 아타나시우스는 이 말들을 구별지어서 본질(ousia)은 삼위의 일체성을 나타내는 용어로, 품격(hypostasis)은 삼위의 객체성을 나타내는 용어로 사용해야 함을 강조하였다. 그래서 동방에서 동일본질(homoousios)을 내세울 때 삼위의 각 위의 개체성을 나타낼 길이 없어졌고 사벨리우스적 단일신론적 경향에로 기울어질 수밖에 없었다. 그래서 콘스탄티노플에서는 동일본질을 말할지라도 거기에는 세 위격 혹은 품격(treis hypostaseis)이라는 또 하나의 표현을 전제로 나감으로써 유사본질에서 염려하던 사벨리우스적 경향은 완전히 사라지게 된 것이다. 무엇보다도 아타나시우스는 이미 세상을 떠났고, 카파도키아 교부들이 니케아 신앙을 대변하였기에, 니케아 본래의 입장을 고수하면서도 더욱 발전시킨 것이다. 그래서 신정통파(neo-orthodoxy)라고도 불리운다. 어떻게 성자와 성령의 품격이 독립적 개체성을 이루는가가 신비에 속한 문제였다. 이와 같은 통일신론적 입장에서는 사벨리우스적 주장이 자연적 귀결이 될 수 있으나, 정통 니케아 신앙에서는 삼위의 실재성, 인격성 혹은 개체성을 주장하였고, 신정통파는 이것을 훨씬 분명하게 설명하기에 이르렀다. 그러므로 콘스탄티노플 신조에서는 니케아 신조에서 3항목으로 나뉘어 표현한 삼위의 개체성을 더욱

70 Schaff, 26.
71 한철하, 198.

잘 발전시켜 표현하였다고 보아야 할 것이다.

이와 같이 '신성(godhead)'이 삼위의 공동본질이라 할지라도 '하나님들(gods)'이라고 부르지는 않는다. 곧 하나님은 하나이시다. 닛사의 그레고리는 하나님의 역사에 있어서 삼위의 일체성을 주장하면서도 하나님의 본성의 일체성을 말한다.

> 성경에는 '하나님'이란 말을 주의 깊게 단수로만 씀으로써 하나님의 본체 안에 여러 본성(nature)들을 도입하여 '하나님들'을 의미하지 않게 한다. 그러므로 성경은 말하기를 '주 하나님은 한 주이시니라(신 6: 4)'고 한다. 성경은 독생하신 하나님도 신성(godhead)이란 말로써 부른다. 그러니 여기서 그 일체성을 둘로 나누어 아버지와 아들을 비록 성경에서는 각 위를 각각 하나님이라고 부르지는 않는다. 아버지는 하나님이시다.
>
> 그리고 아들도 하나님이시다. 그러나 이와 같이 말할지라도 하나님은 한 분이시다. 왜냐하면 신성 안에는 신성의 분별(distinction)도 역사(operation)의 분별도 보이지 않기 때문이다.[72]

일체성뿐 아니라 삼위의 동역(operation)도 닛사의 그레고리는 강조한다. 성부와 성자와 성령은 항상 함께 동역한다. 창조의 주체는 창조주 하나님이지만, 창조의 사역은 함께 동역한다. 속죄의 주체는 속죄주 그리스도지만, 속죄의 사역은 함께 동역한다. 성화의 주체는 성화의 주 성령이지만, 성화의 사역은 함께 동역한다.

72 Gregory of Nyssa, *Address on Religious Introduction, Library of Christian Classics*, vol. III, 265.

아버지께서는 아들의 함께 일하심 없이 홀로 어떤 일도 행한다는 일을 우리는 배운 일이 없으며, 또는 아들이 성령 없이 단독으로 행하신다고 배운 일도 없다. 오히려 하나님으로부터 피조물에로 미쳐 오는 모든 역사(operation)는 우리의 여러 가지 인식을 따라 여러 가지로 불리어지나, 모두 아버지에게서 그 근원을 가지며 아들을 통하여 진행되어 성령에 의하여 그 완성에 이른다.[73]

이러한 콘스탄티노플회의 신조를 재확인하는 서한을 382년에 다시 만들어 전 교회에 보냈다. 왜냐하면 서방에서는 만족하지 못하였기 때문이다. 서방에서는 381년에 서방끼리만 밀라노의 암브로시우스 감독의 지도하에 아퀼레이아(Aquileia)에 다시 모여서 로마 황제 그라티안(Gratian)을 설복시켜 382년에 로마에서 에큐메니칼회의를 재차 소집하도록 하였다. 그러나 동방 교부들은 발렌스에 의해 당한 박해의 뒷수습도 다 하지 못하였고, 더욱이 그런 먼 길을 떠날 수도 없었다. 그리하여 382년 동방교부들끼리 모여서 재차 콘스탄티노플에 회집하여 전 해에 모였던 회의와 그들의 신앙의 정통성을 다시금 규명하였으며, 그 회의에서 취한 행정적인 감독 문제 처리도 정당하였음을 밝히게 되었다. 다시 말해서 대표 세 사람을 서방으로 보내어 공한을 로마의 다마수스와 밀란의 암브로시우스 등에게 보냈던 것이다.

더욱 나아가 카파도키아학파는 그리스도가 신성의 동일본질을 지니면서도 인간성의 동일본질을 입으신 것은 우리의 신화(神化: theosis, divinization)를 위함이란 것이다. 그러니까 동방교회 신앙에서는 단순히 예수 그리스도를 믿는 것만이 구원이 아니라 그리스도를 본받는 신화도

73 LCC, vol. III, 261.

구원인데 이를 위하여 그리스도가 성육신하셨다는 것이다. 베드로후서 1:4대로 우리가 하나님의 성품에로 신화(神化)되게 하기 위하여 인간이 되셨다는 것이다. 그리고 성령도 우리를 하나님의 성품으로 변화시키기 위하여 역사하시는 신화의 영으로 해석한다. 그래서 닛사의 그레고리는 그의 저서 "모세의 생애(The Life of Moses)"에서 이러한 신화에 이르는 성화의 과정을 출애굽의 스토리로 풀이한다. 이것은 존 웨슬리에게도 강하게 영향을 주어 웨슬리의 완전성화(entire sanctification) 개념이 동방교회, 특히 닛사의 그레고리 사상에서 나왔음을 알 수 있다. 그래서 그레고리는 다음과 같이 말한다:

> 다만 한 경우(즉 임재의 경우)에는 그가 우리 안에 계신 것은 그가 만물을 지탱하심과 같이 우리에 있어서도 연합하시는 것이요, 다른 경우(즉 성육신의 경우)에 있어서는 그는 자신을 우리의 본능과 연합하시어 이로써 우리의 본성은 신성과 연합됨으로써 그것도 신적 죽음으로부터 돌아오심으로써 우리 죽을 족속들도 영생에로 돌아간다.[74]

IV. 콘스탄티노플회의 이후부터 칼케돈회의까지의 동일본질론:

콘스탄티노플회의 이후 칼케돈회의까지의 동일본질론은 알렉산드리아학파에 의해서 계속 계승되었다. 안디옥학파와의 논쟁을 통하여 알렉산드

74 Gregory of Nyssa, *L.C.C.*, Vol. III, 301.

리아학파는 동일본질론을 발전시켰다. 그런데 콘스탄티노플 이후의 동일본질론의 핵심 이슈는 '그리스도가 신성에 있어서 성부와 동일본질이시고, 인성에 있어서 인간과 동일본질이시라면 신성과 인성이 어떻게 예수의 한 인격 안에서 조화를 이룰 수 있는가?'라는 문제였다. 그러니까 이 시기에는 성령의 신성에 대해서는 더 이상 논의하지 않았고, 그리스도의 인격과 본성과의 관계에 대하여 집중적으로 취급하였기에 사실상 이 시기에는 삼위일체론의 토론보다는 기독론의 토론이라고 역사신학에서 해석되어 왔다. 그러나 이것은 기독론으로만 국한시켜버릴 수 없는 것이 '그리스도의 신적 동일본질이 어떻게 인간의 동일본질을 지니면서 한 인격 속에서 조화를 이룰 수 있는가?'라는 문제는 삼위일체의 동일본질 이슈의 연속선상에서 일어난 신학적 토론이라고 생각할 수밖에 없다.

예수의 동일본질을 고백한 325년 니케아회의와 성령의 동일본질을 고백한 381년 콘스탄티노플회의를 거치면서, 431년 에배소회의와 451년 칼케돈회의까지 문제가 된 것은 '예수가 참 하나님이면서 동시에 참 인간이라면, 예수의 한 인격 속에 어떻게 신성과 인성이 조화를 이룰 수 있을까?'라는 두 성의 관계에 관한 문제가 제기되었다. 그것은 네스토리우스(Nestorius)의 안디옥 학파(Anthiocene School)와 시릴(Cyril)의 알렉산드리아학파(Alexandrian School)와의 대립으로 나타났다.

네스토리우스는 428년 4월 10일 콘스탄티노플의 대주교로 즉위하였는데, 마리아의 호칭에 대한 질문에 대해 안디옥학파의 입장을 대변하게 되었다. 즉 마리아를 하나님을 낳으신 하나님의 어머니(theotokos)라고 불러야 한다는 알렉산드리아학파의 주장에 반대하여 그리스도를 낳은 그리스도의 어머니(christokos)라고 불러야 한다고 주장하였다. 그는 몹수에스티아의 데오도레(Theodore of Mopsuesthia)의 제자로서 데오도레의 기독론에 따라 신인양성을 강조하려는 의도가 있었다. 크리스토코스는 오해를 불러일으켰다. 네스토리우스는 다음과 같이 말하였다.

> 하나님은 어머니를 가질 수 없으며, 피조자가 신을 낳을 수 없다. 마리아는 사람을 낳았다. 그는 신성의 도구였으나 신은 아니었다. 어린 아기의 옷에 싸여 있거나 고통을 당하시거나 죽거나 매장될 수 없다. 마리아를 데오토코스라고 부른다면 거기에는 성자를 피조자라고 하는 아리우스주의적인 교리가 담겨져 있으며 인성이 그리스도 안에서 불완전하다고 한 아폴리나리스의 흔적을 발견할 수 있다.[75]

이러한 주장으로 인하여 운명적인 적수였던 알렉산드리아의 시릴은 네스토리우스에 대해 신인을 분리된 두 인격들로(two persons in two natures) 분열시킨 이단자라고 정죄하는 결과가 되었다. 네스토리우스는 젖을 먹는 하나님, 요람 속에서 잠을 자는 하나님, 기저귀 찬 하나님을 믿을 수 없었으나, 시릴은 젖을 먹는 하나님, 요람 속에서 흔들거리는 하나님, 기저귀 찬 하나님을 믿을 수 있었다. 그러니까 시릴의 알렉산드리아학파는 성육신한 예수의 실체를 강조하였으나, 네스토리우스의 안디옥학파는 성육신의 충만한 실체를 인정하지 않고 모호하게 표현한 것이다.[76] 네스토리우스는 마리아의 몸 속에서는 신성이 들어올 수 없고 순순한 인간으로 태어났으나 자라 가는 과정에서 언젠가 신성이 들어왔다고 고백하지만, 시릴은 마리아가 잉태할 때부터 인성과 신성이 예수의 한 인격 속에서 조화를 이루고 태어났다고 고백한다. 결국 네스토리우스의 안디옥학파는

75 Alister McGrath, *Historical Theology*, (Blackwell Publishers: Oxford, 1998), 55-61.
76 G. W. H. Lampe, "Christian Theology in the Patristic Period," *A History of Christian Doctrine*, ed. Hurbert Cunliffe-Jones, (Philadelphia: Fortress Press, 1984), 121.

인성을 보다 강조하고, 시릴의 알렉산드리아학파는 신성을 더욱 강조하였다. 그리고 네스토리우스는 양성의 분리를 강조하다보니 두 인격들로 나누어지는 경향에 이르렀고, 시릴은 양성의 조화를 한 인격 속에서 찾으려 하였다. 시릴은 말씀-육신이라는 도식의 대변자로서 로고스는 성육신 이전이나 이후나 동일한 인격이었고 그 분의 본질적 신격성이 변하지 않았다는 주장이었다. 말씀이신 본성이 성육신하였다는 것이다. 그는 성육신하신 분이 땅 위에서 사신 신적인 말씀으로 생각하였다. 시릴의 주장은 다음과 같이 431년 에배소회의에서 정리되었다.

> 그러므로 우리는 우리 주 예수 그리스도께서 하나님의 독생자요 완전하신 하나님이시고 이성적 영혼과 육체로 구성된 완전한 인간이시며, 그 분의 인성에 있어서 동정녀 마리아에게서 나셨고, 그 분의 신성에 있어서 성부와 공동실체이시나 두 본성들의 연합이(communication idiomatum) 성취되었다. 한 분의 그리스도, 한 분의 주님을 고백한다. 거룩한 동정녀를 theotokos(mother of God)라고 고백한다. 신적인 말씀은 육신이 되었고 사람으로 만들어져서 바로 잉태시부터 그녀에게서 취한 성전을 그 분 자신에게 연합시키셨기 때문이다.[77]

결국은 네스토리우스의 주장은 이단으로 정죄를 당하고, 시릴의 주장은 정통으로 인정되었다. 그래서 451년 칼케돈회의에서 다시 한번 이러한 신앙이 다음과 같이 강조되었다.

77 McGrath, 60–61.

> 신성에 있어서 만세 전에 아버지에게서 나시었으며, 그 동일하신 분이 이 마지막 날에 우리를 위하사 우리의 구원을 위하사 인성에 있어서 데오토코스이신 동정녀 마리아에게서 나시었느니라. 한 분이시요 동일하신 그리스도, 아들, 주, 독생자는 두 성품에 있어서 인식되되 혼동됨이 없으시며 변화됨이 없으시며 분리됨이 없으시며, 나누어짐이 없으시며, 이 연합으로 인하여 두 본성의 차이가 결코 제거되지 아니하며, 오히려 각성의 특성이 그대로 보존되어 있어 한 인격 한 개체에 있어서 결합되어 있다. 그리하여 두 인격으로 분할되거나 분리되거나 하지 않으며 한 분이시요, 동일하신 아들 독생자 하나님, 말씀, 주 예수 그리스도께서는 친히 자신에 대하여 가르치신 바이며 교부들이 신조로서 우리에게 전하여 내려오는 바와 같으니라.[78]

곧 두 본성이 구분되어지되 예수의 한 인격 속에서 분리도, 나누어짐도, 변화도, 혼동도 없이(One person in two natures without separation, without division, without change and without confusion) 조화를 이루고 있음을 고백하기에 이르렀다.[79] 그러니까 예수의 한 인격 속에서 두 본성이 조화를 이루면서 신적 동일본질이 여전히 살아 있음을 고백하였다. 삼위일체의 주제인 동일본질이 더욱 구체적으로 해석되었다고 볼 수 있다. 그런데 흥미로운 것은 알렉산드리아학파의 동일본질(oneness, one person)은 계속 유지되면서도 안디옥학파의 '두 본성 안에(in two natures)'라는 표현이 칼케돈회의에 들어오게 된 것이다. 알렉산드리아학파의 '두 본성으로부터(of two natures)'란 말이 빠져 버린 것이 흥미롭다.

78 McGrath, 58-61.

79 한철하, 『고대기독교사상』, (대한기독교서회, 1992), 58-89. 126-56.

그것은 로마의 감독 레오(Leo)가 제한한 서한에서 들어오게 된 것이다. 그래서 이 서한을 '레오의 서한(Leo' Tome)'이라고 부른다. 그러므로 교회사 속에서 알렉산드리아적 요소와 안디옥적 요소가 계속하여 내려오게 된 것이다. 종교개혁 시대에도 루터는 알렉산드리아학파의 기독론을 받아들여서 성찬해석에 있어서 신체적 임재설(physical presence)을 주장하였다. 다시 말해서 루터는 알렉산드리아학파의 '속성의 교류(communication idiomatum)'에 근거하여, 부활하신 그리스도의 몸의 편재성(ubiquity)을 주장하면서 성찬 상에도 그리스도의 몸이 출석할 수 있다는 것이었다. 그러나 츠빙글리나 칼빈은 안디옥학파의 기독론을 받아들여서 신체적 임재설을 비판하였다. 다시 말해서 보좌 우편에 계신 부활하신 그리스도의 몸은 편재성이 없기 때문에 보좌 우편에만 계시지 성찬 상에 올 수 없다는 것이다. 그래서 츠빙글리는 그리스도의 몸의 결석을 말하면서 상징설(symbolism)을 주장하고, 칼빈은 그리스도의 몸은 출석할 수 없으나 성령이 출석한다는 영적 임재설(spiritual presence)을 주장하였다.

V. 카파도키아학파의 빛에서 본 한국 교회의 삼위일체 이해에 관한 분석과 비판:

A. 각 교파의 교리:

대한예수교장로회와 한국기독교장로회는 모두 웨스트민스터 고백에 의거하고 있다. 신조 제12에 보면, "성부와 성자에게로부터 오신 성령께서 인간으로 구원에 참여하게 하십니다. 그러므로 인간으로 하여금, 죄와 비참을 깨닫게 하시며, 그 마음을 밝혀 그리스도를 알게 하시고 그 값없이 주

마고 하신 예수 그리스도를 받게 하시며 또 그 안에서 역사하셔서 모든 의의 열매를 맺게 하십니다"[80]라고 고백하고 있다. "성부와 성자께로부터 오신 성령께서"는 곧, filioque 논쟁에서 서방교회가 고수한 주장으로서 정통교리이지만 카파도키아학파의 입장에서 볼 때는 성령은 성부로부터만 나오신다. 그리고 성령의 존재와 본질을 이 한 구절 속에서만 논하기에 성령의 속성, 곧 자유, 완전, 전능, 영광은 밝혀지지 않고 있다.

계속해서 "인간으로 구원에 참여하게 하십니다. 그러므로 인간으로 하여금 죄와 비참을 깨닫게 하시며…… 예수 그리스도를 받게 하시며……" 이것은 성령께서 구원자임을 밝혀주는 구절이다. 바르트도 성령을 구원자로 언급했거니와 성령의 역할을 "황금으로 된 구원의 쇠사슬"이라고 카파도키아학파는 말하고 있다. 황당무계한 체험을 강조하기 쉬운데, 성령과 예수 그리스도와의 관계를 구원의 역사에 관련시켜 이해함이 오늘의 한국 사회에 절실히 요청된다.

"그 마음을 밝혀 그리스도를 알게 하시고 그 의지를 새롭게 하시고 권하시며……" 성령께서는 진리이신 그리스도를 증거하시는 분이심을 드러내 보여준다. 그러나 반면에, 보혜사로서 진리로 인도하시고 지도하시는 성령의 역사가 분명히 언급되어 있지 못하다. 한국 사회 신자 육성에 가장 중요한 과제는 성령을 우리의 스승으로 인식시키는 것이다. 마지막으로 "또 그 안에서 역사하셔서 모든 의의 열매를 맺게 하십니다"라는 부분은 성령의 내주를 말하고 있는 항목이다. 성령의 내주는 성화를 가능케 하는 역사인데, 이것에 대해서는 자세히 설명하지 않고 있다. 완전하신 성령께서 우리로 하여금 완전에 이르도록 성화시킨다는 사상이 카파도키아학파에는 지배적 사상이다. 그것이 장로교회에는 결여되어 있다.

80 대한예수교장로회 헌법, C. L. S. K. 1970. 3.
한국기독교장로회 헌법, 1967. 13.

기독교대한감리회 교리적 선언에 보면 제4항에 "우리는 하나님이 우리와 같이 계시사 우리의 지도와 위안과 힘이 되시는 성신을 믿으며"[81]라고 표현한다. 이 내용을 정경옥 목사는 그의 저서 『기독교의 원리』에서 설명하고 있다.[82] 우선 그는 기독교가 성령에 대해서 잊어버렸거나 곡해하고 있다면서 다음과 같이 지적한다.

> 그 중에 어떤 사람은 황당무계한 잡신을 숭배하는 것과 같은 생각을 하고 또 한편으로 어떤 부류의 신도들은 감정적 흥분에 날뛰어 성신을 받는 것은 방언을 말하고 앞에 될 일을 알아맞히는 재주를 얻는다든가, 신비한 잡신술에 의하여 초자연적 능력을 얻는 것처럼 보인다.[83]

먼저 "하나님이 우리와 같이 계시다"를 성령의 본체로 주장한다. 그리고 그 본체의 내용은 내재신(內在神)이라는 데 있다.[84] 이 내재신의 개념은 카파도키아학파에 의하면 본체(οὐσὶα)가 아니라, 위격(ὑποστάσις)이다. 내재신이라는 개념은 성령의 특수한 존재 양태를 나타내는 위격이지, 본질을 말하는 것은 아니다. 성령이 성부, 성자와 동일본질임이 이 구절에서 밝혀질 수는 없다. 또한, 존재 양태가 반드시 내재신으로만 표현되는가에

81 정경옥, 『기독교의 원리』, 총리원교육국, 4287년, 67.

82 정경옥, 67.
"아우그스부르그, 비텐베르그에 이어 1563년의 엘리사벳신경과 1571년 39교조, 그리고 1784년 웨슬리의 종교강령에로 이어지는 성신에 관한 교리 곧 "성신은 성부와 성자께로부터 오신 위(位)인데 그 본질과 위엄과 영광이 성부와 성자로부터 동일하시고 참되시고 영원하신 하나님이시다."라는 고백과 본 기독교대한감리회에서 채용한 성신에 관한 신조는 반대되는 점이 조금도 없으나 우리의 신조와 같이 변증적 입장을 일반 기독교인이 누구나 믿고 있는 요점들만 지적하려고 한 것이다"라고 밝힌다.

83 정경옥, 67.

84 정경옥, 68.

문제가 있다. 가령, 인간이 창조된 후에 내재신 개념이 언급될 수 있으나 '인간창조 이전에는 성령이 어떤 존재 양태로 계셨는가?' 함에는 아무 답도 할 수 없다. 물론, 그가 "구약에서 태초에 하나님의 신이 물 위에 운행하시더니 질서와 미와 생명의 세계가 창조되었다" 혹은 "이스라엘의 선지자들이 가지고 있던 권위와 능력의 근원도 오로지 성신의 임재와 권화(權化)에 의한 것이다"[85] 등의 표현에서 오순절 이전에 천지창조와 구약 시대 때에 역사하신 성령을 논하긴 하지만, 인간과의 관계 없이도 자유롭게 존재하시는 자유의 속성을 지니시는 성령에 대한 개념이 없다. 위에서 고찰한 바와 같이 카파도키아학파는 "성령은 자기 스스로 완전히 존재한다. 그는 존재하시는 하나님이시다. 태초로부터 한 분이 존재하셨다면, 세 분도 존재하였음에 틀림없다"[86]고 주장한 바, 인간과의 관계 없이도 존재하시는 하나님으로 고백한다. 그러므로 인간 생활에 현존하시는 내재신으로만 고백한 감리교 교리적 선언에는 성령의 본질도 위격도 모두 확실치 않다.

정경옥 목사가 이 내재신 개념에서 성령은 인격적 존재임을 천명하는 것은 매우 훌륭하다. 그는 다음과 같이 성령의 인격성을 주장한다.

> 성신은 결코 물리적 유비로 보아서 물질 가운데 내재한 세력이라고 생각하거나 순전히 논리적으로 해결하면서 도덕적 감화나 덕행의 일종으로 생각해서는 안 된다. 성신은 도덕적 속성을 지니신 지혜와 총명의 신이시며 사회적 중생의 능력이 되시고 도덕적 생활의 근원이 되시는 신이시다.[87]

85 정경옥, 77.
86 *Γρεγορι.*, 594–595.
87 정경옥, 70.

물리적 유비 해석이나, 윤리적 감화력의 해석을 모두 거부하는 것은 놀라운 발견이다.

이 표현은 성령의 역사를 취급한 부분으로서 장로교회 교리에서는 성령이 스승이라는 개념이 명확치 않음에 반하여, 감리교회는 분명히 언급한다. "지휘"라는 단어가 바로 그것을 나타내 준다. 카파도키아 교부들의 가장 강한 강조점은 성령의 스승 되심[88]에 있다. "위안"이라는 표현에서 보혜사이신 "위로자"의 개념을 함축하고 있다. "힘"이 되시는 성령이시기에, 그는 우리의 신앙을 일으키시며 지지하시는 하나님의 권능이시라고 설명한다.[89] 가장 아쉬운 것은 웨슬리가 평생을 두고 강조한 성화와 완전사상이 감리교 교리적 선언에 표명되지 않았다는 것이다.

마지막으로, "성신을 믿으며"라는 구절에서 감리교회 교리적 선언의 절정을 볼 수 있다. 장로교회의 교리에는 "믿는다"는 고백이 없다. 그것이 빠져 있다. 이 "성신을 믿는다"는 고백은 니케아-콘스탄티노플 신조에서 제일 먼저 언급되어 있다.[90] 카파도키아 교부들이 그것을 전개하여 예배와 기도와 영광의 대상도 되심을 밝히게 된 것이다.[91]

한국교회는 성령이 신앙과 예배와 찬양과 기도의 대상임을 명백히 인식하여야 한다. 성결교회는 성령에 관해 아주 훌륭한 고백을 하고 있다.

> 성신은 성부와 성자께로부터 나오신 신이시니 그 본체와 능력의 위엄과 영광이 성부와 성자로 더불어 동일하시며 영원하신 하

88 Gregory of Nazianzus. N. P. N. F. XXIX. "사람의 사정은 사람의 영외에 알지 못하듯이 하나님의 사정도 성령 외에는 아무도 모른다. 하나님의 깊은 것이라도 통달하시는 전지하신 분이시다. 그 전지하신 영이 우리 안에 내재하셔서 우리를 가르치시고 지도하신다. 그분이 필요에 따라 세례 후에 은사를 나누어 주기도 한다.

89 정경옥, 77.

90 서론의 사적고찰(史的考察)을 보라.

91 *Γρεγορι.*, 599.

나님이시라. 그는 삼위일체의 하나님의 뜻을 실행하는 이로서 세상에 보냄을 입어 죄와 의와 심판으로 세상을 책망하시며, 보혜사로서 가르치시며, 인도하시며 능력을 주시사 영혼을 건강케 하시며 교회를 거룩하게 하시는 하나님이시다(마28:18, 요14:16-17, 계5:6, 요16:8, 15:26, 14:26, 엡3:16, 롬15:16)[92]

"성신은 성부와 성자에게로부터 나오신 하나님"에서 성결교회 역시 filioque를 말한다. "그 본체와 능력과 위엄과 영광이 성부와 성자로 더불어 동일하시며 영원하신 하나님이시니라"라는 표현에서 다른 교파에서는 볼 수 없는 동일본질(ὁμοούσιον)을 고백한다. 또한 물질개념을 완전히 초월할 수 있는 표현, 곧 영원하신 하나님이 나타나 있다. 성령을 "영원하신 하나님"이라 고백할 때, 그의 선재를 인정하는 것이 된다. 그것은 카파도키아학파가 강하게 피력하였다.[93] 그리고 카파도키아 교부들이 고백한 "진리를 가르치시는 스승"의 사상이 들어 있다. 그것은 "죄와 의의 심판으로 세상을 책망하시며 보혜사로서 신자를 가르치시며 인도하시며"에서 볼 수 있다. 그러나 성결교에서도 "성화시키는 성령"을 고백하지는 않고 있다. "교회를 거룩하게 하시는 하나님이다"에서, 물론 성화를 말한다고 할 수도 있으나 공동체뿐 아니라 신자의 개인 생활에까지도 하나님의 성품으로 성화된다는 것이 카파도키아학파의 주장이다.

B. 목회자와 부흥사의 삼위일체 이해와 성령 이해:

목회자의 삼위일체나 성령 이해를 다룸에 있어서 수많은 자료가 있지만,

92 기독교대한성결교회헌법 1972. 117.

93 *Γρεγορι Ναζιαν.*, 594.

한경직 목사의 설교를 중심으로 분석하고자 한다. 먼저, 성령의 인격성을 주장하는 부분을 찾을 수 있다. “우리가 예수를 주로 믿는 것은 성령의 역사고 또한 항상 성령은 우리 안에 내재하시지만, 성령의 충만함을 받는 것은 성령께서 우리 마음과 생활의 전 영역을 주관할 수 있도록 충만하게 성령을 영접하라는 뜻입니다”[94]에서 한 목사는 물질 개념을 완전히 피하고 있다. 흔히들 성령을 물질적 개념으로 오해하는데 소유가 아니라 성령이 우리의 전 영역을 주관하는 까닭에 도리어 성령이 우리의 주인이 되시고 우리가 그의 소유가 되는 것이다. “우리의 지적(知的) 생활, 정적(情的) 생활, 의지적(意志的) 생활, 외적(外的) 생활, 경제(經濟) 생활 등 생활의 전 영역이 성령께서 주관하실 만큼 성령을 충만히 받으라는 뜻입니다”[95]라고 한 목사는 이야기하고 있다. 생활의 전 영역을 주관하지 못하도록 우리의 마음 문이 닫혀 있기에 “성령께서 근심하신다”[96]는 것이다. 그 이유는 내 속에 있는 욕심, 정욕, 허영심, 고집, 향락 등이 성령의 지도를 거스르기 때문이라는 것이다. 또한 “성령을 소멸치 말아라”라는 뜻은 불을 끈다는 것인데, “성령께서는 우리 믿는 사람 마음속에 오셔서 불을 붙여 줍니다. 분명히 우리에게 등불과 같이 성령의 불이 마음속에 비추어 줍니다. 그러나 내 정욕, 내 욕심으로 혹은 내 이익을 위해서 성령의 불을 소멸할 때가 많이 있습니다”[97]라고 그는 말한다. 확실히 한 목사는 불과 성령을 일치시키는 오류를 범하지 않는다. 인격적 성령이 물질적 개념의 불을 붙여준다고 설명함으로써 성령과 불을 구분을 짓는다. 계속해서 그의 본문을 보면 “오순절에 그들은 이렇게 불의 세례를 받은 것입니다. 그 결과가 어떻게 되었

94 한경직, 『한경직목사설교집』 Ⅷ. C.L.S.K. 1971. 306-307.
95 한경직, 308.
96 한경직, 308.
97 한경직, 309.

습니까? 그들은 다 성령으로 충만하였다고 하였습니다"[98]라고 한다. 여기서도 성령과 불을 동일시하지 않는다. 그렇다고 성령과 불 세례는 각기 다르게 나타나는 것은 아니다. 성령이 임재하는 현상을 상징함이 곧 불이다.

> 불은 성경에서 언제나 하나님의 임재를 상징하는 것으로 나타난 것을 우리가 특히 구약 중에 찾아볼 수 있습니다. 그래서 모세가 불붙는 떨기나무 곁에서 하나님의 부름을 받은 것입니다. 모세가 그 백성을 시내광야를 통해서 인도하여 나오게 할 때에, 낮에는 구름기둥, 밤에는 불기둥으로 인도함을 받았다고 한 것입니다. 역시 하나님의 임재를 의미합니다. 또 엘리야 제단을 하나님은 불로 받으셨습니다.[99]

삼위의 관계는 다음과 같이 말하고 있다.

> 성령은 하나님의 영이올시다. 그들(초대교회)은 하나님의 영으로 충만하였습니다. 성령은 그리스도의 영이올시다. 그들은 그리스도의 영으로 충만했습니다. 성령은 성결의 영이올시다. 그들은 성결로써 충만케 되었습니다. 그리스도는 생명이올시다. 그들은 생명으로 충만케 된 것입니다. 하나님은 사랑이올시다. 그들은 사랑으로 충만케 된 것입니다. 하나님은 빛이올시다. 그들은 빛으로 충만케 되었습니다. 하나님은 전능하신 하나님이올시다. 그들은 하나님의 전능하신 능력으로 충만케 된 것입니다. 무엇이나 충만하면 넘칩니다. 넘쳐흐릅니다.[100]

98 한경직, 55.
99 한경직, 56.

한 목사는 성령으로 충만케 될 때, 성령은 완전히 성부와 성자와는 관계없이 역사하시는 것으로 보지 않고 성령의 충만을 삼위의 관계 속에서 본 것이다. 흔히 성령은 성부께 종속하고 성자께 복종한다는 종속적 관계로써 하나님의 영, 그리스도의 영으로 오해하지만 한 목사는 동등한 관계로 보면서 성령 충만은 하나님 사상의 충만이요, 생명과 진리의 충만이라고 함으로써 성부와 성자께서 동시에 관계를 갖고 역사하심을 보여주고 있다. 한 목사의 성령 이해는 한국 교회의 전 교인들이 배워야 할 점들을 많이 시사해 주고 있다. 그러나 성령의 본질이 규명되어 있지 않다는 아쉬움이 있다. 본질을 언급할 수 없는 것은 사실이지만 어떻게 다른 위(位)와 동일본질이신가는 밝혀야 할 것이다.

다음으로 부흥사들의 삼위일체 이해와 성령 이해를 분석하고자 한다. 한국 교회의 부흥사들의 성령론을 모두 취급할 수도 없고, 또 할 필요도 없기에 조용기 목사의 성령론에 국한해서 문제를 취급하기로 한다. 한국 교회가 인정하는 부흥사들의 성령론을 들추어 본 결과 조용기 목사의 성령론이 가장 체계적이고 조직적임이 판단되어져 그의 성령론을 분석해 봄으로써 앞으로의 성령 운동의 방향은 어떻게 전개되어야 하는가를 밝혀보고자 한다. 먼저 성령의 인격성을 조용기 목사는 밝히고 있다.

> 성령은 성부 하나님, 성자 하나님과 함께 하나님이시다. 교회사를 통해서 볼 때, 아리안파(Arians)나 사벨리안파(Sabellians), 쏘시니안파(Socinians)에 속한 사람들은 성령을 단지 영원히 하나님께로서 나오는 힘으로만 간주하였다. 그러나 그들은 항상 정통교회에서 이단으로 낙인되었다.[101]

100 한경직, 56.

교회사의 이단을 언급하면서 성령은 하나님이신 것을 강조하고 있다. 그러나 좀더 자세한 교회사적 고찰 속에서 성령을 하나님이라고 부르게 된 과정과 발전을 서술함이 있어야 할 것이다.

성령의 인격성에 대해서도 서술한다. "우리는 오랫동안 성령을 불, 바람, 물, 기름, 비둘기 등의 무생물이나 비인격적 비유로 가르침을 받아 왔기 때문에 성령에 대한 우리의 신앙 태도에 중대한 잘못을 저질러 왔다."[102] 이런 발견은 확실히 괄목할 만한 일이다. 성령을 불, 바람, 물, 기름, 비둘기 등 비인격적 비유로 가르쳐 온 것을 극복, "불은 하나님의 임재를 뜻하는 것"[103]이라면서, 사도행전 2:1-4에서 "성령 하나님께서 불 가운데 나타나신 것을 알 수 있다"[104]고 표현함으로써 성령과 불을 분리시킨다. 곧 물질 개념으로 보지 않고 불 가운데 성령이 임재하심을 서술한다. 그럼에도 불구하고, 물질 개념으로 완전히 탈피하지 못하는 점도 있다. "우리는 성령의 불이 충만한 권세 있는 신앙인이 되기 위해 하늘에서 내려오는 불로 충만해야 한다"[105]라는 표현에서 오해를 가져오기 쉽다. 불을 충만히 받아야만 성령 충만이라고 말할 수 있는가? 그렇게 되면, 우리가 자주 불과 능력을 물량적으로 많이 소유하기 위해 갈망과 간구를 해야 할 것이다. 또한 성령은 우리가 소유한 존재가 되고 성령과 불이 동일시될 위험성이 있는 것이다. 그것과는 정반대로, 꼭 성령 받는 것은 감각적 체험이 따르는 것 같은 인상을 주는 표현이 있다. "가뭄에 마른 땅이 단비를 기다리듯이 갈급하게 간절히 성령의 비가 쏟아져 심령을 적셔 주시기를 기도해야만 하겠다"[106]

101 조용기, 『성령론』, 신망애사, 1973. 36.
102 조용기, 36.
103 조용기, 56.
104 조용기, 57.
105 조용기, 58.
106 조용기, 64.

든지 "우리는 이 때에야말로 늦은 비 성령을 받아 신앙에 생기를 얻을 기회인 줄 알고 열심을 내어 기도하고 간구해야 할 것이며"[107] 등의 표현에서 성령의 인격성이 희박해진다. 다시 물량적 개념에로 기울어지게 되는 것이다.

삼위의 관계를 다음과 같이 논한다. 성령을 하나님의 영, 그리스도의 영이라고 부름은 성령을 종속하는 존재로 봄이 아니라 삼위의 인격적 관계를 표현하는 것이다. 조 목사는 "하나님께서 성령을 통하사 당신의 역사를 나타내시기 때문에 성경에서 성령을 하나님의 성령이라고 부르고 있다. 하나님께서는 성령을 통하사 죄인들을 구주 예수께로 인도하시고……"[108] 라고 고백한다. 마치 성령은 하나님께로부터 보내심을 받아 심부름하는 것 같다. 성부 하나님보다 낮은 계열에 놓는 것이다. 사도행전 3:33에 "성령은 예수님께서 아버지께 받아서 너희보고 듣는 이것을 부어 주셨느니라"고 하였으니 "성령은 예수님께서 아버지께 받아서 부어주신 고로 그리스도의 영이란 칭호를 갖게 된 것이다"[109]라고 서술한다.

뿐만 아니라 조 목사는 다음과 같이 그리스도의 영임을 증거한다.

> 성령께서는 예수님께서 십자가의 죽으심과 부활을 통하사 이루어 놓으신 구속의 은총을 증거하시고 가르치시고 깨닫게 하실 뿐만 아니라, 우리 생명 속에 체험하게 하는 일을 하시기 때문에 그리스도의 영이라고 불리우심을 받는 것이 타당한 것이다.[110]

107 조용기, 67.
108 조용기, 67.
109 조용기, 50.
110 조용기, 15.

예수를 증거하시기에 성령은 예수와의 관계를 지니시지만, 그런 역사로 인해 성령이 그리스도께 종속되는 것은 아니다. 카파도키아학파가 애써 구분지어 놓은 본질(οὐσὶα)이 아니라, 위격(ὑποστάσις)의 구별이 명확히 표명되지 않기 때문이다. 성령의 본질과 속성 및 존재 그 자체에 대해서는 설명하는 것 없이 성령의 역사만을 강조하기에 성부와 성자가 구분되어지는 인격성은 드러나지만, 그들과 하나이신 것은 밝혀지지 않고 있다. 인격의 통일성을 카파도키아학파에서 강조한 것처럼, 조용기 목사는 강조하지 않는다.

C. 카파도키아학파의 빛에서 본 문제점과 해결책:

성령을 물질적 능력이나 도덕적 감화력으로 생각하는 한, 한국 교회의 부흥 운동은 무당굿과 다를 바 없다. 물질적 개념을 지양하기 위해서는 용어부터 고쳐야 한다. "성신(聖神)"이라는 것보다는 "성령(聖靈)"이 훨씬 더 맞는 용어이다. 이유는 잡신과 혼돈하지 않기 위해서다. 또 "성령을 받아라!" "불 받으라!"는 것도 고쳐야 한다. 그 표현은 오해를 가져오기 쉽다. 자연히 물질이나 세력으로 생각함과 동시에, 인격의 임재를 뜻함이 아니기 때문이다. 그래서 "성령이 임하신다" "성령을 모신다"라고 표현하는 것이 더욱 좋다. "받는다"는 말을 쓸 수 있다면 "성령의 은사를 받는다"는 것으로 표현할 수 있다.[111] 한국 교회는 지(知), 정(情), 의(意)를 지니신 인격적 실체이신 성령을 항상 고백해야 할 것이다. 현 상황의 개혁 없이는 샤머니즘으로 전락할 것이다. 불교가 한국 토착 종교에 완전히 흡수되어 버린 것처럼[112] 기독교도 그 같은 양상으로 발전될 수박에 없을 것이다. 현재 그런

111 이호운, "한국교회 성령문제", 『임마누엘총서』 제5권. 124.
112 유동식, 『한국종교와 기독교』, (서울: 대한기독교서회, 1969). 58.

현상이 일어나고 있다. 성령의 본질과 위격, 속성과 역사에 대한 이해가 교리 속에서만 갇혀 있지 말고 신앙 생활 속에서 직접 실천되도록 건전하게 신앙으로 지도함이 무엇보다도 시급하다. 그런 면에서 보면 변증자적 입장을 떠나서 종교 경험의 근원과 본질에 대해서 이해시키려 했던 정경옥 목사의 교리 해설은 매우 훌륭한 것이다.

한 걸음 더 나아가서 카파도키아학파가 강조했던 성령의 동일본질론을 한국 교회는 바로 인식해야 한다. 그리고 그 삼위일체의 한 위이신 성령께 예배하고, 하나님으로 고백해야 한다. 그러나 성령께 드리는 예배가 따로 있고 성자께, 성부께 드리는 예배가 구분되어 있는 것은 아니다. 모두 하나의 예배 행위다. 성부, 성자, 성령께 함께 영광 돌리고 경배해야 한다.

마지막으로, 한국 교회는 성화의 사상을 수립해야 한다. 한국 교회가 성령의 은사는 굉장히 강조하지만 성령께서 우리를 성화시키는 것은 모르고 있다. 생활에서의 아름다운 열매를 맺어야 한다는 의식이 부재하고 있는 실정이다. 카파도키아학파의 성화 사상을 새롭게 계승 발전시켜야 할 것이다. 완전의 속성을 지니신 성령께서 우리를 성화시키고 완전에 이르게 하시며 심지어 하나님과 같이(θεοὶ) 된다고 하는 것이다. 신비주의적 경향이 짙다는 비판을 받을 수 있기는 하지만, 완전에 이르는 기독교의 성화는 우리가 다시 찾아야 할 성령 이해이다. 이 완전 사상은 존 웨슬리에게도 이어졌다. 한국 교회가 건전한 신앙을 소유하려면, 성령의 은사보다는 성령 안에서의 성화를 더욱 강조해야 한다. 아울러, 성화 사상과 함께 "스승이신 성령" 이해가 뒤따라야 한다. 성령의 역사에 따르는 자유로운 창조적 신학 활동이 요구됨을 한철하 교수는 역설한다.[113] 그러므로 카파도키아학파의 성령론 연구 결과 한국 교회는 성령의 신성, 인격성의 이해를 받

113 한철하, "한국교회의 성서이해," 『기독교사상(基想)』 1970. 7. 『신학사상』, 제1호, p.15에서 재인용.

아들여야 할 것이고, 성령 안에서의 예배와 생활이 신자의 인격 완성에로 이어져야 한다는 결론이 내려진다.

나오는 말

카파도키아 신학의 결실은 기독교 신론의 정의에 있어서 세 위격(Τρεις ὑποστὶ εις)과 한 본질(μὶ α οὐσὶ α)로 표현함에 있다.[114] 따라서 카파도키아학파의 성령론 연구의 필연적 요청은 본질과 위격의 내용이 무엇인가를 규명하는 것이다. 카파도키아 교부들은 삼위가 동일한 본질 곧 전지, 전능, 무소부재, 사랑, 영원성, 자유, 정의, 거룩성 등을 공유한다고 믿는다. 그리고 위격이란 세 기능 곧 창조의 기능, 속죄의 기능, 성화의 기능으로 구분됨을 주장하였다. 또한 영원히 탄생하지 않은 분, 영원히 탄생한 분, 영원히 발현한 분으로 위격이 구분되어진다. 분리되어지지는 않지만 구분되어진다. 과연, 그들이 말한 위격이란 무엇인가? 질문하면서 제베르크(Seeberg)는 카파도키아학파가 인격적 하나님(Personal God)을 이해하지 못했다고 비판한다. 다시 말해서, 그들이 말하는 위격(ὑποστάσις)은 분명치 않다는 것이다.[115] 그러나 워커(Walker)는 제베르크의 글을 인용하면서 자신의 입장을 다음과 같이 밝힌다. 다시 말해서 동일한 신성을 상호침투하면서 공유한다는 것이다.

> 그들에게 있어서 신성의 셋은 세 인격성(Personality)이 아니라,
> 한 동일한 본체의 세 존재 양태(Modus of being)이다. 통속적으로

114 L. C. C. vol. Ⅲ. 241.
115 Seeberg, vol. 1, 232.

생각하듯이 세 인격들(Three persons) 뒤에 있는 비인격적 본질이 아니라 상호 침투하는 (inter-penetrate) 세 양태로서 존재하는 한 분 인격적 하나님이시라.[116]

그리고 다메섹의 요한(John of Damascus)이 카파도키아학파의 입장을 종속 개념으로 발전시킨 것은 비판의 여지가 있는 것이지만, 성부를 탄생하지 않은 자(αγενησια), 성자를 탄생된 자(γενησια), 성령을 발현된 자(ἐκπορευσις)로 그 존재 양태로 이해한 점이 옳았다고 보여진다.[117] 이와 같이, 바실을 비롯한 동방교회가 주장한 결론은 "삼위일체(미아 우시아 트레이스 휘포스타시스: μὶα οὐσὶα τρεὶς ὑποστάσεις)"이었으나, 서방교회에서는 우시아(οὐσὶα)와 휘포스타시스(ὑποστάσις)의 차이를 분별하지 못하고 ὑποστάσις에 해당되는 substantia를 본질로 표현하고, 삼위격(三位格)은 persona란 말로 표현하여 "una substantia tres personae"가 그들의 삼위일체론이다.

현대신학의 판도에서 삼위일체론 부흥 운동을 일으키면서 persona 문제를 제기한 신학자는 칼 바르트(Karl Barth)이다. 바르트는 "persona"나 "ὑποστάσις" 대신에 "Seinsweise(modus)"라는 용어를 쓰자고 제안한다.[118] 바르트가 제안하는 존재 양태(Seinsweise)는 초대교회에서부터 사용하여 오던, modus entia tivus에서 따온 말로써 양태론(modalismus)의 위험이 있기는 하나, 바르트는 양태론적 이단을 너무나 잘 알고 있기에 양태론을 넘어선다.

'이 성령의 위격(hypostasis)은 성부로부터만 발현하는가? 아니면 성부

116 Walker, 117.
117 Harnack, 125.
118 Karl Barth, Church Dogmatics, vol. I. 1. s.375. 376.

와 성자로부터 발현하는가?' 라는 질문은 동방교회와 서방교회를 갈라놓은 이슈인데 아직도 해결되지 않았다. 최근에 세계교회협의회를 중심으로 이 성령론이 핵심적인 토론의 이슈로 떠오르고 있다. 그런데 세계교회협의회의 동향은 서방의 이중 유출보다는 동방의 단일 유출을 더욱 선호하는 경향으로 발전하고 있다. 성령의 위격(hypostasis)과 함께 삼위의 위격(hypostasis)은 신학의 영원한 수수께끼이다. 이것은 이론과 논리로 이해되기보다는 삶과 실존과 사회적 경험으로 삼위일체의 현존과 역사하심 속에서 이해되어야 할 것이다.

| 나눔을 위한 질문 |

1. 나는 창조주 하나님(Creator)을 매일 잠에서 깨어나는 신비를 통하여, 오묘한 섭리를 통하여, 항상 새롭게 나를 변화시키는 새 창조의 신비를 통하여 경험하고 있는가?
2. 나는 속죄주 하나님(Redeemer) 그리스도를 평생의 지은 죄를 모두 고백하고 2천 년의 십자가가 나를 위한 십자가임을 눈물과 감격으로 만나는 체험을 통하여, 매일의 회개와 속죄의 체험을 통하여, 매일 나의 죄악성은 죽어지고 새로운 하나님의 성품으로 새로워지는 성도의 회개와 성결의 수련을 통하여 경험하고 있는가?
3. 나는 성화의 주님(Sanctifier) 성령을 거듭남의 체험을 통하여, 그리스도에게까지 자라는 성결과 사랑의 영적 성숙과 성장의 수련을 통하여, 성경말씀을 깨닫는 지적 감동을 통하여, 이웃에게 전도할 때 나도 모르게 지혜롭게 말하게 하시는 능력을 통하여, 다양한 은사의 체험을 통하여, 성령의 아홉 가지 열매들을 통하여 체험하고 있는가?
4. 나는 주일 예배와 매일의 기도와 찬양 속에서 삼위일체 하나님께 경배하는 감격을 누리고 사는가?
5. 나는 성부, 성자, 성령이 사랑과 정의와 전지와 전능 등 동일한 신성을 공유하고 계시며 상호 긴밀한 친교 속에 존재하고 계심을 믿는가?
6. 나는 성부와 성자와 성령은 구분되어지는(distinguished) 객체의 위격을 가지고 있으나(三位), 분리될 수는(separated) 하나의 신성(一體)임을 믿는가?
7. 성부는 창조의 주체로서 창조를 이룩하셨고 지금도 새 창조(new creation)를 이루시지만, 성자와 성령도 동참하셨고, 성자는 속죄의 주체로 속죄 사업을 이루시지만, 성부와 성령도 동참하셨으며, 성령은 성화의 주체로 성화를 이루시지만 성부와 성자도 동참하셨음을 나는 믿는가?

제2장

기독론
(Christology)

중세의 우주적 그리스도
우주를 지배하고 돌보시는 그리스도상으로서, 황금색은 신성을 상징하고, 긴 코는 영적 통찰력을 상징하며, 작은 입과 작은 콧구멍은 욕망을 차단하는 절제를 상징하고, 굵은 목은 능력을 상징하며, 세 손가락은 삼위일체를 상징한다.

들어가는 말

예수 이해는 공관복음서 기자들에 의해 역사상에 살았던 인간 곧 역사적 예수로 이해되었다. 특히 마태에 의해서 유대인의 메시아로 오신 점도 강조되었고, 누가에 의해서 가난한 사람와 이방인을 위해 오신 예수로도 강조되었으며, 마가에 의해 고난당하신 십자가의 예수로도 표현되었으나, 공통적으로는 역사적 예수를 강조하였다고 볼 수 있다. 그러나 그것이 요한과 바울에 이르러 우리의 죄를 속죄하시는 신격화된 그리스도로 해석되기 시작하면서, 교회사에서 다양하게 그의 인간성이 강조되기도 하고 혹은 신성이 강조되기도 하는 모습으로 역사적으로 발전하여 감을 본 연구에서 밝혀 보고자 한다. 그리고 흔히 예수의 신격화가 헬라 철학 등 다양한 철학적 형이상학적 전제로 해석되었다는 귀납법적 방법보다는 오히려 각 시대마다 성도들의 신앙 체험의 배경에서 기독론의 고백이 철학적으로 표현된 것이라는 귀납법적 연구를 시도하고자 한다. 다시 말해서 철학이 전제가 되어 예수 이해를 발전시킨 것이 아니라 반대로 그들의 신앙 체험이 전제가 되어서 철학적 용어와 표현을 빌려썼다는 것이다. 이것은 앞에서 살펴본 삼위일체 이해에서도 마찬가지였음을 필자는 주장하였다. 즉 헬라 철학적 전제를 갖고 연역법적으로 삼위일체를 전개한 것이 아니라, 초대교회 성도들의 삼위일체 하나님 신앙이 먼저 일어났고, 그것을 후대에 신학적으로 체계화하는 귀납법적 방법으로 삼위일체 교리가 발전하였다는 것이다.

흔히 19세기 자유주의 신학자들을 비롯하여 비판적으로 초대교회 삼위일체론과 기독론을 이해하는 학자들은 초대 교리의 헬라적 형이상학적 요소를 비신화화하여야 한다고 주장한다. 또한 오늘날의 역사적 예수 연구를 다시 활발히 전개하는 학자들도 신격화된 신앙의 그리스도를 헬라 철학적 잔재로 비판한다. 그러나 초대교회의 역사적 상황, 즉 그들의 삶의 자리(Sitz-im-Leben)로 돌아가 보면, 철학을 전제로 전개시킨 연역법적 교리 형성이라기보다는 그들의 실존적 신앙 체험, 곧 창조주 하나님 체험, 속죄주 그리스도 체험, 그리고 구원의 완성 주 성령 체험에서 그것을 설명하고 변증하기 위하여 헬라 철학적 방법을 빌려 온 귀납법적인 발전이었음을 이해할 수 있다. 특히, 초대교회 성도들에게 있어서는 삼위일체론적, 기독론적 질문은 인간이 어떻게 구원을 받을 것인가(구원론), 교회의 본질과 기능은 무엇인가(교회론), 그리고 역사의 종말과 천국은 무엇인가(종말론)라는 초대교회 현장 속에서 쏟아져 나온 산 신학(living theology)이었다. 다시 말해서 교리화(dogmatizing)에 그 목적이 있었던 것이 아니라, 크리스천의 삶의 활성화(vivifying)를 찾는 것에 그 목적이 있었다. 그러한 귀납법적 역사 연구 방법론으로 예수 이해를 역사적으로 추적해 갈 것이다.

I. 랍비로서의 예수 이해:

복음서에는 역사상의 인간 예수가 하나님으로 인식되어 가는 과정에서 랍비로 묘사되었다. 랍비 곧 선생으로서의 예수 이해가 잘 형성되었던 것을 볼 수 있다. 누가복음의 이야기 순서를 따르면 예수가 세례를 받고 악마에게 시험을 받은 후에 랍비로서의 설교 사역을 시작하였음을 말해 준다(누가복음 4:16-30). 예수께서는 자기가 자라난 나사렛에 가서 늘 하던 대로 안식일에 회당에 들어갔다. 성경을 읽으려고 일어서서 랍비식의 정한 바대로 히브리어 성서 두루마리를 펼쳐 읽었다. 랍비로서의 예수와 랍비적 전통의 대표자들 사이에는 많은 갈등과 함께 유사성이 있다.[1] 그러나 복음서 기자들은 예수가 단순한 랍비가 아니라 예언자임을 이야기한다. 예수의 산상설교 끝에 '권위 있는 가르침에 무리가 놀랐더라'고 한 후에 기적들을 보이는 일화를 통하여 권위를 부여한 것에서도 볼 수 있다. 그러므로 기적을 행하고 죽은 자를 살리기까지 하는 예수는 모세의 가르침을 완성함과 동시에 그것을 능가하는 한 사람의 예언자인 동시에 모세의 율법을 만족시키면서 그것을 뛰어넘는 랍비로서 묘사되었다.[2]

II. 니케아회의(A.D. 325)까지 형성된 속죄주 하나님으로서의 예수 이해:

초대 기독교인들은 주로 베드로를 중심으로 하는 유대적 기독교인들과 바울을 중심으로 하는 이방인 기독교인들 사이에 변증법적 갈등과 긴장이 있었다고 헤겔학파 교회사가 바우르(Baur)는 주장하였다. 그리고 베드로를 중심으로 하는 유대적 기독교인들 사이에는 메시아를 기다리는 유대인의 메시아 사상에 근거하여 우리가 기다리는 메시아가 곧 예수 그리스도

1 Jaroslav Pelikan, 김승철 역, 『예수의 역사(His Place in the History of Culture: Jesus Through the Centuries)』, (서울: 동연, 1999), 44.

2 Marcus J. Borg, 『예수 새로 보기(Jesus: A New Vision)』, (서울: 한국신학연구소, 1998), 98-99, 103-04.

임이 강조되었다. 또한 바울을 중심으로 하는 이방인 기독교인들 사이에는 예수가 주님이라는 신앙이 형성되었다. 헬라권에서는 원래 '주님'이라는 칭호는 여러 신들을 부르는 칭호이자 신격화된 군주의 칭호였다. 교사나 재판관 혹은 높은 위치에 있는 사람들에게 대한 존경의 표현으로서 사용되었던 세상의 용어였다. 이 용어를 바울과 초대교회는 부활하신 하나님의 아들 예수에 대한 고백으로서 사용하였다. 이런 신앙고백이 로마 제국으로부터 박해를 받는 중요한 원인이 되었던 것이다. 왜냐하면 로마 제국은 로마 황제를 주님으로 부르도록 강요하였기 때문이었던 것이다. 그러다가 후에 주님과 그리스도가 합쳐지는 주 예수 그리스도라는 신앙이 형성되었던 것이다. 이것을 통전적으로 잘 해석해낸 것이 아타나시우스에 이르러 예수 그리스도는 우리의 속죄주 하나님(God the Redeemer)이라는 사상이었다. 아타나시우스에 의해서 완성되기까지의 발전 과정을 다음과 같이 고찰할 수 있다.

에비온주의(Ebionism)는 유대인에 의하여 형성된 양자설(adoptionism), 곧 인간 예수만을 강조하는 사상이다. 그들은 유대인으로서 예수는 순수한 요셉과 마리아의 혼인 관계로 태어난 아들이라고 본다. 그러다가 세례 시에 하나님의 아들로 양자 되었다가 십자가의 죽음을 당하기 전에 양자됨은 사라지고 순수한 인간 예수로 십자가 처형을 당하였다고 그들은 해석한다. 문선명은 그의 『원리강론』에서 문선명도 이와 같이 문예수로 양자되었음을 주장한다. 특히 김영운의 『통일신학』에서는 예수는 제사장 사가랴와 마리아의 성적 관계로 태어난 아기로 세례요한과 형제지간으로 후에 양자 되었다고 해석하면서 문선명도 이렇게 양자 되었음을 역설한다. 그 후에 일어난 단일신론(Monarchianism)은 역동적(dynamic) 단일신론과 양태론적(modalistic) 단일신론으로 구분되는데, 삼위의 일체성만을 지나치게 강조함으로써 세 위격의 구분도 없어지는 성부수난설(Patripassianism)

을 주장하는 사벨리우스주의(Sabellianism)의 극단으로 치우치게 되었다. 다시 말해서 예수의 신적 인격성을 인정하지 않고 단지 예수를 하나의 신적 에너지(energy) 내지는 신적 존재 양태(appearance)로 이해한다. 오늘의 여호와증인이 이런 종류의 이단이라고 볼 수 있다.

이레니우스(Irenaeus)는 경륜적 삼위일체론을 주장한 바, 멸망으로 치달리는 역사를 구원하기 위하여 재포착(recapitulatio)하는 구원의 경륜(oikonomia), 즉 역사 속에서 성부, 성자, 성령은 구별되면서도 동시에 인류 구원의 책임감과 경륜을 갖는다고 주장하였다. 특히, 마르시온과 영지주의가 구약의 하나님과 신약의 그리스도가 다르다는 주장을 분쇄하기 위하여 창조주 하나님은 창조의 경륜을, 그리스도는 화해와 속죄와 회복의 재포착의 경륜을, 성령은 인간의 갱신의 경륜을 이루어 가진다고 이해하였다. 그러니까 이레니우스의 삼위일체론 속에서 나타난 예수 상은 역사의 속죄와 구원을 위해 십자가를 지시기까지 역사를 회복시키고 갱신시키는 재포착의 역사의 주님으로 해석되어진 것이다.

영지주의(Gnosticism)는 예수 이해의 신격화가 극단화된 경우로서, 신적 존재인 예수가 육체로 오심을 부정하는 이원론과 가현설(Docetism)을 주장하였다. 오리겐(Origen)은 예수의 신성을 인정하는 데 공헌하였으면서도, 예수를 제 2하나님(deuteros Theos)으로 성부에게 종속하는 존재(Subordinationism)로 이해하였다. 이러한 오리겐의 해석을 발전시킨 아리우스(Arius)는 예수의 신성은 성부와 동일하지 않고 유사함(homoiousios)을 주장하는 유사본질론자로서, 예수의 선재성과 영원성을 인정하지 않고 피조물 중의 뛰어난 존재로 이해하였다.

아리우스의 유사본질론에 대항하여 동일본질론을 발전시킨 학자가 알렉산드리아의 감독 알렉산더(Alexander)였다. 니케아회의(A.D. 325)에서 아리우스의 유사본질론은 정죄되었고, 알렉산더의 동일본질론은 정통신앙으로 받아들여졌다. 예수는 참 하나님(vere Deus: 신성의 동일본질), 참 인간(vere homo: 인간성의 동일본질)으로 고백되어졌다. 그러나 성령은 생명의 수여자(life-giver)로는 고백되어졌으나 성령 동일본질론을 논하지는 않았다. 이러한 알렉산더의 동일본질론을 잘 발전시킨 학자가 아타나시우스(Athanasius)였다. 아타나시우스는 성부와 성자의 동일본질(homoousios)을 예배의 대상과 속죄주의 개념으로 해석하였다. 성부와 성자의 본성이 다르다면 두 하나님을 예배하는 결과를 초래한다고 아타나시우스는 주장하면서, 동일본질이어야 유일신 하나님을 예배하게 된다는 것이다. 그리고 예수가 속죄주 하나님임을 다음과 같은 삼단논법으로 해석하였다. 첫째, 하나님만이 인간의 죄를 속죄하신다. 둘째, 예수님은 인간의 죄를 속죄하신다. 셋째, 그러므로 예수는 하나님이다.

III. 칼케돈회의까지 형성된 신성과 인성의 조화를 이루는 인격체로서의 예수 이해(A.D. 451):

예수의 동일본질을 고백한 313년 니케아회의와 성령의 동일본질을 고백한 381년 콘스탄티노플회의를 거치면서 451년 칼케돈회의까지 문제가 된 것은 '예수가 참 하나님이면서 동시에 참 인간이라면, 예수의 한 인격 속에 어떻게 신성과 인성이 조화를 이룰 수 있을까?'라는 두 성의 관계에 관한 문제가 제기되었다. 그것은 네스토리우스(Nestorius)의 안디옥학파(Anthiocene School)와 시릴(Cyril)의 알렉산드리아학파(Alexandrian School)와의 대립으로 나타났다.

네스토리우스는 428년 4월 10일 콘스탄티노플의 대주교로 즉위하였는데, 마리아의 호칭에 대한 질문에 대해 안디옥학파의 입장을 대변하게 되었다. 즉 마리아를 하나님을 낳으신 하나님의 어머니(theotokos)라고 불러야 한다는 알렉산드리아학파의 주장에 반대하여 그리스도를 낳은 그리스도의 어머니(christokos)라고 불러야 한다고 주장하였다. 그는 몹수에스티아의 데오도레(Theodore of Mopsuesthia)의 제자로서 데오도레의 기독론에 따라 신인양성을 강조하려는 의도가 있었다. 크리스토코스는 오해를 불러일으켰다. 네스토리우스는 다음과 같이 말하였다.

> 하나님은 어머니를 가질 수 없으며, 피조자가 신을 낳을 수 없다. 마리아는 사람을 낳았다. 그는 신성의 도구였으나 신은 아니었다. 어린 아기의 옷에 싸여 있거나 고통을 당하시거나 죽거나 매장될 수 없다. 마리아를 데오토코스라고 부른다면 거기에는 성자를 피조자라고 하는 아리우스주의적인 교리가 담겨져 있으며 인성이 그리스도 안에서 불완전하다고 한 아폴리나리우스의 흔적을 발견할 수 있다.[3]

이러한 주장으로 인하여 운명적인 적수였던 알렉산드리아의 시릴은 네스토리우스에 대해 신인을 분리된 두 인격들로(two persons in two natures) 분열시킨 이단자라고 정죄하는 결과가 되었다. 네스토리우스는 젖을 먹는 하나님, 요람 속에서 잠을 자는 하나님, 기저귀 찬 하나님을 믿을 수 없었으나, 시릴은 젖을 먹는 하나님, 요람 속에서 흔들거리는 하나님, 기저귀 찬 하나님을 믿을 수 있었다. 네스토리우스는 마리아의 몸 속에서는 신성이 들어올 수 없고 순수한 인간으로 태어났으나 자라가는 과정에서 언젠가 신성이 들어왔다고 고백하지만, 시릴은 마리아가 잉태할 때부터 인성

3 Alister McGrath, *Historical Theology*, (Blackwell Publishers: Oxford, 1998), 55-61.

과 신성이 예수의 한 인격 속에서 조화를 이루고 태어났다고 고백한다. 결국 네스토리우스의 안디옥학파는 인성을 보다 강조하고, 시릴의 알렉산드리아학파는 신성을 더욱 강조하였다. 그리고 네스토리우스는 양성의 분리를 강조하다보니 두 인격들로 나누어지는 경향에 이르렀고, 시릴은 양성의 조화를 한 인격 속에서 찾으려 하였다. 시릴은 말씀-육신이라는 도식의 대변자로서 로고스는 성육신 이전이나 이후나 동일한 인격이었고 그분의 본질적 신격성이 변하지 않았다는 주장이었다. 말씀이신 본성이 성육신하였다는 것이다. 그는 성육신하신 분이 땅 위에서 사신 신적인 말씀으로 생각하였다. 시릴의 주장은 다음과 같이 431년 에배소회의에서 정리되었다.

> 그러므로 우리는 우리 주 예수 그리스도께서 하나님의 독생자요 완전하신 하나님이시고 이성적 영혼과 육체로 구성된 완전한 인간이시며, 그 분의 인성에 있어서 동정녀 마리아에게서 나셨고, 그 분의 신성에 있어서 성부와 공동실체이시나 두 본성들의 연합이(communication idiomatum) 성취되었다는 것을 고백한다. 한 분의 그리스도, 한 분의 주님을 고백한다. 거룩한 동정녀를 theotokos (mother of God)라고 고백한다. 신적인 말씀은 육신이 되었고 사람으로 만들어져서 바로 잉태시부터 그녀에게서 취한 성전을 그 분 자신에게 연합시키셨기 때문이다.[4]

결국은 네스토리우스의 주장은 이단으로 정죄당하고, 시릴의 주장은 정통으로 인정되었다. 그래서 451년 칼케돈회의에서 다시 한번 이러한 신앙이 다음과 같이 강조되었다.

4 McGrath, 60–61.

신성에 있어서 만세 전에 아버지에게서 나시었으며, 그 동일하신 분이 이 마지막 날에 우리를 위하사 우리의 구원을 위하사 인성에 있어서 데오토코스이신 동정녀 마리아에게서 나시었느니라. 한 분이시요 동일하신 그리스도, 아들, 주, 독생자는 두 성품에 있어서 인식되되 혼동됨이 없으시며 변화됨이 없으시며 분리됨이 없으시며, 나누어짐이 없으시며, 이 연합으로 인하여 두 본성의 차이가 결코 제거되지 아니하며, 오히려 각성의 특성이 그대로 보존되어 있어 한 인격 한 개체에 있어서 결합되어 있다. 그리하여 두 인격으로 분할되거나 분리되거나 하지 않으며 한 분이시요, 동일하신 아들 독생자 하나님, 말씀, 주 예수 그리스도께서는 친히 자신에 대하여 가르치신 바이며 교부들이 신조로서 우리에게 전하여 내려오는 바와 같으니라.[5]

곧 두 본성이 구분되어지되 예수의 한 인격 속에서 분리도, 나누어짐도, 변화도, 혼동도 없이(One person in two natures without separation, without division, without change and without confusion) 조화를 이루고 있음을 고백하기에 이르렀다.[6]

IV. 중세 초기(A.D. 590-1054)의 우주적 그리스도 이해:

우주적 그리스도 이해는 로고스라는 칭호에서부터 나오게 되었다. 태초부터 로고스 곧 말씀으로 선재하신 분은 만물을 창조하고 만물을 다스리고

5 McGrath, 58-61.
6 한철하, 『고대기독교사상』, (대한기독교서회, 1992), 58-89. 126-56.

만물을 새롭게 재창조하는 우주의 섭리자요 우주의 지배자로 이해되었던 것이다. 그리고 우주적 그리스도로서 예수를 해석하는 것은 기독교 미술사에 나타난 우주에 대한 예수의 주권에 대한 묘사 때문이기도 하다. 〈의인화된 우주 위에 앉으신 그리스도〉라는 예수상은 모든 원수를 그리스도의 발 아래 두신다는 고린도전서 15:25-26의 말씀과 만물보다 먼저 계시고 만물이 그 안에서 존속한다는 골로새서 1:15-19의 말씀을 우주적 차원의 그의 승리와 주권으로 시각화한 것이며 삼위일체론의 개념 형태를 취한 것이기도 하다.[7]

하나님의 피조물로서의 우주와 하나님의 이성으로서의 로고스 사이의 관계는 뜨거운 감자였다. 예수 안에 성육신한 로고스는 하나님의 이성이기 때문에 로고스를 우주의 구조 혹은 기초라고 보았고 우주적 조화라는 개념을 도출하여 냈다. 우주에 질서 정연한 구조를 부여하는 것은 우주의 이성으로서 로고스이므로 우주는 로고스 때문에 그 의미를 지닌다. 그러므로 그리스도는 우주에 대한 주권을 가진 분이시고, 그는 처음으로 죽음으로부터 부활하신 분이시다. 우주적 그리스도는 우주에 관한 의미를 준다. 그는 세상의 지혜와는 반대인 하나님의 지혜이고, 창조물을 설득한 신의 언어이다. 태초로부터 지금까지 그리스도는 하나님의 동역자이시다. 그리스도는 또한 이성과 우주의 마음을 나타내며 우주가 현실성을 지니는 것은 우주가 로고스에 의지하기 때문이다.

하나님의 로고스가 인간이 된 것은 인간이 어떻게 신적인 것이 되는가를 인간에게 배울 수 있게 하기 위해서이다. 그리고 동일한 로고스에 의해 피조물은 이제 본래의 상태를 회복할 뿐만 아니라 완성과 완전함에 도달할 것이다. 즉 예수의 성육신은 우리를 하나님의 형상과 성품으로 만드는

7 Pelikan, 『예수의 역사 200년』, 108-10.

신화 혹은 완전 성화를 이룩하며, 더욱 나아가 전 우주도 이 완성에 적합한 몫을 담당할 것이라는 것이다. 왜냐하면 예수를 통해서 도래한 사랑이 우주 자체까지 포함된다고 할 수 있기 때문이다.

〈우주의 지배자 그리스도〉라는 예수 상은 우주의 지배자임을 상징하는 황금색을 칠하였다. 그리고 날카로운 신적 통찰력을 보여주는 긴 코, 유혹을 차단하는 좁은 콧망울, 욕망의 단절을 상징하는 작은 입술, 그리고 신적 능력을 상징하는 두꺼운 목 등 신성으로 충만한 독특한 인격을 그려내고 있다. 또한 삼위일체 하나님임을 동시에 상징하기 위해서 세 손가락을 보여주고 있다. 형이상학적인 것이 역사적 현실이 되고 영원 전부터 선재하는 우주적 로고스가 이제 시간의 일부가 되어 신적, 인간적 인격의 상으로 묘사됨을 보게 된다. 그리고 그 육신이 되신 로고스가 인간과 우주의 구속사의 사건을 실행하신다. 또한 죄악을 몰아내고 참 인간성을 회복하며 우주의 새로운 창조를 상징화하였다.[8]

V. 중세 중기(A.D. 1054-1300)의 수도사 예수 이해:

중세 중기에 접어들면서 십자군 원정에 대하여 깊은 회의를 느끼면서 수도원 운동이 급격히 발전하기 시작하였다. 그리고 예수도 수도사의 원형으로 이해하기 시작하였다. "누구든지 나를 따라오려거든, 자기를 부인하고, 자기 십자가를 지고 나를 따라오너라(마가복음 8:34)"라는 예수의 말씀이 그리스도를 위해 이 세상을 거부하는 기독교 수도원 제도의 헌장

8 홍소윤, "예수 이미지에 대한 역사적 고찰-예수 그리스도 성화를 중심으로 르네상스까지," (감리교신학대학교 2000년 석사학위 논문). 64-65, 76-77. 이 논문에 나타난 예수 상을 참조하라. 이 논문은 윤성범 학장 상을 받았다.

이 되었다. 완벽한 수도자로서의 예수 상을 만들어 내었다. 예수가 세상의 부, 권세, 영광을 마다하고 십자가를 졌던 것은 그 자신 이 말을 실천한 것으로 수도사들은 생각한 것이다. 수도자들은 예수의 삶을 세상을 거부함으로 세상을 정복하였고, 영원한 하나님 나라를 건설하였던 삶으로 이해하였다. 수도사들은 예수처럼 이 세상을 거부함으로써 자기 십자가를 지고서 예수를 좇도록 부름받았다고 생각하였다. 그러므로 수도원 운동은 수도사의 모델 그리스도를 닮으려는 자세에서 비롯되었다. 그리고 수도 생활은 그리스도의 삶에 참여하는 것으로 생각하였다. 이것은 그리스도의 사랑으로 이어진다. "그리스도의 사랑보다 더 좋은 것은 아무것도 없다(nihil amori Christi praeponere)"는 것이다. 그리스도의 사랑이야말로 수도원 제도의 발흥을 촉진시킨 원동력이었다. 베네딕트는 수도 생활이 그리스도의 삶에 참여하는 것이라고 규정하였다. 수도사가 되기 위한 서약 내용인 세 가지 미덕, 곧 청빈, 순결, 복종은 그리스도를 모델로 하였고, 그리스도의 삶을 따르는 구체적 실천 서약이었다.[9] 수도사 예수가 중세 수도원 제도의 역사적 발전과정 속에서 계속적인 개혁 운동의 역할을 하였다. 수도원의 개혁 운동이 계속 반복될 수 있었던 힘은 역시 수도사의 원형 예수 그리스도를 닮으려는 수도사들의 행동으로 나타났기 때문이었다.[10]

수도사들 중에 예수 그리스도를 가장 닮은 수도사가 아씨시의 성 프란치스코로 알려졌다. 교황 비오 11세(1922-1939)에 의해 '제2의 그리스도(alter Christus)'라는 칭호를 받았다. 프란치스코의 중심에 신인모델로서 역사적 예수의 인격이 있었고, 어느날 기도 중에 십자가에 달리신 그리스도의 모습을 보았다. 그 환상을 붙들고 깊은 겸손 속에서 겸손, 청빈, 사랑의 삶을 발전시켰다. 그리고 라 베르나(La Verna) 산에 가서 40일간의 금

9 Pelikan, 『예수의 역사 2000년』, 190.
10 Pelikan, 『예수의 역사 2000년』, 117.

식 기도를 하여 십자가의 못 자국을 양손과 양발에 3일간 피가 흐른 후에 상처로 남는 흔적을 바울의 고백처럼 성프란치스코도 체험하였다(갈라디아서 6:17). 가난과 고난을 형제와 자매로 생각하면서 민중을 섬기는 작은 예수가 되려고 성화를 추구하였다. 아버지의 재산인 비단 옷감을 모두 가난한 사람들에게 나누어 주었다. 그리고 해는 나의 형제요 달은 나의 자매로 생각하면서 자연친화적인 영성을 추구하기도 하였다. 그래서 새들에게도 설교하였고, 아씨시의 사람들과 농작물들을 괴롭히는 이리에게도 설교함으로 아씨시 사람들의 친구로 변화시키기도 하였다. 그러므로 신인의 모델로서의 예수를 닮으려는 성화 추구적인 수도를 중세의 수도사들은 흠모하였던 것이다. 그러니까 객관적인 신앙의 대상으로서의 예수 상이 아니라 예수의 인격과 삶을 나의 인격과 삶 속에서 재현해 보려는 주관적인 영성이 발전하였던 것이다.

이것이 버나드(Bernard)에게 이르러서는 신랑 예수를 사랑하는 에로틱한 사랑의 대상으로까지 발전하였다. 버나드는 『아가서주석(Song of Songs)』에서 예수에 대한 세 가지 입맞춤으로 묘사하였다. 첫 단계의 키스는 예수의 발에 키스하는 회개의 키스요, 둘째 단계의 키스는 예수의 손에 키스하는 믿음의 키스이고, 셋째 단계의 키스는 예수의 입에 키스하는 사랑의 키스이다. 인간 예수 그리스도가 입을 맞추고 예수의 인성을 통해서 인류는 그 입맞춤을 받는다. 그리고 인간의 영혼은 신랑의 부름에 응하여 그를 따르고 그의 사랑의 작은 방으로 들어간다. 십자가에서의 죽음으로 표현된 인간에 대한 예수의 사랑이 예수에 대한 인간의 사랑의 원천이고 목적이 된다.

VI. 중세 후기(A.D. 1300-1550) 르네상스 시대:

르네상스 시대로 들어오면서 중앙 집권의 전체주의 사회에서 개인주의 시대로, 신 중심의 시대에서 인간 중심의 시대로 발전하게 된다. 르네상스 곧 문예부흥의 핵심 사상은 인문주의(humanism)이다. 인문주의는 인간 본연의 자세로 돌아가자는 주장이다. 인간은 정신을 가진 개인이 되었고, 개인으로서 자기를 확인하였다. 개인에 대한 발견의 높은 단계로서의 개체적 인간(homo singolare)이라는 표현과 최고 단계로서의 유일무이한 인간(homo unico)이라는 표현을 관찰해 보면 이러한 사실을 알게 된다고 야곱 부르크하르트(Jacob Burckhardt)는 강조하였다.[11] 부르크하르트는 14-16세기 르네상스의 두 가지 주제는 세계와 인간의 발견과 개인의 발전이었다고 해석한다. 중세 시대에는 그다지 중요시되지 않았던 현실 세계의 가치를 인식하게 되어 사회과학(social science)이나 사회윤리(social ethics)도 발전하게 되었다. 자기 자신의 의미를 즉 개성의 의의와 가치를 새삼 인식하고 현실 세계를 자기의 눈으로 보는 개인주의(individualism)의 발전으로 역사가 발전하게 되었다. 따라서 개인의 주체성(subjectivism)도 발전하여 교황과 교권을 가진 교회 지도자들에 의해 해석되어진 객관적 교리를 수용하기보다는 한 개인이 주체적으로 신학적 사고를 할 수 있게 되었다. 그래서 결국 주관적으로 구원의 확신을 체험하고, 주관적으로 구원론을 이해하려는 루터의 종교개혁의 진리를 발견하게 하였던 것이다.

인간의 본래성을 회복하고자 하는 르네상스 시대의 문화적 상황은 자연히 예수의 신성보다는 인간성을 관심 갖는 예수 이해를 발전시키게 되었다. 보편적인 인간으로서의 예수 상은 엘 그레코(El Greco)의 그림 "구세

11 Jacob Burckhardt, *The Civilization of Renaissance in Italy*, Trans. S.G.C. Middlemore, (New York: Albert & Charles Boni, 1935), 123.

주"에서 보여진다. 예수가 유대인이었음을 중시하였던 엘 그레코는 동시대의 다른 예수 상과는 다르게 신비주의적 요소를 상징하는 초자연적 색체의 파열을 제거하였다. 세상을 응시하는 듯한 눈, 선악의 냄새를 분별하려는 의미를 강조하는 긴 코, 욕망을 다스리는 다문 입술, 성 삼위를 상징하는 오른 손 등이 나타나 있다. 16세기 스페인의 신비주의와 르네상스 시대의 미술이 결합된 보편적 인간으로서의 예수관이 묘사되었다.

그리고 누구보다도 단테가 르네상스 시대의 예수 상을 잘 표현해 주었다. 단테는 『신곡』의 연옥 편에서 "나와 함께 영원히 로마의 시민이 됩시다. 거기에는 그리스도도 한 사람의 로마인 곧 천국의 시민이지요"라고 말한다. 세상 위에 군림하는 교황의 권위를 단테는 비판하면서 교회의 모범으로서의 그리스도는 지상의 왕국을 지배하지 않는다고 표현한다.

"원천적 자료로 돌아가자(AD FONTES)"는 운동은 성서 문헌에서 예수의 모습을 재발견하려고 하였다. 인문주의 운동의 대가 에라스무스(Erasmus of Rotterdam)는 로렌조 발라(Lorenzo Valla)의 희랍어 『신약성서노트』를 루베인 수도원 도서관에서 발견하여 희랍어로 연구한 결과 라틴어 번역 불가타(Vulgata)의 오류를 찾아내면서, 참된 예수는 희랍어 성서의 원전에 의거하여 배울 수 있으며 산상수훈은 기독교의 절정을 이루는 메시지라고 강조하였다. 모범적인 도덕 교사인 인간 예수의 윤리를 따르라고 에라스무스는 강조하였다. 에라스무스는 그리스도의 삶의 방식은 따르기가 쉽고, 그를 따를 때 가장 고귀한 보석을 얻는 것이 된다고 역설한다. 결국 속죄주 하나님으로서의 예수 이해가 약화되었다고 루터는 비판하며, 루터는 에라스무스를 도덕주의자라고 평가하였다.

VII. 종교개혁과 개신교 정통주의 시대의 예수 이해(16-18세기):

루터는 "우리의 신학은 오직 십자가뿐이다(crux est sola nostra theologia)"라고 강조한다. 그래서 자신의 신학은 십자가의 신학임을 1518년 '하이델베르크 논쟁(Heidelberg Disputation)'에서 밝히고 있다. 1518년 4월 루터는 그가 말하는 새로운 신학이 무엇인지를 그가 소속한 어거스틴 수도회의 하이델베르크 모임에서 공개 토론할 기회를 갖게 되었다. 루터는 28개조의 신학적 논제와 12개조의 철학적 논제를 포함하여 총 40개조의 논제들을 발표하였다. 그는 크게 네 가지 관점에서 그의 기본적인 종교개혁 신학을 언급하였다. 그것은 첫째로 인간의 죄악성이요, 둘째로 하나님과의 관계에서 의지의 노예 신세를 말하는 것이고, 셋째로 인간의 협력을 필요로 하지 않는 하나님의 은총의 역사를 강조하는 것이고, 넷째로 그의 가르침에 대한 날카롭고 분명한 신조를 밝히는 것이다. 그는 중세 스콜라주의를 영광의 신학(theology of glory)이라고 하면서 그 영광의 신학에 반대하여, 그의 십자가 신학을 강조하였다. 그 당시의 스콜라주의자들은 루터의 날카로운 비판은 자신들의 입장에 대한 정확한 이해에 근거하지 않았다고 느꼈다. 루터의 영광의 신학이라는 해석이 역사적으로 타당한 것인지는 논란이 많다. 어쨌든 스콜라주의의 인간 본성의 낙관주의(optimism of human nature)에 기초한 이성적 요소와 선행적 요소에 항거하여 인간 본성의 비관주의(pessimism of human nature)에 기초한 죄악성과 은총의 낙관주의(optimism of grace)에 기초한 십자가 은총의 강조는 루터 신학의 중심을 이루게 되었다. 그러니까 십자가의 속죄주 하나님 그리스도의 은총을 믿음으로 의롭다하심을 얻는 것(justification by faith through grace)을 루터는 강조하였다.

십자가는 인간의 지적, 도덕적 교만을 죽이고, 구원이 대속의 죽으심에 의하여 이루어짐을 강조한다고 루터는 해석한다. 이 십자가는 인간을 구원하시기 위하여(opus proprium) 인간이 이해하기 힘든 낯선 십자가의 길(opus alienum)을 택하셨다고 루터는 해석한다. 이 십자가 사건과 더불어 율법의 고발적 기능도 하나님다운 행위(opus proprium)를 위한 하나님의 하나님답지 않은 행위(opus alienum)에 속한다고 해석한다. 또한 "어찌하여 나를 버리셨나이까?"라는 절규 속에서도 침묵하시고, 외면하시고 숨어 계신 하나님(Hidden God: Deus Absconditus)은 숨어 계시는 방법으로 현존하신다(Hidden presence of god: Deus Revelatus in Deus Absconditus).[12] 여기서 루터는 하나님의 속성의 양면성 곧 계시하시는 하나님(Deus Revelatus)과 숨어 계시는 하나님(Deus Absconditus)을 말한다. 에라스무스가 '사랑의 하나님이 지옥을 어떻게 만들 수 있을까'라고 질문할 때 루터는 사랑의 하나님(Deus Revelatus)에서는 이해가 안 되지만 숨어 계신 하나님(Deus Absdonditus)의 속성 속에서는 이해가 된다고 말하였다. 인간의 이성과 의지로는 도저히 이해가 안 되는 숨어 계신 하나님의 깊은 의지와 뜻이 있다는 것이다. 십자가라는 옷을 입고 사랑과 자비의 하나님이 숨어 계신 하나님으로 현존하신다. R.Regin Prenter는 "모든 선한 것들은 십자가 안에 그리고 십자가 아래 숨어 있다(omnia bona in cruce et sub cruce abscondita sunt)" 고 루터를 해석한다.[13] 하나님의 자비는 하나님의 진노 속에 의존적으로 계시된다. 하나님의 분노와 자비가 동시에 계시

12 1519년까지 루터는 간접적인, 숨어 계신 방법으로 계시하시는 하나님을 말하였으나, 1525년 그의 『노예의지론(De Servo Arbitrio)』에서는 아예 전혀 그의 숨어 계신 뜻을 인간에게 알리지 아니하시는 숨어 계신 하나님을 말한다. 인간의 의지는 노예 신세이므로 하나님의 의지와 뜻을 전혀 알 수 없는 세계도 있다는 것이다. 여러 면에서 하나님은 자신을 열어 계시하시지 않는 역사의 수수께끼가 많다는 것이다. 이를 하나님의 마스크(mask of God)라고도 부른다.

13 Regin Prenter, Luther's Theology of the Cross, (Philadelphia: Fortress Press, 1971), 4.

되는 것이다. 하나님의 분노 중에는 두 가지가 있다. 형벌의 분노(ira severitas)와 자비의 분노(ira misericordiae)이다.[14] 십자가는 자비의 분노다. 다만 신앙만이 계시된 분노를 나타내시는 자비로우신 하나님의 의도를 식별한다. 신앙이 아닌 인간의 이성, 곧 중세 스콜라주의의 영광의 신학(theologia gloriae)은 이것을 식별하지 못하고 형벌의 분노와 자비의 분노를 혼동한다는 것이다.[15] 영광의 신학자들은 하나님이 강함과 영광과 능력 속에서만 계시되기를 원하고, 십자가 안에서의 포기와 패배, 곧 궁극적으로 승리하는 것을 받아들일 수 없다고 루터는 해석한다.[16] 루터는 또다른 변증법적 해석으로 십자가에서 나타나는 하나님의 양면성을 보여준다. 곧 '하나님의 속성에 낯선 행위(opus alienum)'와 '하나님의 속성에 속하는 행위(opus proprium)'이다. 사랑의 하나님의 속성에서는 도저히 분노하고 정죄하실 것 같지 아니하나, 그렇게 정죄하고 분노하시는 것은 죄인들을 의롭다하시기 위함이다. 결국 구원하시는 하나님의 속성을 보이시기 위해 하나님답지 않은 행위를 보이신다는 것이다. 그래서 십자가에서 부당하게 정죄당하고, 연약하게 창피당하고, 어리석게 패배당하고, 철저히 죽음을 당하셨다. 바로 그 치욕스러운 십자가의 스캔들 속에 하나님의 의와 영광과 지혜와 능력과 구원이 숨어 있는 방법으로 계시되었다.[17] 십자가의 구속을 위해서 숨어 계신 하나님의 아픔을 루터는 강조하였다. 결국 그리스도는 숨어 계신 하나님의 아픔을 통하여 구속 사건을 이루신 속죄주 하나님임을 루터는 주장한 것이다.

그리고 루터는 그 유명한 『기독자의 자유』에서 고린도전서 9:19절 "내

14 Alister E. McGrath, *The Theology of the Cross*, (Oxford: Basil Blackwell, 1985), 154.
15 McGrath, *The Theology of the Cross*, 157.
16 McGrath, *The Theology of the Cross*, 167.
17 McGrath, *The Theology of the Cross*, 158.

가 모든 사람에게서 자유하였으나 스스로 모든 사람의 종이 된 것은 많은 사람을 얻고자 함이라"를 중요시 여긴다. 크리스천이 누리는 자유는 모든 것의 주인이 되는 자유다. 믿음에 의해 부여된 자유이기에 어느 누구에게도 어떤 것에도 복종할 필요가 없다. 그것을 그리스도를 본받는 성화의 요소로 루터는 강조한다. 루터는 신앙이란 옛사람이 불 속에 잠겨 장사지낸 바 되는 것, 그리고 새사람이 물 속에서 나오는 것을 의미한다고 해석하였다. 이 기독자의 자유에서 루터는 성화의 개념을 말하고 있다. 곧 스스로 죽어짐으로써(mortification) 그리스도 안에서 살고 이웃 안에서 산다. 신앙으로 그리스도 안에서 죽어지고 그리스도 안에서 살며, 사랑으로 이웃 안에서 죽어지고 이웃 안에서 산다. 자신이 죽어지는 신앙에 의해 하나님께로 올라가게 되고, 자신이 죽어지는 사랑에 의해 스스로 그의 이웃에게로 내려가게 된다. 기독자의 자유에는 기독론이 잘 나타나 있다. 예수 그리스도는 만왕의 왕, 만주의 주이시다. 어느 누구에게도 예속되지 않고 참 자유를 누리시는 분이요, 모든 사람이 그분 안에서 자유를 얻기를 원하시는 자유의 왕이시다. 또한 그리스도는 기도와 말씀을 가르치시는 제사장으로 묘사되어 있다. 우리에게 어떻게 기도할 것을 가르치시고 우리를 위해 기도하시는 분이시다. 우리의 죄와 허물을 위하여 친히 하나님께 간구하시는 대제사장이시다. 또한 말씀을 가르치심으로 말씀 안에서 자유와 속죄와 구원을 얻게 하시는 제사장이시다. 그리고 그리스도는 십자가의 은총을 믿음으로 의롭다함을 얻게 하시는 속죄주이시다. 중세교회가 그리스도를 본받는 삶을 강조함으로 잃어버린 속죄주 하나님으로서의 그리스도를 가장 잘 묘사하고 있다. 성 버나드, 타울러, 스타우피츠 등에게서 영적 신랑으로서의 그리스도를 루터는 배웠다. 그래서 『기독자의 자유』에도 그러한 신비주의적 기독론이 살아 있다. 십자가상에서 고난당하신 그리스도의 고난에 동참함으로 그리스도와 하나가 되는 십자가 신학적 신비주의가 나타난다. 또한 자기비하의 그리스도, 섬기는 종의 모습으로서의 그리스도를 묘사한다. 뿐만 아니라 모든 성도들이 그 섬기심의 모습을 본받아야 하는 성도의 모범이신 그리스도를 강조한다. 희생과 섬김의 삶을 본받아 크리스천도 자신을 이웃을 위해 주어야 함을 루터는 주장한다.

칼빈의 기독론도 루터의 기독론과 거의 대동소이하게 속죄주 하나님으로 해석되어지고 있다. 그러나 루터는 알렉산드리아학파의 기독론에 근거하여 예수 그리스도가 성찬에 신체적 출석을 말하는 공재론(consubstantiation)을 주장하지만, 칼빈은 안디옥학파의 기독론에 근거하여 부활하신 예수 그리스도의 몸이 성찬에 올 수 없고 다만 성령으로 임재한다는 영적 임재설(spiritual presence)을 주장하였다. 초대교회의 기독론 논쟁에서 살펴보았듯이 안디옥학파에서는 신성과 인성 곧 양성의 분리를 주장하여 마리아의 몸에서 잉태될 때 신성은 없이 인간 예수가 태어났다고 보며 자라 가는 과정에서 신성이 들어왔다고 이해한다. 따라서 부활하신 그리스도의 몸도 보좌 우편에 계시기에 성찬 상에 올 수 없다는 것이다. 그러나 알렉산드리아 학파에서는 신성과 인성의 교류를 강조하기에 마리아의 몸에서 잉태될 때부터 신성과 인성이 예수의 한 인격 속에서 조화를 이루면서 탄생하였고, 자랐으며 부활하신 후에도 보좌 우편에도 계시고 성찬 상에도 오실 수 있다는 것이다. 그러므로 안디옥학파의 기독론을 받아들인 칼빈은 부활하신 그리스도의 몸은 장소적 제한을 받는 몸으로 이해하였고[18] 따라서 칼빈은 부활하신 그리스도 몸의 편재성을 부인한다.[19] 그리고 신성과 인성이 한 예수의 인격 안에서 조화를 이룬다는 속성의 교류(communicatio idiomatum)도 부인한다. 또한 칼빈은 성찬 상에 그리스도의 몸이 임재한다는 신체적 임재설도 거부한다.[20]

18 존 칼빈, 『기독교강요』, 하권,(서울: 생명의 말씀사, 2000), IV. xii. 19, IV. xvii. 26.
19 칼빈, 『기독교강요』, 하권, IV. xvii. 29.

VIII. 19세기 자유주의 신학의 예수 이해:

자유주의는 역사적 예수를 강조한다. 그리스도의 신성보다는 역사적 예수의 인성을 강조하고, 그가 우리의 구세주와 속죄주 되심을 주장하기보다는 모범이시요, 교사요, 예언자이시며, 도덕적 영웅으로 묘사한다. 그래서 바울이 해석한 그리스도의 모습보다는 역사적 예수의 복음서로 돌아가야 함을 강조한다. 예수를 그리스도로 고백하는 신앙보다는 도덕적 모범이요 교사이신 예수를 강조함으로 속죄론이 약화되게 되었다. 십자가의 복음 곧 케리그마에서 외쳐지는 예수 그리스도의 신성보다는 역사적 예수의 인성을 강조하는 신학적 경향을 자유주의는 발전시켰다.

알버트 슐라이어마허(Albert Schleiermacher)는 이런 자유주의 신학의 문을 연 현대 신학의 아버지였다. 슐라이어마허는 기적(miracle)을 세속화시킨다. 기적은 실제적 사건이라기보다 상징(sign)을 뜻한다. 기적이라고 부르는 모든 것이 상징이라고 그는 해석한다. 모든 유한한 것(every finite thing)은 무한한 자(the Infinte)의 상징이라고 본다. 모든 자연적이고 평범한 사건은 그것이 종교적인 해석을 가하자마자 기적이 되어버린다는 것이다. 우리가 더욱 종교적이 되면 될수록, 우리는 더욱 기적을 모든 곳에서 볼 수 있게 된다는 것이다.[21] 그리고 계시보다는 인간의 하나님 인식(under lower apotheosis of man)에 강조점을 두며, 신성을 지니고 위에서부터 오신 그리스도보다(von unten nach oben), 역사 속에 사신 예수로부터(von oben nach unten) 예수 상을 그린다. 모든 기독론은 역사적 상황 속에서 시작하고, 역사적 상황 속에 뿌리내려야 함을 강조한다. 그래서 예수는 우리의 모범이요 원형(Urbild)이시다. 그의 인간성의 현실성(reality)

20 칼빈, 『기독교강요』, 하권, IV. xvii. 14.

21 Friedrich Schleiermacher, *On Religion*, (New York: Harper & Row, 1958), 88.

에서 그리스도를 해석하려고 하였다.[22] 따라서 그의 기독론에는 처녀 탄생, 부활, 승천, 재림 등이 중요한 교리 내용으로 역설되지 않는다. 그런 것들은 기독론 교리에 포함될 수 없다고 그는 강조한다.[23] 그리스도 안에서의 하나님의 현존 개념은 예수의 하나님의식(God-consciousness)에서 비롯됨을 주장한다.[24] 전통적인 해석처럼, 신성을 입고 이 세상에 오셨다는 위로부터(from above)의 해석을 거부한다. 그래서 웰치는 슐라이어마허가 중도적 방법(half-way), 중도적 단계(half-step)를 택한 것으로 해석한다.[25] 바로 이런 점에서 슐라이어마허의 신학적 해석은 자유주의 신학의 원형(archetype)이 되었다. 그리고 성서의 역사적 비평적 방법에 의한 역사적 예수 연구의 길을 연 셈이다.

임마누엘 칸트(Immanuel Kant)는 예수가 역사를 정복하고 승리한 분, 곧 구속주(The Redeemer)보다는 우리의 도덕적 모범(example)이요 선생이라고 이해한다. 바로 이 점에서 칸트는 자유주의 신학의 개척자이다. 그에게 있어서 신앙이란 하나님과 화해하는 것이요, 또한 선한 삶의 과정을 통해 하나님을 기쁘시게 하는 것이다. 신학과 관계된 그의 주저는 『이성의 한계 안에 있는 종교(Religion Within the Limits of Reason Alone)』이다.

그리고 알브레흐트 리츨(Albrecht Ritchl)은 하나님의 초월성(transcendence)보다는 내재성(immanence)을 강조한다. 하나님과의 화해는 순수한 개인적 차원이 아니라, 삶의 협동적 상태, 인간 존재 속에 서로서로 사랑하고 봉사하는 관계로 보고 있다. 또한, 객관적이고 법적인 속죄론을 거부한다. 주관적 속죄론의 현대화를 시도하였다. 곧, 단순한 그리스도의 객관적

22 Claude Welch, *Protestant Thought in the Nineteenth Century*, Vol.I, (New Haven: Yale University Press, 1985), 83.

23 Welch, 84.

24 Welch, 84.

25 Welch, 83-84.

속죄 은총만을 말하지 않고 속죄를 위한 인간의 책임성과 사랑의 행위를 강조한다. 따라서 그리스도는 속죄주 하나님이 아니다. 화해는 의인화(justification)보다 넓은 의미로 생각하고, 의인화의 결과로 본다. 화해를 통한 죄의 제거는 갈등의 해소와 하나님과의 관계 회복을 이룩한다. 그러므로 의인화는 화해와 필연적인 관계를 갖는다.[26] 다시 말해서 의인화의 실제적 응용을 중요하게 생각한다. 칸트의 하나님 나라 개념을 더욱 발전시키고 있다. 보편적 사랑을 통한 인간 종족의 도덕적 일치의 공동체를 희망한다. 사랑에 의한 상호적 사회적 행동을 통한 일치의 실현을 중요하게 생각한다.[27] 그리고 릿츨에게 있어서 의인화는 객관적 의인화에 대한 주관적 확신을 포함한다. 이러한 사상을 피력하고 있는 리츨의 주저는 1870년의 『의인화와 화해의 교리(The Christian Doctrine of Justification and Reconciliation)』이다. 여기에서 결정적인 문제점이 드러난다. 그것은 전능하신 하나님의 개념이 사라져 버린 것이다. 전능하신 하나님이라고 부르면서 시작하는 기도가 무의미해져 버린다.[28] 그러므로 릿츨의 3대 신학적 주제는 역사, 윤리, 신앙이라고 정리할 수 있다.[29] 그러므로 예수도 인간으로서 하나님과 인간을 중재한 화해자일 뿐이지, 죄를 사하시는 속죄주가 아니다.

아돌프 폰 하르낙(Adolf von Harnack)은 칸트의 또 다른 제자이다. 그는 칸트학파와 릿츨학파의 가장 위대한 학자로 알려졌다. 하르낙은 질문한다. 교리(dogma)란 무엇인가? 그는 교리는 사도 바울과 초대교회 공동체의 영향 아래 희랍 철학의 토양에 심겨진 영지주의적, 과학적, 지성적, 사변적 형이상학이라고 보았다. 그래서 예수 그리스도에 대한 바울의 교리

26 Welch, vol. II, 26.
27 Welch, vol. II, 20.
28 Paul Tillich 지음, 송기득 옮김, 『19-20세기 프로테스탄트사상사』, (서울: 한국신학연구소, 1987), 268-69.
29 Welch, vol. II, 25.

를 비판한다. 바울은 헬라적 개념을 너무 많이 받아들였다는 것이다. 하르낙은 교리사가로 『교리사(A History of Dogma)』라는 저서를 썼는데, 이 책은 이 분야에서 고전적인 책이 되었다. 하르낙은 이 책을 저술함에 있어서 바우르(Baur)의 역사적 비평적 방법을 받아들였다. 하르낙은 종교개혁이 교리사의 비평적 연구를 취급하는 길을 열었다고 생각하였다. 바우르가 초대교회의 베드로를 중심으로 하는 유대적 기독교와 바울을 중심으로 하는 헬라적 기독교의 대립적 상황을 잘 분석한 것에 영향받아 하르낙도 초대교회의 역사적 상황(sitz-im-leben) 속에서 교리 형성 과정으로 역사적 비평적 방법으로 추구해 갔던 것이다. 뿐만 아니라 릿츨의 경건주의 역사를 비롯하여 역사비평적 교회사 연구에도 많은 영향을 받았다고 말할 수 있다.[30] 특히 릿츨의 반형이상학적(antimetaphysical) 해석에 깊이 영향을 받았다. 그래서 릿츨이나 하르낙에게 있어서 기독교란 교리적 개념이나 이상이 아니고(idea), 삶과 인간 사회의 새로운 형태 곧 윤리적인 삶의 양식을 말한다.[31]

하르낙은 이 책에서 사도신경, 니케아신조, 칼케돈신조가 어떻게 생겨나게 되었는지 인간의 정열이나 신의 섭리가 개입되었는지를 말해주고 있다. 바울 이후로 니케아 신조나 칼케돈 신조에 얼마나 그리스 철학이 삼위일체론과 기독론을 정립하는 데 영향을 미쳤는지를 하르낙은 밝혀 주고 있다. 알렉산드리아학파의 클레멘트(Clement)와 오리겐(Origen) 등에 의해서 기독교 전통이 종교 철학으로 변형되어 감을 하르낙은 지적한다. 이러한 헬레니즘화(hellenization)를 형이상학적 지성화(intellectualization)로 동일하게 하르낙은 해석하면서, 이를 강하게 비판하고 기독교 교리의 비헬라화를 주장한다.[32] 그는 영지주의, 로고스 기독론, 신플라톤적 사변을

30 Welch, Vol. II, 176.
31 Welch, vol. II, 177.

통하여 예수의 종교에 헬라적 형이상학이 옷입혀졌음을 강하게 비판한다.[33] 바울은 비판하면서도 하르낙은 루터는 반교리적 복음을 강조한 인물로 칭찬한다.[34] 그는 두 가지 표준을 갖고 교리사를 비판한다. 첫째는 복음이고, 둘째는 역사 상황이다.[35] 그런데 그가 말하는 복음이란 유대적 윤리적 복음만을 말하는 데 문제가 있다. 기독교 복음이란 예수의 산상수훈이나 예수의 비유에서 말해지는 도덕적 사랑도 있지만, 사도행전이나 바울서신에서 말해지는 십자가와 부활 신앙도 포함되어야 하는데 하르낙은 편협된 복음 사상을 강조하는 것이다.

그러나 교리의 헬라화를 역사적으로 추적한 것은 훌륭한 역사적 업적이지만, 그 헬라화를 곧 지성화로 매도하고 그것을 벗겨버리려고 하는 것은 문제가 많다. 삼위일체론과 기독론을 설명함에 있어서 본질(ousia)이나 위격(hypostasis) 같은 헬라적 용어를 사용하지 않고 다른 설명이 가능하였을까? 초대교회는 그리스도 신앙과 그리스도에 대한 예배가 우선적으로 있었고 그 신앙과 예배의 대상에 대한 귀납법적 방법으로 기독론이 정립된 것이다. 그리고 삼위일체에 대한 신앙이 먼저 있었고, 그것을 변증하는 귀납법적 과정으로 헬라철학적 용어를 사용하였던 것이다.[36] 그리고 그리스와 이방인들에게 기독론과 삼위일체론을 설명하기 위한 변증신학적 노력이었음을 긍정적으로 해석할 필요가 있다.[37]

복음서에서 하나님 나라는 미래적 초월적인 개념과 현재적 내재적 개념의 양면성으로 나타나 있는데, 진정한 예수의 하나님의 나라 이해는 외향

32 Tillich, 269–71.
33 Welch, vol. II, 179.
34 Welch, vol. II, 180.
35 Welch, vol. II, 178.
36 이 점에 대하여는 곤잘레스(Justo Conzalez)의 *A History of Christian Church* vol. 1 이 잘 설명하여 주고 있다.
37 Tillich, 272.

적 초월적 의미가 아니고 내재적 점진적 과정 속에서 실현되는 지상의 왕국(누가복음 17:21)이라고 하르낙은 해석한다. 사회 복음의 현재적 통치(씨뿌리는 비유, 진주의 비유 등)가 곧 하나님의 나라라고 보았다. 미래적 초월적 하나님 나라는 그 당시 유행하는 유대 사회의 하나님 나라 이해를 예수의 하나님 나라 이해로 복음서 저자들이 추가한 것으로 하르낙은 해석한다. 하나님 나라가 이 세상 왕국과 대립하여 세상 왕국을 멸망시키고 파괴시키고 예수가 하나님의 보좌 우편에 앉아서 통치하시는 것은 후대의 제자들이 붙여버린 2차적인 자료임을 하르낙은 강조한다.[38] 예수 자신의 신국 이해로 하르낙이 해석한 내재적 신국 이해는 외적이고 미래적인 역사의 희망을 모두 제거시킨다. 이러한 개인의 영혼 속에 내재하는 현재적 통치로서의 신국 이해는 예수의 다양한 비유 설교 속에서 나타난다고 하르낙은 주장한다. 씨뿌리는 자의 비유, 진주의 비유, 밭에 감추인 보화의 비유 등을 언급한다. 이 비유들 속에서 나타난 것은 하나님의 말씀, 하나님 자신, 하나님의 왕국, 곧 하나님 자신의 통치가 내재하는 것으로 하나님 나라를 설명한다는 것이다.[39]

복음은 무엇인가? 그것은 예수가 선포한 하나님 나라라고 이해한다. 예수에 관한 것(about Jesus)이 복음이 아니요 예수의 복음(of Jesus)이 복음이라고 해석한다. 이것은 자유주의 신학의 고전적인 표현 방식이다. 그래서 바울의 신학, 곧 예수 그리스도에 대해서 해석한 것이 아니고(not theology of Paul) 예수의 종교(religion of Jesus)로 돌아가자고 외친다. 하르낙을 비롯한 자유주의 신학자들의 문제점은 공관복음서만을 기독교 신앙의 핵심으로 삼는 것이다. 세 복음서를 포함하여 신약성서 전체가 예수는 그리스도라고 증언하는 것인데 이 그리스도 신앙을 포기하고 역사적

38 Adolf von Harnack, *What is Christianity*?, (Philadelphia: Fortress Press, 1986), 52–53.
39 Harnack, 56.

예수의 모범을 따르는 도덕적 종교로 돌아가자고 하는 것은 기독교의 부분적인 신앙에 지나지 않는 것이다. 이 점에서 틸릭히는 자유주의 신학은 역사신학적 성과만을 가지고 기독교 신앙을 해석하려고 하는 한계를 보이고 조직신학적 노력을 기울이지 않았다고 비판한다.[40] 예수 자신이 증거한 예수의 복음(gospel of Jesus)은 첫째 사랑이요, 둘째 하늘과 땅의 주님이신 하나님 아버지라고 풀이한다. 첫째로 사랑이란 예수의 가르침의 핵심으로 도덕적 명령이다. 이 하나님 사랑과 이웃 사랑을 실천하고, 하나님의 뜻대로 사는 자가 하나님 나라에 들어가리라고 강조한다. 둘째로 예수는 하늘과 땅의 주인이신 하나님 아버지를 선포하셨는데, 그가 가지고 있는 모든 것과 그가 성취하는 모든 것은 하나님으로부터 나온 것임을 설교하였고, 그는 하나님께 기도하고 하나님의 뜻에 복종하는 아들임을 증거한 것이 예수의 복음이라고 하르낙은 해석한다.[41] 그리고 예수는 처음부터 하나님의 아들(son of God)의 인식이 있었던 것은 아니고 메시아의 자의식이 서서히 자란 것을 강조하며, 하나님의 아들이란 것보다 사람의 아들(son of man)을 더 많이 사용한 것으로 하르낙은 해석한다.[42]

예수를 그리스도와 주님으로 고백하게 한 것은 바울의 신학임을 하르낙은 강조한다. 원시 기독교가 십자가와 부활의 주님으로 그의 속죄주로서의 신성을 고백하였는데 이것은 주로 바울의 신학에서 형성된 것으로 보면서 역사적인 사실이 아님을 주장한다. 십자가와 부활의 역사성을 하르낙은 의심하면서 바울을 비롯한 원시 기독교인들의 신화적인 해석에 불과함을 강조한다.[43] 바울이 십자가와 부활을 특별한 사변적 주제로 만들었

40 Tillich, 273–74.
41 Harnack, 126.
42 Harnack, 130.
43 Harnack, 153.

고, 예수의 사건에 관계된 모든 복음을 십자가와 부활로 축소시켜 버렸다고 하르낙은 해석한다. 따라서, 그의 기독론은 헬라화한 개념의 케리그마적 그리스도가 아니요 역사적 예수(historical Jesus) — 역사상 사신 예수 — 에 초점을 맞춘다. 그의 주저 『기독교란 무엇인가?(What is Christianity?)』에서 이러한 사상이 나타나고 있다.

게오르그 빌헬름 헤겔(Georg Wilhelm Friedrich Hegel)의 기독론도 역시 역사 속에서 하나님의 자기 실현이라는 계시의 시각에서 발전하고 있다. 헤겔은 그 시대의 모든 요소를 예수는 그리스도라는 기독교의 기본적인 주장과 결합시키려고 시도하였다. 기독교와 현대 정신과의 보편적인 종합의 시도는 기독론에서도 잘 나타나고 있다. 하나님과 인간은 현실적으로 분리되어 있고 적대 관계에 있음에도 불구하고 이들은 본질적으로 동일하다는 것이 한 사람 예수에게서 나타난다는 것이다. 그리하여 예수 안에서 하나님과 인간이 만나는 로고스 사건이 일어나고, 유한과 무한이 서로 내적 관계를 가질 수 있다는 원리를 적용하여 기독론을 전개한다. 무한은 예수 그리스도라는 유한 안에서 완전히 구현된다. 무한의 중심이 바로 유한한 인간 예수의 중심에 현존하는 것이다. 예수는 절대 정신의 자기 현현이다. 헤겔 이후에 일어났던 부흥 운동과 경건주의는 이러한 헤겔의 해석과 투쟁하였다. 부흥 운동의 신학에서는 유일무이한 개체성과 이 개체성에 대한 인격적 관계만이 중요하기 때문에, 기독론을 보편화시키고 인격적 관계를 무시하는 헤겔 신학과 투쟁하지 않을 수 없었다.[44]

페르디난드 크리스천 바우르(Ferdinand Christian Baur)는 역시 헤겔의 제자로 역사신학의 아이디어를 갖고 역사적 비평적 방법을 발전시킨 최초의 신학자라고 말할 수 있다. 그에 의하여 초대 기독교와 신학에 대한 역

44 Tillch, 166.

사적 연구가 처음으로 형성되었던 것이다.[45] 그는 헤겔의 정반합 변증법적 개념을 초기 기독교 연구에 적용시켰다. 그의 역사 비평에 의하면 초대교회는 베드로에 의해 이끌려진 유대적 기독교 공동체와 신학을 정(These)으로 보고, 바울에 의해 인도되어진 이방인 기독교 공동체와 신학을 반(Antithese)으로 보며, 제2세기에 이르러 이러한 갈등이 극복되어 조화를 이룬 요한적인 가톨릭 교회를 합(Synthese)으로 해석한다. 바우르는 할례의 필요성에 관한 베드로와 바울의 논쟁을 매우 강하게 강조하였다. 여기서 바울 쪽은 우위를 차지하였고, 기독교를 위하여 이방세계를 정복하는 길을 열었다. 그리고 베드로 형의 기독교와 바울 형의 기독교의 종합은 요한 형의 기독교라고 보았다.

또한, 바우르는 기독교의 본질과 내용이 그 창시자가 누구냐라는 물음으로부터 나와야 함을 주장한다. 예수의 인격으로부터 역사적 사고가 발전할 수 있음을 강조한다. 바우르는 신앙은 객관적 주요 대상을 가질 필요가 없다는 슐라이어마허의 주관주의적 주장을 강하게 비판한다. 슐라이어마허는 현재적 종교 의식에서 우리의 모범(Urbild)이신 예수에게서 신앙이 출발해야 한다고 생각하였다. 헤겔도 이 점에서는 분명하지 않았다. 그러나 반대로 역사적 예수를 탐구하는 역사적 기초에서 신앙이 나와야 함을 바우르는 주장한다.[46] 그는 역사적 예수 문제에 관해서도 연구한 바, 신앙적 요소와 역사적 요소가 그리스도 안에 함께 있음을 해석한다. 곧, 그리스도 안에 있는 신앙적 요소와 역사적 요소는 동일시되지도 분리되지도 않는다.[47] 하나님과 인간의 통일이라는 관념(idea)이 역사적 현실성(reality)으로 들어왔다고 본다. 예수의 인간성 속에 그의 신성이 보여지고

45 Welch, 155.
46 Welch, 156.
47 Welch, 156.

있다. 헤겔은 역사 속으로 들어온 하나님의 자기 계시 속에서 그리스도를 이해하려고 하였으나, 바우르는 역사적 예수의 인간성 속에서 그리스도를 이해하려고 하였다.(from below not from above) 그리스도의 신성이 보여질 수 있는 것이 예수의 인간성 속에 있다.[48] 신앙의 그리스도와 역사적 예수의 화해와 일치와 동일성은 역사적으로 현실화되어야 한다는 것이다. 역사 속에서 예수는 그리스도임이 밝혀져야 한다는 것이다. 그러니까 역사성이 빈약한 요한복음에서 예수가 그리스도임을 찾는 출발을 해서는 안된다는 것이다. 역사적 개념을 포기하지 않고 인간성이 신성에로 사라짐이 없이 기독론이 연고되어져야 한다는 것이다. 예수가 속죄주 그리스도의 속성을 소유하였는지도 역사적 연구에 의하여 질문되어져야 한다고 바우르는 이해하였다. 교회는 그리스도를 포함한다. 그러나 교회의 본질은 그리스도에 의해서 결정된다. 신앙은 역사적 연구에 의해 발생하지 않는다. 그러나 나사렛 예수에 관한 부정적 연구의 결과 안에서조차 신앙은 계속 유지될 수 있다는 것이다.

다비드 프리드리히 슈트라우스((David Friedrich Strauss)는 헤겔의 제자이며 또한 바우르의 제자이다. 그는 역사적 비평적 방법에 의해 교리가 정당화되어야 함을 역설한다. 그는 그의 저서『신앙의 교리(Glaubenslehre)』에서 교리의 올바른 비판이 교리의 역사가 되게 하고 역사적 신앙이 되게 한다(die wahre Kritik des Dogma ist seine Geschichte)고 한다. 그래서 신약에서부터 현대에 이르기까지 각 교리가 어떻게 발전하여 왔는지를 해석하고 있다. 신학의 역사에 대한 진지한 연구와 교리의 발전에 관한 진지한 연구는 역사적 비평적 방법과의 관련 속에서 이루어져야 함을 슈트라우스는 주장하고 있다. 합리주의자들은 교리의 내용을 공허하게 하고, 경건주

48 Welch, 157.

의자들은 지성인들을 교회에서 쫓아내고 있음을 지적하면서, 신앙인과 지성인이 만나는 교리 해석의 길을 모색하려고 하였다. 다시 말해서 종교와 신학의 만남, 철학과 신학의 만남, 과학과 신학의 만남, 특히 현대과학과 철학을 신학과 연결시키는 것을 슈트라우스는 시도하였다.[49]

그는 또한 신화는 역사적 사실이 아니고 관념(idea)이라고 본다. 복음서에 나타난 신화적 요소는 역사적 사실이 아니고 신화적 해석이고 상징이고 신앙일 뿐이라는 것이다. 그는 신화적 영적 요소가 제일 많은 요한복음의 역사적 신빙성을 비판한다. 슐라이어마허나 헤겔이 좋아한 요한복음의 신빙성을 슈트라우스는 강하게 의심한다.[50] 그의 주저는 『예수의 생애(Das Leben Jesu: The Life of Jesus, 1835년)』이다. 헤겔은 그리스도에 대해서 성서적 그리스도상의 역사적 실재성을 당연한 것으로, 하나님의 자기현현의 역사적 계시로 이해하였다. 그래서 헤겔은 신과 인간의 보편적, 본질적 통일의 상징적 의미로서 그리스도를 강조하였다. 그러나 그의 제자 스트라우스는 그리스도에 관한 역사적 보고가 믿을 수 있는 것인가라는 문제를 제기하였다. 문제의 초점은 예수의 생애에 관한 보고가 참이냐 거짓이냐 하는 것이다. 어떤 비평가들은 헤겔의 입장에 서서 그 보고가 역사적으로 믿을 만한 것이 못 된 것이라 해도 그것이 종교적 가치를 잃은 것은 아니라고 주장하였다. 예수의 생애에 대한 성서적 기록에는 매우 불확실한 것이 있다고 해도, 그럼에도 불구하고 그 기록들은 상징적 가치를 가질 수 있다고 해석하기 때문이다. 그러나 슈트라우스는 그 이전의 역사적 비평에서 모든 결론을 이끌어냈다.

슈트라우스는 복음서의 저자들이 전통적으로 생각되어 왔던 그런 저자들은 아니라고 해석하였다. 예수의 초자연적 탄생, 기적, 부활과 승천의

49 Welch, 152.
50 Welch, 151.

이야기 등 예수의 신화적 이야기는 역사적 사실에 기초하지 않았고, 신과 예수가 동일한 본성과 영원성을 지님을 보여주기 위한 상징(idea)에 지나지 않았음을 보여주려고 애썼다. 그것들은 역사적 사실이 아니고, 예수의 추종자들의 상징적 해석(idea)일 뿐이라고 슈트라우스는 보았다.[51] 그 후 수십 년 동안 슈트라우스의 『예수전』을 배척하려고 애썼으나, 교회 생활에 정면으로 문제를 일으킨 그의 문제 제기는 결코 사라질 수 없었다. 그는 또 하나의 예수전을 썼다. 그 책의 제목이 *Das Leben Jesu fuer das deutsche Volk bearbeitet*(*The Life of Jesus for the german People*, 1897)이다. 독일 국민들을 위한 예수전이다. 슈트라우스는 독일 부르주아적 관점에서 신적인 것이 인간적인 것 안으로 들어오는 것을 배제하였다. 그리스도 상은 무한한 것이 유한한 것에로 적응하도록 가축처럼 길들여진 신성의 상일 뿐이라고 해석하였다. 이러한 해석은 독일뿐 아니라 영국과 미국에 큰 파문을 일으키는 해석이 되었다.

신화에는 두 종류의 신화가 있음을 슈트라우스는 소개한다. 그것은 순수한 신화(pure myths)와 역사적 신화(historical myths)이다. 순수한 신화도 둘로 나누어지는데, 예수 당시의 유대인들의 마음속에 존재하는 메시아적 관념과 기대 속에 나타나는 신화와 변화산의 변형의 이야기처럼 예수의 개인적 특징이나 행동에 의해서 남겨진 특별한 인상 속에 나타나는 신화가 있다는 것이다.[52] 그리고 역사적 신화는 종교적 열광주의에 의하여 공동체의 무의식적 신앙의 힘에 의해서 개개의 사건들을 해석함으로써 나타난 신화들이다.[53] 예를 들면 병자들을 고치거나 귀신을 쫓아내는 기적 같은 것이다. 그러나 이러한 신화적 관념이나 상징을 제외한 역사적 인간으로서

51 Welch, 147.
52 Welch, 149.
53 Welch, 149.

의 예수를 발견해야 함을 슈트라우스는 강조하고 있다. 예를 들면 갈릴리 생활, 세례를 받으신 사건, 나사렛에서의 배척, 성전 숙청, 고난받으심과 십자가를 지심 등이 진짜 예수의 실제적 역사적 이야기라는 것이다.[54]

결국 슈트라우스를 통해서 역사적 비평적 방법의 문제는 개신교 신학의 주요 과제로 결정적으로, 변경할 수 없도록 등장하게 되었다. 그런데 그것은 슈트라우스의 선생 바우르에 의해서 해석된 것을 다시 발전시킨 것이다. 바우르나 슈트라우스는 모두 위대한 교회사가요 역사신학자로서 역사적 비평적 방법의 연구에 커다란 공헌을 남겼다. 위에서 언급하였던 릿츨의 『경건주의역사』나 하르낙의 『교리사』도 모두 역사적 비평적 방법을 동원한 역사신학적 노력이라고 볼 수 있다. 그러므로 19세기 자유주의 신학은 역사신학자들에 의한 역사적 연구 방법에 의한 신학적 재해석이라고 볼 수도 있다.

루드비히 포이엘바하(Ludwig Feuerbach)는 헤겔의 또 다른 제자이다. 그는 헤겔 철학의 새로운 해설을 시도한 학자이다. 절대정신의 철학으로부터 인간 철학으로, 신학의 필연성으로부터 인간론의 필연성으로 바꾸었다. "참 철학의 출발점은 더 이상 하나님이 아니고, 유한한 숙명적 인간이다"라고 하는 인간애찬의 신학이다. 하나님은 의식과 감정의 신인동형론적(anthropomorphistic) 성격을 띤다. 특히, 하나님은 사랑으로부터 나왔다고 표현한다. 뜨거운 하나님의 사랑의 가슴을 강조한다. 사랑은 그의 유일하신 독생자를 보내셨다. 따라서 예수의 성육신은 하나님과 인간의 신비적 결합이 아니고 사랑의 인간적 사건이다. 가슴의 신학(theology of heart)이다. 가슴의 신학의 클라이막스는 고난이다. 역사적 예수의 십자가 사랑이 아주 중요하다.

54 Welch, 149.

그래서 포이엘바하(Feuerbach)는 그의 저서 『기독교의 본질(The Essence of Christianity)』에서 기독교의 본질은 한마디로 사랑이라고 해석한다. 사랑의 가슴을 상실한 기독교는 더 이상 기독교가 아니라고 이해한다. 심지어 하나님보다 사랑을 더욱 강조한다. "사랑은 하나님을 정복한다(Amor triumphat de Deo)"라는 중세의 성 버나드(St. Bernard)의 말을 인용하면서, "사랑은 하나님의 신성보다 더욱 높은 능력과 진리(love is higher power and truth than deity)"라고 주장한다.[55] 사랑은 신성(deity)보다 더 높다. 그래서 사랑은 하나님의 신성을 자기비하하여 인간이 되는 성육신적 결단을 하게 만들었다고 포이엘바하는 해석한다. 성육신은 하나님의 자기부정과 자기비하라고 포이엘바하는 풀이한다. 하나님이 그의 신적 능력을 희생시킨 것이 사랑이라고 그는 표현한다. 하나님은 인간을 위하여 인간을 사랑한다. 하나님은 인간을 위하여 그의 신성을 비우시고, 인간을 위하여 그의 신성을 포기하시는 성육신을 선택하셨음을 강조한다.[56] 심지어 포이엘바하는 구원주와 속죄주는 하나님이 아니고 사랑이라고 해석한다. 그러니까 속죄주와 구원주이신 예수 그리스도는 하나님이 아니고 사랑이라는 것이다. 그의 말을 그대로 인용해 보면 더욱 분명히 그의 주장을 발견할 수 있다. "누가 우리의 구원주와 속죄주인가? 하나님인가? 사랑인가? 사랑이다. 왜냐하면 하나님으로서 하나님이 우리를 구원하지 않으셨다. 그러나 신적 인격과 인간적 인격 사이의 차이를 초월하는 사랑이다(Who then is our Saviour and Redeemer? God or Love? Love; for God as God has not saved us, but Love, which transcends the difference between the divine and human personality.)"[57] 인간에 대한 하나님의 사랑이 하나

55 Ludwig Feuerbach, *The Essence of Christianity*(New York: Harper & Row, 1957), tr. George Eliot, 53.

56 Feuerbach, 57.

님 존재의 기본적 조건이고, 인간에 대한 하나님의 사랑은 인간이 하나님을 사랑하는 원인이 된다. 하나님의 사랑이 인간 사랑의 원인이요, 인간 사랑을 일깨우는 근거가 된다.[58] 이러한 성육신적 신학은 루터의 재해석이다. 포이엘바하의 성육신적 사랑은 루터의 성육신에서 나왔음을 칼 바르트(Karl Barth)도 지적한다. 루터가 신성을 하늘에서 찾지 말고 땅에서 찾아야 함을 특히 땅에 사신 예수에게서 찾아야 함을 강조한 것을 포이엘바하가 받아들이고 있음을 바르트는 언급한다.[59] 그리고 루터의 성찬 교리를 받아들여 부활하신 그리스도의 몸이 성찬 상에 신체적으로 임재함을 또한 포이엘바하가 수용하고 있음을 바르트는 강조한다. 그런데 포이엘바하는 루터보다 한 걸음 더 나아가고 있음을 지적한다. "하나님이 인간이 되시고, 인간이 하나님이 된다(God becomes man, man becomes God)"라는 신조를 강조하고 있다는 것이다. 루터에게는 하나님이 인간이 되었음을 강조할 뿐이지만, 포이엘바하는 한 걸음 더 나아가 인간이 하나님이 된다는 것까지 발전시켰다는 것이다.[60]

그런데 포이엘바하는 루터의 성육신 이해만을 수용한 것이 아니라, 루터의 십자가 신학(theologia crucis)을 또한 받아들이고 있다. 하나님의 인간사랑은 인간 위해 고난도 당하신다는 것이다. 사랑은 동정 없이 존재할 수 없고, 동정은 고난 없이 존재할 수 없다는 것이다. 신적 존재는 고난 속에서 참 동정을 보인다고 포이엘바하는 강조한다. 참 동정과 사랑의 가슴이 없는 하나님은 참 하나님일 수 없고 가슴이 없는 신학은 죽은 신학임을 그는 주장한다. 참 신학은 가슴을 가진 가슴의 신학이라고 포이엘바하는

57 Feuerbach, 53.
58 Feuerbach, 57.
59 Karl Barth, "Introductory Essay," *The Essence of Christianity*, xxiii.
60 Barth, xxiii.

해석한다.[61] 철학자의 하나님은 순수한 행위(actus purus: 중세 스콜라주의적 표현)이지만, 기독교의 하나님은 순수한 고난(pure suffering: passio pura)이라고 풀이한다. 가슴이 모든 고난의 중심이다. 고난 없는 존재는 가슴 없는 존재이다. 고난의 역사는 인간의 마음에 감동을 주어 왔다고 보면서,[62] 기독교의 역사는 인간 고난의 역사라고 보면서, 그리스도의 고난은 타자를 위한 고난이요 나사로와 같은 고난 당하는 인간을 위해서 우는 사랑의 가슴을 가진 고난이라고 해석한다.[63] 고난이 없는 존재는 가슴이 없는 존재(A being without suffering is a being without a heart)라고 포이엘바하는 주장한다. 사랑의 가슴이 없는 당시의 기독교를 화재보험회사로 전락한 기독교로 묘사한다. 화재가 발생하였을 때나 필요한 화재보험회사처럼 이 역사 속에서 무기력한 기독교로 전락하였음을 비판한다. 이러한 인간론적 신학은 마르틴 루터의 성육신과 십자가 신학에서부터 나왔고, 그것을 더욱 세속화시켰다.

나오는 말- 20세기 이후의 예수 이해

근본주의와 신정통주의는 모두 자유주의 신학에 대한 도전으로 나타나긴 하였으나, 자유주의를 정(These), 근본주의를 반(Antithese)이라고 본다면, 신정통주의를 합(Synthese)이라고 해석할 수 있다. 근본주의는 자유주의에 대한 전면적 부정이라고 할 수 있지만, 신정통주의는 전면 부정은 아니다. 성서의 비평적 연구 방법은 수용하고, 또한 계시와 은총을 강조하면

61 Feuerbach, 54-55.
62 Feuerbach, 59.
63 Feuerbach, 61.

서도 이성의 역할을 중요하게 생각한다. 또한 근본주의의 축자영감설이나 지나친 재림 사상은 신정통주의가 거부하지만, 역사적 예수보다 신앙의 그리스도(속죄주)를 강조한다든가 처녀탄생설을 믿는 점, 예수 그리스도의 신성을 믿는 점에서는 근본주의 사상과 유사한 점이 있다. 그런 의미에서 신정통주의 신학은 자유주의와 근본주의의 양극단을 극복하면서 변증법적 종합을 시도한 기독교 사상사의 진보라고 볼 수 있다. 그래서 변증법적 신학이라는 별명이 붙게 되었다. 특히 1 · 2차 세계대전을 겪으면서, 인류의 위기 의식을 근거로 시작된 신학 운동이기에 "위기 신학"이란 별명도 붙게 되었다.

신정통주의는 하나님의 초월성(transcendence)을 강조한다. 하나님은 인간과 전혀 다른 전적 타자(Absolute Other)라고 생각한다. 따라서, 자유주의 신학의 역사적 예수(인간성) 연구를 비판하면서, 신앙의 대상이시며 사도들의 설교에서 선포되어지신 그리스도를 강조한다. 칼 바르트(Karl Barth)는 그의 방대한 저서 『교회교의학(Church Dogmatics)』과 『로마서강해』 등에 나타난 신학적 독특성을 표방하고 있다. 선교를 위한 신학, 교회를 위해 봉사하는 신학이라고 말할 수 있다. 그는 예수의 동정녀 탄생을 믿으며, 그의 성육신은 하나님과 인간의 화해를 위한 것이며 십자가는 하나님의 화해 사건으로 보고, 화해자 예수 그리스도가 그의 신학의 중심이기에 그의 신학은 그리스도 일반론(generalization of Christology)이라고도 불린다. 루돌프 불트만(Rudolf Bultmann)은 성서의 실존론적 해석의 방법론으로 성서의 신화적 요소를 벗겨버리는 비신화화(demythologizing)를 시도하였다. 비신화화의 결과로 얻어진 결론은 케리그마(kerygma) 곧 예수 그리스도의 십자가와 부활의 복음만이 성서의 핵심 메시지임을 발견하였다. 그것이 사도행전에 나타난 사도들의 설교의 중심임을 찾아냈다. 그래서 사도들의 설교 속에서 외쳐진 케리그마의 그리스도를 붙들고 믿는 것이 기독교 신앙의 핵심임을 찾아냈다. 따라서 역사적 예수를 찾는 것은 고고학적으로 불가능한 불가능성과 역사적으로 찾아보았자 우리의 신앙에 도움을 주지 못한다는 무용성을 주장하였다. 폴 틸리히(Paul Tillich)는 죄악을 분리(separation) 곧 하나님과의 분리라고 보았으며, 인간 구원은 이 분리된 인간이 하나님의 품으로, 하나님의 자녀로 용납되는 것(accepted)으로 이해한다. 하나님의 품을 떠난 인간은 한계 상황(limited situation, boundary situation) 속에서 삶의 터전이 흔들거리고 있다(shaking foundation). 이 존재의 흔들림은 존재의 근거(Ground of Being)가 되시는 그리스도 안에서만 새로운 존재(a new being)가 될 수 있다. 그리스도는 화해자, 속죄주이시면서 새로운 존재의 근거가 되신다. 실존적인 시각에서 예수를 해석하였다. 결국 신정통주의는 로마서를 중심으로 강조한 루터의 신앙 의인화 사상을 다시 회복한 신학 운동이라고 볼 수 있다. 하나님의 내재성만을 강조한 자유주의 신학이 상실한 하나님의 초월성을 다시 찾은 신학 운동이며, 자연 계시를 중요하게 생각한 자유주의 신학이 무신한 특수 계시로서의 케리그마를 다시 찾은 신학 운동이다. 그러나 신정통주의의 예수 이해의 문제점은 역사적 예수에 대해 무관심하다는 것이다. 신정통주의는 신앙의 대상으로서 케리그마의 그리스도를 다시 찾은 공헌에 반하여 역사적 예수에 대한 무관심을 강조함으로써 균형 잡힌 예수 그리스도 이해를 불가능하게 하였다. 그래서 불트만의 제자들 케제만, 보른캄 등에 의하여 다시 신앙의 그리스도가 역사상에서 어떻게 살았는지 역사성을 찾아야 한다는 역사적 예수와 신앙의 그리스도의 연속성이 강조되게 되었다. 판넨베르크(Wolfhart Pannenberg)는 예수의 역사성에 관심을 보이면서 예수의 제자들의 부활 체험은 부활의 역사성을 말해 주는 것이라고 주장하였다. 베드로, 바울, 마리아, 야고보, 도마, 11 제자들, 감람산의 500여 형제들이 체험한 부활하신 예수의 체험은 역사적 사실임을 판넨

베르크는 강조하였다. 결국 이 천년의 교회사 속에서 보여진 예수 이해가 어느 시대에는 인간 예수가 더욱 강조되었고 어느 시대에는 신성인 예수 그리스도가 강조되기도 하였으나 참 하나님과 참 인간이라는 총체적인 예수 이해가 계속 역사 속에서 발전하여 왔음을 보여주고 있다. 그리고 인간의 존엄성이 강조되는 르네상스와 인문주의 시대나 인간의 이성이 강조되는 계몽주의나 자유주의 시대에는 역시 역사적 예수가 더욱 강조되었고, 하나님의 은총의 위대하심을 강조하던 종교개혁 시대나 2차 전쟁 이후 인간의 죄악성이 강조되던 시대에는 속죄주 하나님으로서의 그리스도가 강조되었음을 지금까지 고찰하였다. 남미 해방신학의 상황에서는 다시 해방자 예수, 흑인 해방의 상황에서는 흑인 예수, 여성신학에서는 여성 해방의 예수 내지는 여성 이미지의 예수, 민중신학의 상황에서는 민중 예수, 그리고 최근 예수 세미나에서는 다시 역사적 예수를 재구성하는 운동들이 일어나고 있다.

| 나눔을 위한 질문 |

1. 나는 예수를 누구로 고백하고 있나? 단순한 인간 예수인가? 속죄주 그리스도인가?
2. 나는 예수 그리스도는 하나님과 동일본질이신 참 하나님이시요, 동시에 인간과 동일본질이신 참 인간이라고 믿는가?
3. 나는 예수를 나의 속죄주로 믿음으로 죄사함을 받고 의롭다하심(義認化)을 얻을 뿐 아니라, 그 예수 그리스도를 본받음으로써 작은 예수가 되어 가는 성화(聖化)를 추구하고 있는가?
4. 나는 예수 사랑이 나의 삶의 궁극적 관심인가? 예수를 위하여 살고, 예수를 위하여 공부하며, 예수를 위하여 봉사하고, 예수를 위하여 죽을 수 있는가?

제3장

구원론
(웨슬리 해석을 중심으로)

그리스도와 제자들
From the Bury Bible, 1121–1148, Corpus Christi College, Cambridge.

I. 의롭다하심(義認化: justification):

본문: 로마서 1:17, 에베소서 2:8

(루터가 오직 믿음으로 의롭다하심을 얻는 진리를 발견한 본문이 로마서 1:17이요 웨슬리를 올더스게잇에서 회심시킨 루터의 로마서 서문이 바로 이 본문들을 중심으로 해석한 것이다. 그래서 이 본문들은 웨슬리의 신앙의인화(信仰義認化)의 핵심을 이루는 말씀들이다. 그래서 바울, 어거스틴, 루터, 칼빈, 웨슬리가 믿음에 의한 칭의를 똑같이 강조한다.)

A. 믿음에 의한 의롭다하심:

웨슬리에게서 의롭다하심의 변화는 루터처럼 오직 은총으로만(sola fide), 오직 믿음으로만(sola gratia), 오직 성서로만(sola scriptura) 일어난다. 웨슬리의 의롭다하심의 근거는 먼저 오직 은총으로만(sola gratia)이다. 그리스도의 십자가의 은총이 아니고서는 타락한 죄인에게 의롭다하심이 일어날 수 없다. 그 십자가의 은총은 주관적, 인간적 노력에 의한 것이 아니고 객관적으로 수동적으로 다가오시는 전적으로 그리스도의 십자가의 은총으로 의로움이 전가되고 옷 입혀지는 것이다.

또한 웨슬리의 의롭다하심 곧 칭의(稱義) 혹은 의인화(義認化) 사상의 근거는 행함이 아니요 오직 믿음(sola fide)이다. 그리고 그 믿음은 우리의 것이 아니고 하나님이 주신 선물, 곧 은사이다. 웨슬리는 에베소서 2:8을 중요하게 생각한다: "너희가 믿음으로 구원을 얻었나니 이것이 너희에게서 나온 것이 아니요 하나님이 주신 선물이다." 성령이 믿음의 사건을 일으키신다는 것이다. 그런데 이 믿음보다 더 먼저 일어나는 것이 그리스도의 십자가의 은총이다.

> 그러나 그대는 '그리스도와 그의 의 대신에 믿음을 내세우는 것이 아닌가?' 하고 말할지도 모릅니다. 이것은 절대 그렇지 않습니다. 우리는 그리스도와 및 그의 의와 우리의 믿음 사이에 그 위치의 선후를 분명히 해야 합니다. 그리스도의 '의'야말로 우리의 소망의 유일한 기초입니다. 성령은 우리의 믿음에 의하여 우리로 하여금 이 기초 위에 세움이 있게 하십니다. 이 믿음은 하나님께서 주신 것인데, 우리가 믿는 순간 우리는 하나님의 받으심이 되는 것입니다. 그러나 이것은 우리의 믿음 때문이 아니라 그리스도께서 우리를 위하여 행하신 일과 받으신 고난 때문인 것입니다. [즉 그리스도의 의가 먼저요 믿음은 나중입니다-역자] 그러므로 믿음과 그리스도의 의의 위치와 관계는 뚜렷해서 서로 충돌하거나 모순될 이유는 없는 것입니다. 이러한 확신 아래 우리는 믿고, 사랑하고, 그리고 흠이 없으신 주님의 계명을 다 수행하기에 힘쓰는 것뿐입니다. 그리하여,
>
> 나 자신 내던지고

나 피합니다. 당신의 의에.
주님 받으신 크신 고난
나의 의의 터전 되며,
용서받을 단 하나의 길,
당신의 거룩한 이름만이
나의 영원한 구원의 소망. (찰스 웨슬리의 성가의 일부)[1]

또한 웨슬리는 이 믿음에 의한 의인화를 현재 얻기에 구원은 현재적이라고 강조한다. 미래에 누리는 행복이 아니라 혹은 죽어서 낙원에서 누리는 것이 아니라 현재형 혹은 현재완료형으로 지금 누리는 축복이다. 이것을 그의 설교 "성서적 구원의 길(The Scripture Way of Salvation)" 에서 아래와 같이 주장한다. 웨슬리의 구원관은 한 순간의 경험이 아니라 계속적인 순례의 과정이요, 항상 현재적이요 현재완료형이다.

그러면 먼저 "구원이란 무엇인가?" 를 상고하여 봅시다. 여기서 말하는 구원이란 종종 듣는 대로 천당에 간다든가, 영원한 행복이라든가 하는 말은 아닙니다. 구원이란 영혼이 "파라다이스," 곧 주님께서 말씀하신 아브라함의 품안에 가는 것이 아닙니다. 이는 죽음 건너편, 즉 우리가 흔히 말하는 저 세계에서 누리는 행복은 아닙니다. 여기 본문의 말씀 자체가 모든 문제를 해결하여 줍니다. "너희는 구원을 얻었나니(Ye are saved)." 이것은 먼 데 있는 어떤 것이 아니라 현재의 것을 말합니다. 곧 값 없이 주시는 하나님의 자비로 말미암아 지금 가지고 있는 축복을 말하는 것입니다. 이 말

1 Wesley, "The Lord Our Righteousness," *The Works of John Wesley*(Nashville: Abingdon Press, 1980), vol.1, 459.

씀은 "너희가 구원을 얻어 가지고 있느니라(Ye have been saved)" 라고 현재 완료로 번역될 수 있습니다. 뜻도 그와 같습니다. 그러므로 여기서 말하고 있는 구원은 우리 영혼에 은혜의 첫 여명이 시작될 때부터 그것이 영광으로 완성될 때까지의 하나님의 전(全) 역사에 미쳐지는 것입니다.[2]

그렇다고 웨슬리가 미래의 구원을 부정하는 것은 아니다. 현재의 구원이 영원한 미래로 연결되어지는 것이다. 그리고 그 의롭다하심의 변화는 오직 말씀으로만(sola scriptura) 이루어진다. 말씀을 믿을 때 그러한 변화가 일어난다. 십자가의 진리를 선포하는 말씀을 들을 때, 혹은 말씀을 읽을 때, 혹은 말씀을 연구할 때 성령의 역사로 의롭다하심이 주어지는 것이다.

그리고 그 구원은 말씀을 믿음으로 말미암아 그리스도의 속죄의 피로써 우리를 하나님과 화해케 하고 모든 자범죄들(actual sins)을 용서하시는 죄사함으로 이루어진다. 의인화(義認化)라는 말은 용서와 같은 말이다. 이것은 우리들의 모든 죄에 대한 용서를 말하는 것이니, 이것은 우리가 하나님께 용납되는 데 필요한 것이다. 이 구원이 우리를 위하여 획득되는 값(일반으로 말하는 우리의 칭의의 공로가 되는 근원)은 그리스도의 보혈과 의(義)라는 것이다.

B. 의인화(義認化)와 거듭남의 관계:

또한 웨슬리는 거듭남이 성령의 역사라면, 의인화는 그리스도의 역사라고 해석한다. 또한 거듭남이 우리 속에서 성령으로 경험되는 주관적 은총

2 Wesley, "The Scripture Way of Salvation," *The Works*, vol.2, 156.

이라면, 의인화는 우리 밖에서 그리스도의 십자가 사건으로 우리에게 다가오는 객관적 은총이라고 구분한다. 웨슬리는 그의 설교 "거듭남(New Birth)" 에서 다음과 같이 의인화와 거듭남의 관계를 비교하여 해석한다.

> 만일 기독교의 전체적인 범위 안에서 어떤 교리든지 '근본적' 이라고 적절히 규정될 수 있다면, 그것은 의심할 여지없이 다음의 두 가지, 즉 의인(義認)의 교리와 신생의 교리입니다. 전자는 하나님께서 우리를 위해(for us) 우리의 죄를 사해 주신 위대한 역사(役事)와 관계되며, 후자는 하나님께서 우리 안에서(in us) 우리의 타락된 본성을 다시 새롭게 하시는 위대한 역사와 관계됩니다.[3]

따라서 거듭남이 우리의 내면에서(in nos) 경험되는 것이요 실제적인 변화라면, 의인화는 우리를 위해, 우리 밖에서(extra nos) 우리를 하나님과 관계 맺게 하는 것이요 상대적 변화 또는 관계적 변화라고 웨슬리는 해석한다. 그리고 거듭남으로 하나님의 성도의 본성 혹은 하나님의 형상이 시작된다면, 의인화의 은총으로 우리가 하나님과 원수된 관계에서 하나님과 화해하여 하나님의 자녀의 관계로 양자가 된다. 그러나 논리적으로는 의인화가 앞서지만 시간적으로는 동시적이라고 해석한다.

> 시간적인 순서(in order of time)로 본다면, 어느 것도 다른 것에 우선되지 않으며 우리가 예수 그리스도 안에 있는 구속하심을 통하여 하나님의 은총으로 말미암아 의롭게 된 순간(in the moment), 역시 우리는 성령으로 새로 태어나게 됩니다. 그러나 사고의 순서

3 "New Birth," *The Works*, vol.2, 187.

(in order of thinking)로 본다면, 말의 표현에 있어서는 칭의가 신생에 앞서는 것입니다. 우리는 우선 먼저 하나님의 진노가 사라지고 난 다음에야 성령께서 우리의 심령 속에 역사하신다고 생각합니다.[4]

그러나 의롭다 함을 받았다 할지라도 실제적으로 변화된 본성(real change)이 되는 것이 아니라 관계적 변화(relative change)를 얻기 때문에 여전히 우리 속에 죄의 뿌리(roots of sin) 혹은 죄의 본성은 남아 있다. 모든 행위의 죄들 – 자범죄들(actual sins) – 은 의인화의 은총으로 용서받지만 내적 죄(inner sin) – 죄의 뿌리(roots of sin) 혹은 죄의 본성 – 는 남아 있는 것이라고 웨슬리는 해석한다.

| 나눔을 위한 질문 |

1. 당신은 의롭다하심을 받았는가? 하나님과 화해하였는가? 죄 사함을 받고 죄의 노예에서 완전히 해방되었는가? 이 중에서 무엇이 가장 당신을 감격스럽게 하였는가?
2. 당신은 예수 그리스도의 십자가 은총을 믿음으로, 주님을 마음속에 영접하고 당신의 목자로 모시고 사는가?
3. 당신은 구원의 확신을 갖고 있음에도 타락하여 은혜에서 떨어질까 두려워하고 있는가? 아니면 죄악의 유혹을 받아서 괴로워하고 있으면서도 구원받은 자녀라는 확신을 갖고 사는가? 혹은 타락할 두려움과 구원의 확신 사이에서 방황하고 갈등하고 있는가?

4 Wesley, "The Scripture Way of Savation," 187.

| 말씀의 명상 |

당신은 오늘 본문의 말씀을 붙들고 루터나 웨슬리처럼 값없이 주시는 십자가의 속죄의 은혜, 수동적으로 옷 입히신 의로움, 하나님과 화해한 자녀로 용납받음에 감격하는 명상을 하시기 바랍니다.

II. 거듭남(新生: Rebirth):

본문 : 요한복음 3:3-8

(웨슬리는 물세례는 형식이요 상징이기에 물세례만으로는 부족하고 성령으로 세례받는 거듭남의 체험이 있어야 함을 강조한다.)

A. 실제적 변화(real change) :

웨슬리는 의인화뿐 아니라 믿음으로 일어나는 또 하나의 은총을 거듭남이라고 강조한다. 웨슬리는 (그의 일기에서 고백한 것을 보면) 올더스게잇 체험이 일어났던 날, 두 가지 은혜, 곧 의인화와 거듭남을 동시에 경험한 것으로 고백한다. 그는 첫째로, 그리스도의 보혈의 피로 구속함을 받아서 의인화되는 그리스도의 은총을 신뢰하게 되었음을 고백하고, 둘째로, 죄와 사망의 법에서 자신을 구원하고 해방케 하시는 성령의 거듭남의 확증을 얻게 되었음을 고백한다.

웨슬리는 의인화와 동시에 거듭남이 일어난다고 이해했다. 순서가 있다면 시간적 순서가 아니고 논리적 순서, 곧 사고 속에서만 순서가 있다는 것이다. 논리적으로 의인화(하나님과의 관계 회복)가 먼저요, 거듭남(속

사람의 변화)은 뒤따른다. 시간적으로는 동시에 일어나지만 성격에서 구분된다.

의인화가 상대적 변화라면, 거듭남은 실제적 변화이다. 의인화가 하나님과의 올바른 관계 회복(원수에서 친구로)이라면 거듭남은 속 사람이 변하여 성도가 되는 것이다. 의인화가 그리스도를 통해 우리를 위해(for us) 주시는 것이라면, 거듭남은 성령을 통하여 우리 안에서(in us) 하나님의 형상을 회복하는 것이다. 이 형상은 하나님의 본성적 형상(natural image)도, 하나님의 정치적 형상(political image) – 우주를 통치하고 주관하는 – 도 의미하지만, 도덕적 형상(moral image)의 회복이 주류를 이룬다. 곧 의로움과 참 거룩함이다(에베소서 4:24).[5] 아담의 타락 이후 총체적으로 잃어버린 하나님의 도덕적 형상, 하나님의 생명, 하나님의 사랑을 다시 회복하는 것이 거듭남이다. 결국 예수 그리스도의 십자가의 은총을 믿고 의인화와 거듭남의 체험을 통해 하나님과 화해하고 화목하여 양자 혹은 양녀가 되는 것이다. 또한 예수님의 성품, 하나님의 성품을 총체적으로 본받기 시작하는 것이다. 그 때에 부분적으로 타락했던 본성적 형상이나 부분적으로 타락했던 정치적 형상이 다시 회복되기 시작한다. 잃어버린 하나님의 형상의 회복에 관한 웨슬리의 해석은 다음과 같다.

> 그러면 첫째로, 우리는 왜 다시 태어나야만 합니까? 이 교리의 근거는 무엇입니까? 신생의 근거는 거의 이 세상의 창조만큼이나 심오한 데 놓여 있습니다. 우리가 읽는 성경 말씀의 설명에 따르면, 삼위일체 되신 '하나님께서' 말씀하시기를 '우리의 형상과 모습을 본 따서 인간을 창조하자고 하시고' 이에 따라 하나님께서

5 Wesley, "New Birth," *Forty–four Sermon* (London: Epworth Press, 1980), 514.

'자신의 형상대로, 즉 하나님의 형상대로 인간을 창조하셨다'고 기록되어 있습니다(창세기 1:26, 27). 즉 하나님 자신의 불멸성의 모습, 곧 본성적인 형상(natural image)을 따라, 뿐만 아니라 이해력과 의지의 자유, 여러 가지 감정을 가진 영적인 존재로서, 또는 '바다의 고기와 땅 위의 만물을 지배하는' 이 세상의 지배자인 정치적인 형상(political image)으로서, 그뿐 아니라 사도 바울의 말과 같이 '의로움과 참 거룩함(에베소서 4:24)'을 지닌 도덕적인 형상(moral image)으로 인간을 지으셨습니다. 이러한 하나님의 형상 속에서 인간이 창조된 것입니다. …… 그리하여 아담 안에서 모든 사람이 죽었고, 즉 모든 인류들과 사람의 모든 자녀들이 죽었습니다. 이렇게 된 자연적인 결과로서, 아담의 후손이 된 모든 사람들은 하나님께 대한 죽음, 영적인 죽음, 죄 속에서의 전적인 죽음에서 이렇게 태어나게 되었고, 하나님의 형상과 하나님의 생명을 전적으로 상실하고, 아담이 창조되었을 때 가지고 있었던 의로움과 거룩함 대신 지금 이 세상에 태어나는 모든 사람은 교만과 아집에 사로잡힌 채 악마의 형상(image of devil)을 지니게 되었고, 관능적 욕구와 정욕 속에서 짐승의 형상(image of beast)을 지니고 태어나게 되었습니다. 다시 말해서 인간의 본성이 전적으로 타락하게 되었다는 점, 바로 이것이 신생의 근거가 됩니다. 그러므로 죄 속에서 태어난 인간들이 있는 곳에서 우리는 다시 태어나야만 합니다. 여자로부터 태어난 그런 모든 사람들은 하나님의 성령으로 다시 태어나야만 하는 것입니다.[6]

6 "New Birth," *The Works*, vol.2, 188–89.

B. 성화의 시작:

또한 거듭남은 성화의 시작이다. 성화의 시작은 믿음으로 일어나는 은총이다. 그래서 구원의 시작(의인화와 거듭남) 또한 믿음으로 일어난다고 해석한다. 그러나 성화의 완성은 믿음으로만이 아니라 사랑으로 이루어짐을 웨슬리는 강조하고 있다. 그리고 어린아이가 한 순간 혹은 짧은 시간에 태어나듯이 영적 아기의 탄생인 거듭남도 한 순간 혹은 짧은 시간에 일어난다.[7] 거듭남이 영적 탄생인 이유는 죄와 죽음에서 의의 생명으로 옮기는 것이며, 잃어버린 하나님의 생명을 다시 찾는 것이기 때문이다.

그 후에 어린아이가 계속하여 자라고 성숙하듯이, 영혼도 점진적으로, 계속적으로, 서서히 성숙해 가는 성화의 과정을 밟게 된다. 그리스도의 풍성한 분량까지, 그리스도의 형상에 이르기까지 성장하는 것이다. 따라서 거듭남은 성화와 구분된다. 거듭남은 성화의 전부가 아니라 성화의 일부분이요, 성화의 문이요 입구이다. 거듭날 때 내적 외적 성결이 시작되고 서서히 점진적으로 발전한다. 거듭남이 아기의 탄생이라면, 성화는 그 아기의 성장이라고 할 수 있다. 거듭남은 성화를 위하여 절대적으로 필요한 은혜다. 거듭남으로써 빛에서 어두움으로, 사탄의 세력에서 하나님의 권능으로 옮겨진다. 거듭남으로 세상 사랑에서 하나님 사랑으로, 교만한 마음에서 겸손한 마음으로, 완악한 마음이 온유한 마음으로, 세속적, 감각적, 악마적 마음에서 그리스도 안에 있는 새 마음으로 바뀌어지는 변화를 경험한다. 거듭남이 영적 소경 상태와 영적 귀머거리 상태에서 하나님의 영광의 빛을 보고 하나님의 내적 목소리를 듣는 것이라면, 성화는 영적 청각이 더욱 훈련되고 영적 시각이 더욱 훈련되는 것이다.

7 "New Birth," *Forty Four Sermons*, 515.

C. 성령의 내적 증거:

성령이 우리 영과 더불어 우리가 하나님의 자녀인 것을 증거하신다. 성령의 내적 증거는 성령의 열매, 곧 사랑이라든가 희락, 화평, 오래 참음, 자비, 양선, 충성, 온유, 절제가 곧 결과로 오는 것이다. 특히, 감사와 기도와 기쁨으로 나타난다(데살로니가전서 5:16-18). 그러나 이런 열매로 심한 유혹을 당하고 있는 동안에는 당분간 구름에 가려질 수도 있다는 것이다. 그러나 다시 유혹을 물리치고 성령 충만을 회복할 때 이런 성령의 확증을 계속 유지할 수 있다는 것이다.

| 나눔을 위한 질문 |

1. 당신은 성령으로 다시 태어나는 영적 거듭남을 어떻게 체험하였나?
2. 당신은 아직 거듭나지 않았다면 어떻게 거듭남을 사모하고 있는가?
3. 성령이 당신의 영과 더불어 당신이 거듭났음을 매일 어떤 방법으로 확증시켜 주고 있는가?

| 말씀의 명상 |

요한복음 3:3-8의 말씀처럼 니고데모의 심정으로 거듭남의 진리를 사모하고 있는가 명상하여 보자. 거듭났다면 영생의 확신을 갖기 위해서 니고데모의 심정으로 성화를 추구하고 있는가 명상하여 보자.

III. 성화 I (聖化: Sanctification):

본문: 베드로전서 1:13-21, 에베소서 4:13-24, 히브리서 12:14
(주님의 거룩하심을 본받는 것이 웨슬리 성화론의 핵심이다.)

A. 성화(聖化 : sanctification)의 필요성:

한국 교회는 지금까지 성령의 능력은 많이 강조하였으나 성령의 인격은 많이 강조하지 않았다. 그래서 성령의 능력을 받아 양적 부흥은 많이 이룩하였으나 성령의 인격을 체험하는 것은 약하여 세상의 빛과 소금이 되는 교회가 되지 못하였음을 반성하고 21세기 한국 교회는 성화 중심의 영성 운동을 발전시켜야 할 것이다. 또한 지금까지 한국 교회는 성령의 능력을 은사 체험적으로만 강조하여 많은 신비 체험과 기적 체험과 순간적 체험은 사모하였으나 성령의 인격을 통하여 예수 그리스도를 본받는 성화는 진지하게 사모하지 못한 것을 반성하고 그리스도를 본받는 성화를 추구하여야 한다.

거듭남의 순간에 겸손하나 온전히 겸손하지 못하며 성도의 겸손은 자만과 섞여 있다. 거듭난 성도는 온유하나 때때로 분노가 그의 온유를 부숴버린다. 그의 의지는 하나님의 뜻에 전적으로 용해되지 못한 것이라고 해석한다. 거듭남이 순간적 탄생이라면, 성화는 태어난 아기가 계속 자라는 것과 같다. 그리스도에게 이르기까지 계속 성장하고 성숙하지 아니하면 온전한 겸손, 온전한 온유, 온전한 순종은 불가능하다. 웨슬리는 거듭남과 성화의 관계를 다음과 같이 설명한다.

감리교인들은 인간이 의로워지는 동시에 성화가 시작된다는 것을 참으로 알고 있었습니다. 왜냐하면 사람이 의롭다 인정받을 때, 그는 '거듭 나고,' '위로부터 태어나며,' '성령으로 나는 것'인데, 그것이 (어떤 이들이 생각하듯) 성화의 전 과정이라고 할 수는 없지만, 그것이 성화의 입구임은 의심할 수 없기 때문입니다. 이와 마찬가지로 하나님께서는 그들에게 충분한 견해를 주셨습니다. 그들은 신생(new birth)이 영혼의 큰 변화를 의미한다는 것을 알고 있었는데, 그것은 사람이 여인에게서 태어날 때 몸을 입고 만들어지듯이, 성령으로 태어난 자 안에서 이루어지는 것으로, 단지 외적인 변화, 술취함으로부터 깨어 있는 상태로, 강도 짓이나 절도로부터 정직함으로 바뀌는 것(이는 참된 종교를 알지 못하는 사람들의 불쌍하고도 메마르고 가련한 생각입니다)만이 아니고, 내적인 변화, 즉 모든 불경건함으로부터 모든 경건한 기질로, 교만함으로부터 겸손함으로, 급한 성미로부터 온유함으로, 투정과 불만으로부터 인내와 자기 포기로 바뀌는 것 – 한 마디로, 속세의 음란한 악마 같은 마음으로부터 그리스도 예수의 마음으로 바뀌는 것을 말합니다. 고인이 된 아주 유명한 작가가, 신생(regeneration)에 관한 그의 비상한 논문에서, 신생이란 온전하고도 점진적인 성화의 과정이라고 가정한 것은 사실입니다. 하지만 그렇지 않습니다. 그것은 단지 성화의 문턱에 불과합니다 – 즉 입구에 해당될 뿐입니다. 자연적인 출생에서 인간이 단번에 태어나서 점차 키가 자라고 힘이 세어지는 것과 마찬가지로, 영적인 출생에서도 인간은 단번에 태어나서, 그 후에 영적인 크기와 힘이 점차 증가하는 것입니다. 그러므로 신생이란 성화의 첫 지점이 되는 것이며, 완전한 날이 이르기까지 점점 더 증가하는 것입니다.[8]

여기서 웨슬리가 어떻게 의인화와 성화의 관계를 해석하는지 몇 가지로 분석 연구해 볼 필요가 있다. 웨슬리는 감리교 역사와 교리를 요약적으로 설명하는 "하나님의 포도원에 관하여"에서 다음과 같이 의인화와 성화를 비교하여 설명한다.

> 그런데 이 사람들에게 주어진 큰 축복이란, 그들이 칭의에 대해서 그것이 성화를 대신하는 것으로 생각하거나 말하지 않는 것처럼, 성화에 대해서도 그것이 칭의를 대신하는 것으로 생각하거나 말하지 않은 점입니다. 감리교인들은 전자와 후자를 똑같이 강조하면서 각각에 그 위치를 유지시키는 데 유의합니다. 그들은 하나님께서 이 둘을 함께 맺어 주셨지만, 인간이 그것들을 떼어 놓을 수가 없다는 사실을 알고 있습니다. 그러므로 감리교인들은 동등한 열성과 부지런함을 품고, 한편에서는 자유롭고, 충분하며, 즉각적인 칭의의 교리를 옹호함과 아울러, 다른 한편에서는 마음과 삶에 있어서의 전적인 성화의 교리를 옹호하고 있습니다 – 신비주의자처럼 내적인 성결을 고집하면서도 바리새인처럼 외적인 거룩함도 중시하고 있는 것입니다.[9]

첫째, 의인화는 우리를 위해 객관적으로 그리스도의 십자가의 은총에 주어지는 은총이지만, 성화는 우리 안에서 주관적으로 갱신케 하고 성화케 하는 성령의 은총으로 우리의 본성이 변화받는 은총이다. 다시 말해서 의인화란 십자가에 달리신 그리스도의 은혜로서, 제 1 아담의 죄로 진노와 심판의 자녀가 된 모든 인간이 제 2 아담 그리스도의 십자가의 희생으로

8 "On God's Vineyard," *The Works*, vol.3, 506–07.
9 "On God's Vineyard," *The Works*, vol.3, 507.

값없이 의롭다 함을 얻게 된 은총이라면, 성화란 의인화와 동시에 일어나는 거듭남을 계기로 새롭게 태어난 영혼이 내주하시는 성령을 통하여 날마다 성장하고 성숙하여 성화하는 은총이다. 곧 의인화는 관계적 변화요, 성화는 실제적 변화이다. 의인화가 우리 밖에서(extra nos) 우리에게 주어지고 전가되는 은총(imputation)이라면, 성화는 우리 안에서(in nos) 우리의 본성이 변화하는 은총(impartation)이다. 의인화가 의롭다고 인정하는 법적 의인화라면, 성화는 의인이 되어 가는 것이다.

둘째, 의인화가 용서함 받는 것이라면, 성화는 사랑이 우리 마음에 성령으로 부어지는 것이다. 의인화는 용서와 사죄의 다른 표현이다. 영적으로 병든 인간들이 치유 받고 용서함 받도록 영적 의사, 예수 그리스도의 십자가를 통하여 과거의 죄와 허물을 용서하시고, 하나님의 사랑과 의를 보여주시는 사건이 의인화이다. 반면에 성화는 의롭다 함을 얻는 순간부터 시작되는 것으로 성령을 통하여 하나님의 사랑이 부어져서 은혜에서 은혜로 날마다 성장하여 완전한 사랑에 이르기까지 자라는 것이다. 의인화의 은혜를 위해서는 사랑이 필요 없지만, 성화의 과정에서는 사랑이 필요하다. 사랑의 에너지로 채워지는 믿음, 사랑으로 역사하는 믿음이 성화의 단계에서는 필요하다.

셋째, 의인화가 하나님과의 관계를 회복하는 것이라면, 성화는 하나님의 형상을 회복하는 것이다. 의인화는 하나님과 원수된 관계에서 화해하여 하나님의 자녀로 용납되어 양자와 양녀가 되는 것이다. 성화는 거기에서 한 걸음 더 나아가 하나님의 성도, 곧 죄악된 본성이 변하여 하나님의 도덕적 형상을 회복하는 것이다. 잃어버린 하나님의 도덕적 형상이란 의로움과 참 거룩함이다. 성화케 하시는 성령의 역사로 이것이 가능하다. 앞에서도 언급한 것처럼, 의인화가 관계적, 외형적 변화라면, 성화는 실제적, 내면적 변화이다.

넷째, 의인화가 행위의 죄들을 사함받는 것이라면, 성화는 내면적 죄를 사함받는 것이다. 의인화의 순간 과거에 지은 모든 행위의 죄들은 사함받지만, 죄의 뿌리 혹은 원죄라고 일컬어지는 내면적 죄는 남아서 신자들을 괴롭힌다. 그런데 이 남아 있는 내적 죄악성을 날마다 십자가에 못박는 경건의 훈련이 없으면 다시 행위의 죄를 범할 수도 있다. 마치 베드로나 다윗이 실수한 것처럼, 타락할 수도 있기에 두려움과 떨림으로 구원을 이루어야 한다. 따라서 성화의 과정에서 모든 교만, 자기 의지, 분노, 불신앙, 욕망 등의 내적 죄악성이 뿌리째 뽑혀야 한다. 죽기 전에 모든 내적 죄악성이 뿌리뽑힐 수 있고, 제거될 수 있다고 웨슬리는 믿는다.

다섯째, 의인화는 오직 믿음으로만(sola fide) 가능하고, 성화는 믿음과 선행으로 가능하다. 믿음만이 의인화의 유일한 조건이다. 이 믿음은 인간적 노력에서 나온 것이 아니고 하나님이 주신 선물이다. 웨슬리는 올더스게잇 사건 이전에는 영국 성공회의 교리대로 믿음과 선행에 의하여 구원얻기, 곧 의인화하고 거듭나기를 열망하였다. 그러나 신비주의적 노력과 공적으로는 불가능함을 발견하기에 이르렀다. 루터적 신앙 의인화를 받아들임으로써 회심을 경험하게 되었다. 또한 율법을 지키는 행위를 통하여 의인화할 수 없음을 확신한다. 전적으로 그리스도의 십자가의 공로만을 믿음으로 의롭다 함을 얻는다. 그러나 신앙 의인화를 얻기 위한 행위, 곧 기도와 성경 읽기 등을 무시할 수 없음을 웨슬리는 또한 강조한다. 그러나 그러한 열망과 공로가 구원의 조건이 될 수 없음을 말한다.

그러나 성화는 믿음뿐 아니라 행위로 이루어진다. 성화는 믿음으로 시작한다. 그러나 성화의 완성에는 인간의 참여, 곧 선행이 있어야 한다. 따라서 성화의 완성인 마지막 구원은 믿음과 선행으로 성취된다. 그리하여 웨슬리는 의인화의 순간에 그리스도의 의(iustitia Christ)가 주어지고, 전가되는 은총이 다가오지만, 믿음과 선행에 의하여 그리스도의 의가 우리의 본성으로 화하는 은총(impartation), 곧 성화를 받는다고 한다. 이 의로움 뿐 아니라 거룩함이 성화의 과정에서 전가되고 우리의 본성으로 화하는데 이는 믿음과 선행으로 된다.

선행은 믿음의 증거이다. 믿음의 본질은 내면적이지만, 믿음의 증거는 사회적이라고 웨슬리는 이해한다.[10] 선행은 믿음의 증거일 뿐 아니라, 믿음의 열매이다. 참 믿음은 선한 생활로 나타나야 한다. 그러나 웨슬리는 믿음을 근거로 일어나지 아니하는 선행 – 인간 본성의 노력으로 행해지는 펠라기우스적, 반펠라기우스적 선행 – 을 거부한다. 그러한 도덕적 선행은 구원에 아무런 영향을 미치지 못한다고 해석한다. 까닭에 웨슬리는 회개는 종교의 현관(porch)이고, 믿음은 종교의 문(door)이요, 성화는 종교 자체(religion itself)라고 한다.

B. 영적 성장(growth)과 성숙(maturity):

그리스도를 닮고 본받는 것, 그리스도에게까지 자라는 영적 성장과 성숙이 곧 성화다. 다시 말해서 작은 예수가 되어 가는 것이다. 그리고 그 성장과 성숙은 한 순간에 되는 것이 아니다. 의인화와 거듭남은 순간적(momentary)이라면, 성화는 평생을 통해 점진적으로 성장하여 가는 것이다.

10 Albert Outler, *Evangelism in Wesleyan Spirit* (Nashville: Tidings, 1968), 25.

옥스퍼드대학교 성마리아예배당
(St. Mary Chapel)
웨슬리는 이곳에서 교수 시절에 여러 번 설교하였으며, 그의 마지막 설교는 "위선자"였다. 옥스퍼드 위선자들을 회개시키는 설교였다. 그런데 웨슬리 탄생 300주년 기념으로 이 예배당을 '웨슬리예배당(Wesley's Chapel)이라고 옥스퍼드대학교가 명명하였다.

3. 성령 충만:

거듭남이 성령 세례라면 성화는 성령 충만이다. 우리는 흔히 감정 충만을 성령 충만으로 오해하지만, 성령이 나의 삶의 주인이 되어 내 안에 내주하는 것이 성령 충만이다. 그러나 내 소욕이 살아나고 나의 의지가 나를 지배할 때 성령이 내 안에서 탄식하고, 경고하고, 꾸짖는 것이다.

| 나눔을 위한 질문 |

1. 당신은 성령 충만을 체험하고 있는가? 당신의 삶 속에서 성령 충만은 어떤 모습으로 나타나고 있는가? 능력 충만과 함께 인격적 성숙의 성령 충만을 사모하는가?

| 말씀의 명상 |

당신은 에베소서 4:13-24, 베드로전서 1:13-21을 명상하면서 말과 마음과 생활이 그리스도에게까지 자라가기를 진심으로 열망하여 보라.

IV. 성화 II(Sanctification):

본문: 갈라디아서 5:13-24, 야고보서 2:14-26

(웨슬리의 성화의 두 축은 성령의 소욕을 따라 사는 성결적 요소와 행함 있는 믿음으로 사랑을 실천하는 성육신적 요소다.)

A. 내적 죄악성과 성결의 필요성:

1. 성결:

웨슬리에게 회개가 종교의 현관이요, 신앙 의인화가 종교의 문이라면, 사랑의 성화는 종교 자체이다. 까닭에 성화가 그의 신학의 핵심이다. 웨슬리의 성화 개념은 두 가지로 정의된다. 하나는 죄악으로부터의 성결이다. 성결이란 뜻의 히브리어 "카도쉬(kadosh)"와 희랍어 "하기오스(hagios)"가 모두 세상으로부터 구별되어 거룩하게 성결되었음을 의미하듯이, 웨슬리는 이러한 거룩하게 성결받는 요소를 강조한다. 또 다른 성화의 의미는 사랑이다. 이 사랑은 오히려 세상 속으로 찾아가는 성육신적 요소를 강조한다. 따라서 예수께서 세상에 섬기는 자로 오셨듯이 성도도 사회에 사랑으로 참여해야 함을 웨슬리는 강조한다.

웨슬리는 외적 행위의 죄와 내적 죄악성을 구분한다. 믿음으로 의롭다

함을 얻는 순간, 그리스도의 피로써 우리의 모든 과거의 행위적 죄들이 사함 받는다. 그러나 성도들의 마음속에 죄를 지을 가능성, 죄악성은 사라지지 않고 남아 있다. 그러나 이 내재적 죄가 성도를 지배하거나, 다스리거나, 조롱하지 못한다. 죄는 더 이상 능력을 갖지 못한다. 왜냐하면 죄 아래 있지 아니하고 은혜 아래 있게 되기 때문이다. 불신자는 죄 아래 있기 때문에 죄에게 복종하고 죄의 지배를 당한다. 다만 은혜 아래 있는 성도에게는 죄가 우리 속에 남아서 우리를 괴롭게 할 뿐이다. 이를 죄의 뿌리라고도 한다. 이 죄의 뿌리, 곧 원죄는 완전한 성화를 이룰 때 뿌리뽑힌다고 웨슬리는 이해한다.

2. 자범죄(요일 3:9)와 죄악성(요일 1:8-10)의 해석 :

웨슬리는 요한 서신의 죄에 대한 이중적 표현을 해석한다. 요한일서 3:9에 "하나님께로서 난 자마다 죄를 짓지 아니하나니 이는 하나님의 씨가 그의 속에 거함이요 저도 범죄치 못하는 것은 하나님께로서 났음이라"고 요한이 말한 것은 외적 행위의 죄들을 범하지 않는다는 뜻으로 웨슬리는 해석한다. 그리고 요한일서 1:8, 10에 "만일 우리가 죄 없다 하면 스스로 속이고 또 진리가 우리 속에 있지 아니할 것이요 …… 만일 우리가 범죄하지 아니하였다 하면 하나님을 거짓말하는 자로 만드는 것이니 또한 그의 말씀이 우리 속에 있지 아니하니라"고 요한이 표현한 것은 내적인 죄를 범한다는 뜻으로 웨슬리는 해석한다.

웨슬리는 행위 죄들은 그리스도의 피로써 의롭다하심을 받는 순간에 용서함 받고, 내적 죄는 성령의 역사로 성화의 과정에서 성결해짐을 믿는다. 이 내적 죄는 교만, 자기 의지, 분노, 불신앙, 온갖 욕망 등이다. 이 내적 죄는 죄의 뿌리일 뿐 아니라 원죄라고 웨슬리는 이해한다. 행위의 죄들을 (의인화의 순간에) 용서받았다 할지라도 내적 죄악은 계속 성도들에게 남아 있다고 웨슬리는 해석한다. 그러나 죄가 더 이상 성도들을 지배하거나, 다스리거나, 조종하지 않는다. 그리하여 완전의 은혜로 성결함을 받을 때까지 우리의 내적 죄악을 계속 회개해야 한다. 완전의 은혜는 모든 죄악으로부터 크리스천을 구원하는 것을 의미한다.

3. 선교와 봉사를 위한 성결(레위기 11:44):

하나님이 우리를 성결케 하시는 것은 하나님의 선교를 위해, 이웃을 섬기기 위해 봉사하게 하시려는 것이다. 선교와 봉사에 헌신하면 우리는 더욱 성화된 삶을 살게 되고 그리스도의 제자가 될 수 있다. 에즈베리신학교 총장 던냄(Maxie Dunnam)은 웨슬리의 성화 개념을 죄를 이길 수 있는 능력을 주는 은총과 그리스도에게까지 날마다 평생토록 자라게 하는 은총이라고 해석하면서 또 하나를 추가하는 것이 바로 하나님을 위해 선교와 목회의 일을 하게 하는 성결의 은총이라고 해석한다.

B. 사랑과 선행(야고보서적 영성과 성화):

1. 성화의 행동적 성격:

그래서 웨슬리는 행동을 강조하는 산상수훈을 중요한 설교 본문으로 택했다. 산상수훈 설교는 그의 성화 신학을 잘 표현해 주고 있다. 그의 인쇄된 설교문 152편 중 13편이 산상수훈 강해 설교였고, 브리스톨에서 처음 옥외 설교할 때(1739) 예수님이 옥외 산상에서 설교하셨듯이 웨슬리도 옥외 탄광 지역에서 산상수훈 강해를 시작했던 것이다. 그래서 루터의 종교개혁의 교과서가 로마서라면, 웨슬리의 종교개혁의 교과서는 산상수훈이었다고 할 수 있다. 특히 웨슬리는 이 산상수훈 설교에서 그의 사회적 성화 개념과 하나님 나라 개념을 특히 강조하고 있다. 그는 동생 찰스와 함께 1739년에 출판한 찬송가 *Hymns and Sacred Poems*의 머리말에서 "그리스도의 복음은 사회적이지 않은 종교를 모른다. 사회적 성결 아닌 성결을 모른다(The Gospel of Christ knows of no religion but social; no holiness but social holiness)"[11]고 강조했고, 산상수훈 설교 중 세상의 빛과 소금을 해설할 때 "기독교는 기본적으로 사회적 종교이다. 기독교를 고독한 종교로 바꾸는 것은 참으로 기독교를 파괴시키는 것이다(Christianity is essentially a social religion; and that to turn it into a solitary religion, is indeed to destroy)"라고 힘주어 말한다.[12] 또한 그는 "민족을 개혁하는 것(to reform the nation)"에서 그의 평신도 지도자들을 교육시킬 때, 우리의 선교 목표는 "민족을 개혁하는 것"임을 힘주어 강조했다.[13] 웨슬리는 "감리교도라고 불리는 설교가들을 일으키시는 하나님의 목적이 무엇이라고 우리는 합법적으로 믿을 수 있는가? 어떤 새로운 종파를 만드는 것이 아니라, 민족을 개혁하는 것(to reform the nation), 특별히 교회를 개혁하는 것, 그리고 온 땅에 성서적 성결을 널리 퍼트리는 것"이라고 말한다.

그러므로 웨슬리는 칼빈과 더불어 산상수훈 등에 나타난 율법을 성화 생활의 좋은 교훈과 채찍질로 생각한다. 칼빈은 율법을 단순히 죄를 깨닫게 하는 것(제1의 용법)이나, 공공 질서를 유지하기 위하여 공민법을 어긴 악한 사람을 다스리는 것(제2의 용법)으로만 생각지 아니하고, 성화의 생활을 훈련시키기 위한 채찍질로서도(제3의 용법) 유용하다고 생각했다. 그러나 루터는 제1의 용법이나 제2의 용법으로만 이해했다. 웨슬리는 제3의 용법까지도 받아들였다. 믿음으로 의롭다 함을 받고 구원을 얻는 것이

11 Leon O. Hynson, 이희숙 역, 『웨슬리의 윤리 사상』 (서울: 전망사, 1987).
12 *Works*, vol.V, 296.
13 Leon O. Hynson, *To reform the Nation* (Grand Rapids, Michigan: Francis Asbury Press, 1984), 9-10.

지만, 구원의 확증과 풍성한 구원 또는 구원의 완성을 위해서는 행함과 사랑을 배제할 수 없는데 율법의 제3의 용법은 산상수훈 같은 말씀을 통하여 우리로 하여금 사랑과 선행을 실천하도록 채찍질한다. 성화를 통한 구원의 완성이 있음을 웨슬리는 히브리서 12:14을 통해 강조한다. "모든 사람으로 더불어 화평함과 거룩함을 좇으라. 이것 – 거룩함, 성화 – 이 없이는 아무도 주님을 보지 못한다."

웨슬리는 나의 죄악성이 죽어지고 파멸되기 위한 내면적 성결(카도쉬, 하기오스)만을 강조하지 않는다. 더욱 적극적인 영성훈련은 로마서적 영성에서 야고보서적 영성으로 나아가는 것이다. 하루 종일 기도만 하고 하루 종일 명상만 하고 하루 종일 성경만 읽는 것은 사막의 은둔 수도사가 되는 것이라고 웨슬리는 그의 산상수훈 설교, 빛과 소금의 해설에서 강조하면서 세상의 빛이 되기 위해 세상 속에서 사랑의 실천을 해야 한다는 것이다. 기독교를 고독한 종교, 세상에서 소외된 종교로 만드는 것은 기독교를 파괴시키는 것이라면서, 나는 사회적 종교 아닌 기독교를 모른다고 웨슬리는 주장한다.

2. 믿음과 선행의 관계:

그래서 야고보서의 영성이 웨슬리에게는 아주 중요하다. 올바른 선행과 믿음의 관계는 무엇인가? 오직 믿음으로 의롭다하심을 얻는 것은 행함을 배제하는 것인가?

루터는 선행은 믿음이라는 나무로부터 저절로 나오는 열매와 같다고 해석한다. 그래서 야고보서는 지푸라기 복음이라고 평가 절하했다. 물론 그의 후기 저술들 속에는 계속 행함과 성화의 중요성이 강조되기는 하지만 그는 오직 믿음으로만(sola fide)의 의인화론에 근거하여 수직적으로 수동적으로 은총과 믿음이 옷 입혀지는 수동적(imputation) 영성을 강조한다.

그래서 루터는 원치 않았지만 그의 후예들 속에서 정숙주의와 율법 폐기론이 나오기도 했다.

칼빈은 루터보다는 선행과 성화를 더욱 강조한다. 왜냐하면 내가 예정받은 성도인지 구원받은 성도인지를 확신하려면 행함이 필요하다는 것이다. 그래서 칼빈은 율법의 제3의 용법을 강조한다. 제1용법인 죄를 깨닫게 하는 율법만이 아니라 성화의 채찍질로써 제3의 용법을 강조한다. 곧 부지런히 경건을 훈련하고 부지런히 산상수훈 같은 가르침 속에 나타난 선행을 실천해야, 예수를 닮고 성화되어 갈 수 있다는 것이다. 그런데 칼빈의 문제는 이 성화를 위한 선행이 오직 우리 속에서 역사하는 성령의 역사이지 인간의 의지는 아무런 역할을 할 수 없다는 것이다. 곧 하나님 100%, 인간 0%이다. 또한 구원은 믿음으로 받고, 상급은 행함으로 받는다고 해석한다.

그러나 웨슬리는 루터나 칼빈의 한계를 넘어서서 오늘 본문을 해석한다. 루터가 지푸라기 복음이라고 버린 야고보서를 다시 살린다. 바울이 로마서에서 아브라함의 믿음을 강조한 것은 75세 때 갈대아 우르를 떠날 때의 믿음이요, 야고보가 아브라함의 행함을 강조한 것은 100세 때 낳은 아들 이삭을 모리아 산에서 바칠 때의 행함을 강조한 것이라고 해석한다. 다시 말해서 로마서에서 말하는 믿음을 전제한 행함을 야고보가 강조했으며, 바울도 로마서에서 믿음 이전의 행함을 비판했으나 믿음 이후의 행함은 강조했다고 해석한다.

또한 웨슬리는 칼빈의 한계를 넘어선다. 성화의 행동은 칼빈처럼 하나님 100%, 인간 0%로 되는 게 아니라, 하나님 100%, 인간 100%로 됨을 강조한다. 요한복음 5장에 근거하여 하나님이 일하시니 나도 일한다. 성령이 100% 일하면 나도 100% 일할 수 있다(can). 성령이 100% 일하시니 나도 100% 일하지 않으면 안 된다(must). 그리고 행함은 우리의 상급을 위해서만 필요한 것이 아니라 우리의 구원을 위해서도 필요하다고 해석한다.

구원의 출발(initial salvation)은 믿음으로 되지만, 구원의 완성(final salvation)은 믿음과 행함으로 된다고 강조한다. 다시 말해서 우리의 믿음이 성숙해지고 우리의 믿음이 완전해지기 위해서 행함이 필요하다는 것이다. 까닭에 보다 풍성한 영성, 보다 성숙한 영성, 보다 완성된 영성을 위해서는 행함 있는 믿음이 요청되는 것이다.

웨슬리는 구체적으로 소외된 광부, 소외된 농민, 소외된 노동자, 소외된 과부, 소외된 신체 장애인을 섬기는 가운데 성령의 임재를 경험하는 사회적 성화의 영성으로 나아가게 되었다. 성육신적 자세로 내 이웃을 내 몸같이 완전히 사랑하기 위해서는 단순함과 순수함(simpleness and singleness)이 요청된다. 복잡하게 따지고 계산하는 사람은 이웃을 섬기는 결단을 못한다. 웨슬리는 청지기 정신으로 재산 상속까지 반대하였고, 그의 수입의 9/10까지 선교와 사회 봉사를 위해 헌금할 수 있었다. 내 욕심과 이기적 생각을 죽이고 내 자아가 죽어질 때, 단순하고 순수한 마음으로 돌아갈 때, 원수와 핍박하는 자까지도 사랑할 수 있다는 것이다.

C. 지속적 성화와 인간의 책임성(자유의지와 성화의 관계):

어쨌든 웨슬리는 신자의 자유의지를 강조하면서 어거스틴이나 칼빈의 견인의 은총론을 부정한다. 아무리 의인화와 거듭남의 은총을 받은 성도라도 자유의지에 의하여 타락할 수도 있다고 해석한다. 웨슬리는 그의 설교 "우리 자신의 구원을 이룸에 대하여"에서 두려움과 떨림으로 구원을 이루어야 함을 강조한다.(빌 2:12-13) 하나님이 먼저 일하시니 우리도 일할 수 있고(can), 하나님이 먼저 일하시니 우리도 일하지 아니하면 안 된다(must). 그 때문에 스스로 섰다고 하는 자는 넘어질까 조심해야 하고, 푯대를 향하여 뒤돌아보지 아니하고 계속 달려가야 한다.

또한 웨슬리는 그의 설교, "하나님께로서 태어난 자들의 특권(The Great Privilege of Those Who Are Born of God)"에서 타락의 가능성을 더욱 강조하고 있다. 죽음과 지옥보다 우리를 넘어지게 하고 타락케 하는 죄를 더욱 무서워해야 한다는 것이다. 그는 권면한다 : "높은 데 마음을 두지 아니하고 두려워하라." 우리 영혼이 하나님께 반응을 보이지 아니하면 하나님도 우리 영혼 속에서 계속 행동하지 않으신다(God does not continue to act upon the soul unless the soul reacts to God).[14] 또한 우리 영혼이 하나님을 향하여 호흡하지 아니하면, 그분께 우리의 사랑과 감사와 기도를 돌리지 아니하면, 하나님도 우리 영혼을 향하여 계속 호흡하지 아니하실 것이라고 경고한다. 성령의 인도하심과 경고하심에 따라 끊임없이 기도하고, 찬양하고, 감사하고, 사랑하여야 한다. 예를 들면 베드로가 세 번이나 예수님을 모른다고 한 것, 바나바가 성령의 뜻을 거스르고 조카, 마가 요한을 데리고 가려 함으로 바울과 나뉘어진 것처럼, 성도도 타락할 수 있다는 것이다. 사랑으로 역사하는 믿음과 기도로 말미암아 우리가 모든 외적 죄악과 내적 죄악을 배제할 수 있다. 그런데 성령의 경고와 탄식을 외면할 때 점점 내적 죄악에 빠져들고 신앙도, 사랑도 상실하게 되고, 급기야 외적 행위의 죄들까지도 범할 수 있다고 웨슬리는 경고한다. 그 예로 베드로가 이방인과 함께 식사하다가 바울을 비롯한 유대인들이 들어오니까 일어난 경우를 든다. 가장 적절한 예로 다윗을 또한 언급한다. 다윗이 밧세바와 간음죄를 범한 것과 그녀의 남편을 살해한 죄를 범한 것을 지적한다.

웨슬리는 은혜에서 행위의 죄로 떨어지고 타락하는 여덟 가지 단계를 말한다. 1) 죄를 범하지 않는 은혜의 생활, 2) 유혹이 일어나기 시작하는

14 *Works*, V(웨슬리 설교 19번), 233. 그리고 John Wesley, "The Great Privilege of Those Who Are Born of God," *The Nature of Salvation* (Minneapolis: Bethany House Publishers, 1987), 84.

새 회당(New Room)
웨슬리가 최초의 감리교회 예배당으로 영국 브리스톨(Bristol)에 세운 예배당으로 이름은 '새 회당(New Room)'이다. 사회석은 1층에 설교 강단은 2층에 있고, 뚫린 지붕 창문으로 설교자와 회중을 내려다 보면서 제대로 설교하는지, 졸지 않고 설교를 듣는지를 웨슬리는 점검하였다.

것, 3) 하나님의 성령이 죄가 가까이 있다고 경고함, 4) 유혹에 넘어가기 시작함, 5) 성령이 탄식하지만, 신앙이 약해지고 하나님께 대한 사랑이 어두워짐, 6) 성령이 "이것이 바른 길이다. 그 속에서 걸어라"라고 날카롭게 질책함, 7) 성령을 통한 하나님의 성화 훈련의 음성을 듣지 아니하고 유혹자의 즐거운 음성에 귀를 기울임, 8) 신앙과 사랑이 완전히 떠날 때까지 악한 욕망이 그의 영혼 속에 들어오고 퍼져서, 마침내 외적 행위의 죄들을 범하게 되고 주님의 능력이 완전히 그를 떠나게 된다.[15]

웨슬리는 스스로 섰다고 하는 자는 넘어질까 조심해야 하며, 우리의 품속에 누워 있는 들릴라에 대항하여, 악한 본성에 대항하여, 항상 깨어 있어

15 "The Great Privilege of those that are Born of God," *The Works*, vol.1, 440.

야 한다고 했다. 하나님의 전신갑주를 입어야 한다. 오직 그리스도의 십자가를 통해서만 우리 마음속에 남아 있는 모든 죄악성으로부터, 우리의 말과 행동이 모든 불의에서 깨끗케 된다. 인간으로는 불가능하나 오직 그리스도 – 참 인간이며 참 하나님이신 – 만이 모든 것을 가능케 한다. 우리 영혼을 사랑하시는 위대한 의사 그리스도만이 우리를 깨끗케 하실 수 있다. 때문에 그리스도의 삶과 죽음과 부활을 믿는 우리의 믿음과 회개를 통해서만 성결을 받는다. 회개와 신앙이 우리의 구원의 출발일 뿐 아니라 구원의 계속적인 성장으로, 하나님 나라로 이르게 한다. 그러므로 오직 그리스도 안에서 구원이 시작되고, 계속 성장하고, 완성된다. 이 때문에 온전한 성화를 죽기 전에 이루었다고 할지라도 계속 그리스도의 속죄의 보혈을 필요로 한다. 그리스도의 의로움과 거룩함의 형상을 이루기까지 계속 회개가 요청되는 것이다.

D. 단순성과 순수성의 사랑 (love of singleness and simpleness):

무엇이 성화요, 무엇이 완전인가? 웨슬리는 대답하기를 하나님을 사랑하는 단순한 마음이라고 한다. 그 사랑은 모든 죄를 싫어하고, 영혼의 모든 가능성을 마음속에 채우는 것이다. 이것은 "항상 기뻐하고 쉬지 않고 기도하며 범사에 감사하는(살전 5:16-18)" 사랑이다. 이 사랑은 신앙에 깊이 연결되어 있다. 사랑의 에너지로 채워지는 신앙이다. 신앙 없이 어떤 인간도 성화되지 않는다. 어떤 인간도 그가 믿을 때까지 성화될 수 없다. 신앙이 하나님의 자유로운 선물이라면, 사랑은 신인 협조적인 행동이다.

이 사랑은 하나님 사랑과 이웃을 내 몸같이 사랑하는 것을 포함한다. 우리 주님이 그를 따르는 모든 이들에게 요구하는 사랑은 하나님과 인간에

런던에 있는 세계감리교회 어머니교회(Wesley's Chapel)
영국왕 찰스가 감리교회 운동에 영국 사회를 구원한 운동이었음을 감사하는 뜻으로 대리석 기둥을 기증하였다.

대한 사랑이라고 주장한다. 인간을 위해서 하나님을 사랑하고, 하나님을 위해서 인간을 사랑하는 것이다. 하나님을 사랑한다는 것, 그 안에서 기뻐하고 그의 뜻 안에서 즐거워하는 것, 끊임없이 그를 기쁘게 하고 그 안에서 우리의 행복을 추구하는 것이다. 특별히 웨슬리는 이 사랑은 인내를 통해 이루어짐을 강조한다.

> 사도 바울은 고린도전서 13장에서 우리에게 이 사랑의 속성과 효력을 설명합니다. 그리고 이 표식들은 알아보기 확실한 것이기 때문에 어느 누구나 이 사랑을 가지고 있는지, 가지고 있지 않은지를 판단할 수 있습니다. 따라서 사랑의 속성과 효력은 깊이 숙고할 가치가 있습니다. 사랑은 오래 참고 오래 견딥니다. 만일 여러분이 하나님 때문에 이웃을 사랑한다고 한다면, 여러분은 그들의 결

점들을 오랫동안 참아 낼 것입니다. 그가 지혜가 부족하다고 한다면, 그를 멸시하기보다는 그를 불쌍히 여길 것입니다. 또한 그가 실수를 한다면, 심한 질책 없이 그를 회복시키려고 서서히 노력할 것입니다. 뿐만 아니라 그가 오류에 빠지면, 여러분은 온유하게 그를 회복시키려 노력할 것입니다. 이 일이 즉시 이루어지지 않는다 할지라도, 여러분은 그를 참아 낼 것입니다. 그래서 아마도 마침내 진리에 대한 지식과 사랑으로 이끌 것입니다. 인간의 나약함이나 악의로부터 나오는 화나게 하는 일들 속에서도 여러분은 상냥함과 유순함의 모범을 보여 줄 것입니다 ; 그리고 이런 일들이 반복된다 할지라도, 악에게 지지 않고 선으로 악을 이기게 될 것입니다. 어느 누구도 헛된 말로 여러분을 속이게 하지 마십시오. 오래 참지 못하는 사람은 사랑을 소유하지 못합니다.[16]

웨슬리는 모든 사람을 섬기는 사랑의 종노릇을 아주 구체적으로 표현하고 있다 : "나는 어느 누구에게도 매여 있지 않은 자유인이지만 되도록 많은 사람을 얻으려고 스스로 모든 사람의 종이 되었습니다(고린도전서 9:19)". 그의 설교, "중요한 질문(The Important Question)"에서 배고픈 자를 먹이고, 헐벗은 자를 입히며, 병든 자와 갇힌 자를 방문하고, 눈먼 자에게 눈이 되어 주며, 고아에게 아버지가 되어 주고, 과부에게 남편이 되어 주는 것이라고 해석한다.

16 "On Love," *The Works*, vol.4, 381.

| 나눔을 위한 질문 |

1. 죄악성을 정복케 하시는 성화의 은총을 당신은 어떻게 체험하였나? 때로는 왜 실패하는가?
2. 그리스도를 닮기 위한 성화의 추구를 위해 당신은 어떠한 선행과 사랑의 삶을 살고 있는가?

| 말씀의 명상 |

갈라디아서 5:13-24, 야고보서 2:14-26을 명상하면서 육체의 소욕을 따라 살지 않고 성령의 요구를 따라 살기 위해 어떤 선행을 실천하고 있는지를 명상하여 보라.

V. 성화 III (Sanctification):
-성화 은총의 수단(means of grace)-

본문: 마태복음 6: 5-15

(골방에서의 은밀한 명상 기도가 웨슬리를 이해하는 성화 은총의 가장 중요한 수단이다.)

웨슬리는 교회사적 전통 속에서 사용하여 온 변할 수 없고 영구적인 은총의 수단을 "instituted means of grace"라고 표현하는데 이것은 기도, 말씀, 성만찬, 금식, 그리고 각종 영성훈련 모임이라고 언급하였다. 그리고 상황에 따라 구체적으로 변경시킬 수 있는 은총의 수단을 "prudential means of grace"라고 표현하였는데 그것은 선행을 실천하는 것(to do good)과 악행을 피하는 것(to do no harm)이라고 설명하였다. 그리고 웨슬리가 직접 은총의 수단이라고는 언급은 하지 않았지만 초기 감리 교회에서 실제로 은총의 수단으로 활용되었던 기독교 고전 읽기와 찬양을 헨리 나이트(Henry H. Knight III)는 그의 저서 『하나님의 현존: 존 웨슬리의 은총의 수단(The Presence of God in the Christian Life: John Wesley and the Means of Grace)』에서 은총의 수단 속에 추가하였다. 그리고 필자의 연구 속에서 발견한 웨슬리의 생애와 초기 감리교 운동 속에서 더욱 발견되는 은총의 수단으로 영적 일기, 경제적 나눔, 시간의 선용, 은총의 낙관주의 등을 더욱 추가하였다.

A. 기도:

웨슬리 영성 생활의 핵심은 기도 생활이다. 웨슬리는 말하기를 "기도는 확실히 하나님께 가까이 나아가는 가장 중요한 수단이다. 따라서 그 밖의 다른 모든 것은 이것과 병행하거나 또는 이것을 위해 도울 때에만 도움이 된다"고 하였다.[17] 그래서 그는 "기도가 부족한 것은 다른 어떤 규례로도 보충할 수 없다"고 강조하였다. 그는 기도를 성도의 삶의 총체적인 것으로 보았다. 즉 기도를 통해 우리의 죄에 대해 각성하고(회개와 고백), 우리 속에 하나님의 약속이 성취되기를 열망하고(청원), 이웃의 요구를 위해 대신 요청하고(중보), 하나님의 선하심과 인자하심에 대하여 감사하게 된다고 (감사) 주장하였다. 기도의 종류로는 개인 기도, 가족 기도, 공중 기도로 구분지었다. 즉흥적으로 성령의 인도하심을 받는 기도를 강조하기도 하였고, 기록된 기도문을 따라 기도하는 것도 강조하였다.

17 Colin W. Williams, *John Wesley's Theology Today*, (Nashville: Abingdon Press, 1960), 132.

그 자신이 새벽 6시면 일어나서 새벽기도하는 생활을 습관화하였다. 그가 15년 이상을 살았던 집(Wesley's House: 영국 런던의 City Road에 있는 웨슬리 예배당〔Wesley's Chapel〕 옆에 있는 건물)에 그가 매일 새벽기도하였던 방이 있다. 그 방을 '능력의 방(Power House)'이라고 부른다. 그의 기도의 능력으로 세계적인 감리교회를 만들었다는 뜻이다. 그가 이렇게 4시면 일어나서 기도할 수 있었던 것은 어머니 수산나의 철저한 교육 때문이다. 어머니는 매일 밤 8시면 잠자고 4시면 일어나는 훈련을 시켰다. 특히 수산나는 잠을 잘 때와 잠에서 깰 때에 주기도문을 외우게 하였고 좀 더 성장한 후에는 짧은 기도문을 외우게 하였고, 어머니는 자녀를 위해 매일 안수기도하였으며 자녀들은 어머니를 위해 기도하게 하였다.

그리고 옥스포드대학교의 신성클럽 시절에는 매시간 캠퍼스 종을 칠 때마다 기도하고 시편을 묵상하였다. 또한 클레이톤(Mr. Clayton)의 제안에 따라 금식을 일주일에 두 번씩 수요일과 금요일에 실천하였다. 감리교도들에게 금식의 날을 지키도록 요구하였다. 또한 많은 사람들이 금식하지 못하는 것에 관심을 쏟았다. 특히, 부자가 된 후에 금식하기를 싫어하고 영성 생활이 나약해지는 것을 두려워하면서 경고하는 설교를 그의 말년에 빈번히 하였다. 금식의 목적은 세상일에 집착된 영혼을 세상일에서 손을 떼고, 우리의 영적인 목표인 완전 성화를 이루며 하나님 앞에서 보다 그리스도를 본받는 생활을 하게 하기 위함이라고 강조한다. 그는 금식 기도의 유익성과 중요성을 인식하였다. 웨슬리는 말하기를 "당신이 기도와 함께 금식으로 하나님을 찾을 때에 그 일은 결코 헛되지 않을 것"이라고 하였다.

또한 철야 기도를 중요한 은총의 수단으로 생각하였다. 1742년 3월 12일 금요일 많은 사람들이 몰려와서 웨슬리는 아침 8시에서 저녁 8시까지 설교하였는데, 성령이 임하여 자정이 넘기까지 약 100여 명이 기도와 찬양을 계속하였다. 집으로 돌아가면서도 기도와 찬양을 계속하였다. 그래서 그것이 계기가 되어 매월 1회 정기적으로 런던과 브리스톨과 뉴캐슬에서 철야 기도회(Watch Night Service)를 하게 되었다. 새해 이브에 철야 기도회도 갖게 되었고 이것이 매해 새해 첫 주일에 계약 갱신 예배(Covenant Service)로 정착되어 실천되었다. 그래서 그가 만든 계약 갱신 예배 예문을 철야 기도회에서 그리고 계약 갱신 예배에서 사용하였다. 그의 기도 신학의 중심은 욕망의 성취가 아니라 성화의 성취에 있었다. 즉 웨슬리의 기도의 목적은 궁극적으로 성화를 이루는 것이다.

웨슬리의 기도 신학의 중심은 욕망의 성취가 아니라 성화의 성취에 있었다. 즉 웨슬리의 기도의 목적은 궁극적으로 성화를 이루는 것이다. 우리의 신앙과 사랑을 증진시켜 주고 하나님과의 더욱 깊은 교제와 영적 성장을 일으켜 주고 영적 교제와 영적 성장에로 초대하는 것이 기도의 목적이다. 한국 교회는 하나님께 간절히 요구하는 구성기도(口聲祈禱, active prayer)에 치중하여 무엇인가를 많이 요구하는 기도를 강조해 왔는데 이제는 하나님과의 친교와 사귐과 대화를 갖는 관상기도(contemplative prayer)를 통하여 성화를 훈련하는 기도를 더욱 강조하여야 할 것이다.

B. 말씀:

웨슬리에게 있어서 성경이 영성훈련의 가장 원천적이고 가장 중요한 표준과 자료가 되었다. 왜냐하면 성경이 구원에 관하여 가장 확실한 가르침을 제공하기 때문이다. 성경이 신학의 기초가 될 뿐 아니라 신학의 최고의 권위였다. 그는 자신이 성경이 말하는 성경적 성결(scriptural holiness)을 그 자신이 추구하였고 감리교도들에게 가르쳤다. 하나님이 감리교 설교가들을 부르신 이유는 어떤 종파를 만들려는 것이 아니라 성경적 성결을 온 누리에 퍼뜨리는 것이라고 강조하였다. 그의 구원론의 질서를 순서에 따라 가장 잘 요약한 설교가 "성경적 구원의 길(Scripture Way of Salvation)" 이었다. 성경을 근거로 하여 선재적 은총, 회개, 의인화, 거듭남, 성화, 완전, 영화를 체계적으로 설명하고 있다.

성경 말씀을 읽고, 명상하고, 듣고, 특히 속회나 신도회 모임에서 말씀 해석이나 설교를 통해 은혜받는 것을 강조하였다. 그의 일생 동안 삶의 표준이 성경이었고 그의 목회의 표준이 성경이었기에 그는 성경을 매일 히브리어와 희랍어로 몇 시간씩 읽으면서 진지하게 성경을 연구하였다. 그래서 그는 성경에 능통하였고, 그가 쓴 편지든 논설이든 많은 성경 구절이 인용되어 있었다. 항상 성경에 대한 이야기로 채워져 있었다. 또한 웨슬리의 설교의 기초들은 성경이었고, 성경이 바로 설교의 내용이었다. 그의 설교문들은 간접적으로 혹은 직접적으로 성경의 인용으로 가득 차 있다.

그는 1765년 자신의 생애를 회고하면서 그는 1730년부터 '한 책의 사람(vir uni libri)' 이 되기 시작하여 성경 이외에는 비교적 다른 책을 연구하지 않았다고 하였다. 물론 그는 1세기에서 5세기에 이르는 동서방 교부신학 책들이나 어거스틴, 루터, 칼빈, 윌리암 로(William Law), 제레미 테일러(Jeremy Taylor), 토마스 아 켐피스(Thomas a Kempis) 등 역사신학 책들을 많이 읽음으로써 역사신학적 전통(tradition)에 능통하였으나 성경을 전통보다 더욱 귀중한 신학 자료로 생각하였다. 그 밖의 이성(reason)과 체험(experience)도 신학의 4대 원리들에 속하나 그것들은 보조 자료요 성경이 가장 원천적인 자료(prominent source)이다.

웨슬리는 속회를 통한 성경 연구의 목적도 성화에 두었었다. 성경을 통하여 자신의 영적 생활을 반성하고 나누는 간증을 통하여 서로 권면하고 충고하고 위로를 받음으로써 더욱 성화된 삶을 추구하게 되었다.

C. 금식:

웨슬리는 기도와 함께 금식을 중요한 은총의 수단으로 강조하였다. 그는 수요일과 금요일에 금식하였는데 후기에는 금요일만 금식기도하였다. 여러 날 금식하는 것, 하루 금식하는 것, 반나절 금식하는 것, 음식을 전혀 안 먹는 금식, 조금 먹는 금식, 즐겨하는 음식을 금식하는 것 등 상황에 따라 변경할 수 있는 것(prudential)으로 강조하였으나 금식 자체는 제도화된 수단임을 주장한다. 금식의 목적은 첫째 죄에 대해 슬퍼하는 것과 하나님의 진노를 두려워하는 것, 둘째 어리석고 경건치 못한 욕망과 불결한 감정에서 벗어나는 금욕적인 것, 그래서 셋째로 하나님이 사랑하시는 가난한 이웃의 필요를 따라 나누어줌으로써 서로의 연대 의식과 책임감을 갖는 것으로써 궁극적으로는 성화를 추구함에 있다.

D. 성만찬:

웨슬리는 루터와 칼빈처럼 교회란 설교가 선포되어지고 성례전이 집행되는 곳임을 강조하였다. 그리고 성례전은 회개와 거듭남과 성화를 체험하는 은총의 수단(means of grace)임을 강조하였다. 성례전 중에서도 특히 성만찬은 선재적 은총, 의인화의 은총, 성결의 은총을 전달하는 수단으로 이해한다. 또한 성만찬이 거듭남을 재촉하고 신앙을 견고케 하는 예전이기도 함을 주장한다. 그래서 웨슬리는 성만찬은 회심케 하는 의식(converting ordinance)이라고 하였다.

웨슬리는 상징과 은혜의 이중적 의미를 살린다. 츠빙글리처럼 단순한 상징도 거부하고 루터처럼 신체적 임재도 거부한다. 칼빈적인 영적 임재(spiritual presence)와 효험주의(virtualism)에 가깝다. 성만찬의 떡과 포도

주는 거룩한 상징이면서도 이 상징을 하나님이 은총의 수단으로 만드신다는 것이다. 그 은혜는 떡과 포도주가 본질적으로 변화되는 은혜가 아니라 성도가 그리스도의 형상으로 변화되는 은혜이다.

성만찬은 하나님의 사랑의 표시이며, 성만찬을 통하여 성령의 은사가 성도들의 마음속에 내려온다고 해석한다. 웨슬리는 성만찬이 그리스도의 대속적 죽음의 표적, 현재적 은혜의 표적, 천국의 표적, 그리고 성도의 교제의 표적이 됨을 강조하였다.

이렇게 성만찬을 은총과 영성훈련의 중요한 수단으로 보았기에 모든 사람들에게, 세례를 안 받은 사람들에게도 주었다. 왜냐하면 그들도 이 은총의 수단을 통하여 각종의 은총, 선재적 은총, 의롭다하심의 은총, 성화의 은총을 받을 수 있는 기회가 주어지기 때문이다: "사람들에게 선재적 은총, 의롭다하심의 은총, 성화케 하는 은총을 부여하는 평범한 채널이 되는 목적을 위해 외적 상징과 말씀과 행동으로 하나님에 의해 제정된 것이다."[18] 그래서 루터주의 모라비안들과 이 은총의 수단에 대하여, 그리고 믿음을 갖고 세례받은 성도들만의 성만찬 수여에 대하여 논쟁을 하게 된 것이다.

또한 웨슬리는 세례도 은총의 수단이 됨을 주장하였다. 첫째, 그리스도의 죽음의 공로로 원죄의 죄책을 씻어버리는 것이요, 둘째, 하나님과의 계약의 관계에 들어가고 이 계약은 새 마음과 새 영을 주시기로 한 영원한 계약이요, 셋째, 세례를 받음으로 우리는 교회에 입교하게 되고 따라서 교회의 머리되시는 그리스도의 지체가 되고, 넷째, 본질상 진노의 자식들이었으나 하나님의 자녀가 되는 것이요, 다섯째로, 하나님 나라의 시민이 되는 것이다. 그러나 그는 "신생(New Birth)"이라는 설교에서 세례는 상징(sign)이요, 성령 세례인 영적 거듭남이 참 세례임을 주장한다. 물 세례는

18 Wesley, "Means of Grace," *The Works*, vol. 1, 381.

몸을 정결케 하는 것이요, 거듭남은 영혼을 정결케 하는 것임을 강조한다.

또한 웨슬리와 초대 감리교 신도들은 애찬회를 가졌다. 처음에는 조모임의 새 회원을 받아들이는 기회가 되었는데 점차 속회 회원권을 가진 자들이 3개월에 한 번씩 참석하게 되었다. 성만찬과 다르게 케이크, 비스킷과 물을 나누면서 기도와 찬양과 친교를 나누고 특히 간증과 감사의 시간을 가졌다. 초대교회 아가페의 형태를 본받은 것으로 감리교도들의 영성훈련에 큰 자극이 되었다.

E. 각종 영성훈련 모임:

웨슬리는 성도는 고립해서 신앙생활의 발전이 없다고 강조하면서 영적교제와 사귐과 대화를 통하여 서로 돌보고 양육하는 책임감(accountability)을 통하여 성장하게 하였다. 여기에는 속회와 밴드를 비롯하여 각종 예배(철야 기도회, 계약 갱신 예배, 설교 예배 등)가 있으며 이를 통하여 성숙하게 됨을 강조하였다. 특히 계약 갱신 예배 예문을 철야 기도회 때나 새해 첫 주일 계약 갱신 예배 때 사용하기도 하였다.

F. 선행의 실천:

병자를 방문하고, 가난한 사람에게 나누어 주고, 갇힌 죄수를 돌보고, 각종 사랑의 실천을 이루는 것이다.

G. 악행을 피하는 것:

악행에는 지나치게 사치하는 것, 화려한 장식을 치장하는 것, 값비싼 그림을 사는 것, 값비싼 음식을 먹는 것에 과용하는 것, 건강을 해치는 주초를 하는 것 등과 그리고 하나님의 계명에서 금하는 것이다. "On Dress(1786)" 라는 설교에서 웨슬리는 검소하고 겸손한 옷을 입도록 권면한다. 값비싼 옷을 입으면 교만과 허영심이 생기고, 가난한 사람을 섬기는 사역에 해가 된다고 주장한다.

H. 기독교 고전 읽기:

웨슬리는 감리교 신학의 4대 원리와 규범과 자료를 성경, 체험, 전통, 이성이라고 해석하였다. 전통은 웨슬리의 신학 형성에 아주 중요하였다. 전통 중에서도 니케아회의 이전과 이후의 5세기까지의 희랍 교부들과 라틴 교부들의 사상이 예수 그리스도의 가르침을 가장 잘 설명해 주는 것으로 이해하였다. 루터를 비롯한 종교개혁적 가르침을 아주 중요하게 생각하였다. 그리고 영국 성공회의 39개조 종교 강령(미국 감리교도들을 위해 25개조로 고치기는 하였지만)을 중요하게 생각하였다. 실제로 그의 신학 형성은 많은 신학 전통의 영향을 받았다. 동방교부 크리소스톰(John Chrysostom), 마카리우스(Macarius the Egyptian), 닛사의 그레고리(Gregory of Nyssa) 등의 성화 사상과 완전 이해가 영향을 많이 주었고, 서방교부 어거스틴의 자유의지론과 은총 이해가 많은 영향을 주었고, 루터의 신앙의인화론이 중요한 영향을 미쳤고, 알미니우스의 복음적 신인협조설이 많은 영향을 주었으며, 토마스 아 켐피스, 제레미 테일러와 윌리암 로 등의 신비주의적 완전 이해가 큰 영향을 미쳤다. 그래서 웨슬리는 그의 성화와 완전에 이르는 영성훈련에 많은 영향을 준 기독교 영성 대가들의 책들을 모아 "기독교 문고(Christian Library)" 를 만들었다.

이 기독교 문고에 모아진 모범적인 영성 대가들의 책들 속에 나타난 경건 생활을 위한 다양한 영성훈련을 읽는 것이 성화와 완전에 이르는 은총의 수단임을 웨슬리는 강조하였다. 웨슬리는 그의 평신도 설교가들에게 이 "기독교 문고" 속에 있는 책들을 많은 기도와 함께 열심히, 그리고 오전 6시부터 12시까지 읽을 것을 권면하였다.

I. 찬양:

초기 감리교회는 찬양을 하는 것은 중요한 은총의 수단으로 생각하였다. 찬양은 하나님과의 아름다운 영적 관계를 형성시켜 주고 영적 성장과 성숙을 불러일으켜 주는 중요한 도구였다. 찬양은 감리교 신학과 교리를 시적인 방법으로 설명해 주는 가장 중요한 수단이었다. 찬양은 은총의 수단으로서 하나님과의 새롭고 건전한 관계를 형성시켜 주는 거룩한 감정을 불러일으켜 주고 계속해서 하나님 안에서 영적으로 성장하는 감정을 부여해 주는 것이다. 웨슬리 형제들은 50년 동안 60여 권의 찬송가를 출판하였다. 감리교도들은 찬송을 통하여 그들의 성화와 완전과 만인 속죄의 교리를 배웠고, 그러한 교리를 마음으로 확신하는 신앙 의식화를 체험하였다. 감리교 설교와 감리교 찬양은 신학적 분위기를 바꾸어 놓았다. 심지어는 감리교 설교는 1마일을 펴져 나갔고, 감리교 찬양은 2마일을 펴져 나갔다는 말이 생기기도 하였다. 가사는 찰스가 지었으나 곡들은 그 당시 영국에서 유행하던 가요와 민요들을 사용하였기에 대중들에게 잘 먹혀들어 갈 수 있었다. 존과 찰스 사이에 신학적 견해 차이로 찬송 출판의 어려움을 겪기도 하였다.

J. 영적 일기 쓰기:

웨슬리는 1725년부터 일기를 쓰기 시작하여 두 종류의 일기(diary와

journal)를 통하여 자신을 영적으로 돌보는 영적 성찰을 도모하였다. "diary"는 객관적 사실을 서술 중심으로 썼고, "journal"은 해석 중심으로 썼다. 오늘의 QT 같은 방법도 그와 비슷한 영적 성찰과 성화 은총의 수단이라고 생각한다.

K. 경제적 나눔:

웨슬리는 경제적 나눔을 아주 중요한 성화의 수단으로 보았다. 나누지 못하는 성도는 성화 생활의 큰 방해를 받게 된다고 강조한다. 물질의 올바른 사용이 성화 생활의 중요한 요소가 된다. 특히 오늘날과 같이 IMF와 통일시대를 살아가는 우리들에게 경제적 나눔은 웨슬리 당시만큼 중요한 과제이다.

L. 시간의 선용:

웨슬리는 그의 설교 "On Redeeming Time(1782)" 에서 하루 7시간 이상 수면을 취해서는 안 된다고 경고한다. 7시간 이상을 자면 건강을 해친다고 한다. 시간을 잘 활용하여 의미 있게 선용하는 것이 성화 생활의 필요한 요소임을 주장한다.

M. 은총의 낙관주의:

우리는 또한 웨슬리의 성화 추구의 중요한 자세를 생각해 볼 수 있다. 자신의 허물과 실수만을 보고 죄악성만을 느끼면 좌절하게 된다. 그래서 웨슬리가 가장 강조하는 것은 은총의 낙관주의이다. 나의 죄악성의 깊이보다 은총의 높이가 더욱 위대하심을 의지할 때, 성화를 이룰 수 있다는 것이다. 그리스도의 십자가의 구속의 은총으로 죄사함 받은 확신과 성령의 내주하시는 능력을 의지할 때 우리는 성화를 이룰 수 있다. 웨슬리가 강조한 이 모든 은총의 수단이 크나큰 율법의 짐이 될 수 있다. 그러나 항상 은총의 위대하심을 의지할 때 절망과 좌절을 딛고 다시 일어설 수 있는 용기를 얻을 수 있다.

| 나눔을 위한 질문 |

1. 웨슬리의 은총의 수단 중에 무엇이 당신의 삶 속에 가장 의미 있었는가? 당신의 영적 성장을 위해 무엇이 가장 필요한 은혜의 수단이라고 생각하는가?
2. 당신이 사용하고 있는 은총의 수단들은 무엇인가? 그 수단들을 매일의 삶 속에서 어떻게 활용하고 있는가?

VI. 완전 성화(Perfection, Entire Sanctification):

본문: 마태복음 5:48, 데살로니가전서 5:16-24

(웨슬리는 이 본문들을 가지고 하나님의 온전하심같이 완전 사랑을 실천하는 것과 몸과 혼과 영이 온전히 흠 없이 거룩하여지는 것을 기독자의 완전이라고 설교하였다.)

A. 완전 성결(Entire Holiness, Entire Sanctification):

웨슬리의 목회 전 기간에 걸쳐서 그의 사상 중에 가장 일관된 단일한 주제는 '거룩한 생활이며 그와 동일한 목표인 완전'이었다. "그리스도의 완전에 대한 평이한 해설(A Plain Account of Christian Perfection)" 에서 웨슬리는 완전의 경험적 현실에 대한 교리에 정식으로 관심 갖게 된 출발점을 그가 영적 일기를 쓰기 시작한 1725년으로 지적하고 있다. 1733년에 그는 옥스퍼드 대학에서 행한 설교 "마음의 할례(The Circumcision of the Heart)" 에서 그 완전 사상을 집어넣었다. 1741년에 그는 "그리스도인의 완전(Christian Perfection)" 에 관한 설교를 출판하였으며, 게다가 1740년의 『찬송과 성시집(Hymns and Sacred Poems)』에 붙인 서문에서 또 다른 요약을 보여주고 있다. 나중에 웨슬리는 이 서문을 가리켜 말하기를, "(1) 이는 그리스도인의 완전에 관한 우리의 여태껏 가장 유력한 설명이며, (2) 이후로 우리가 어떤 글에서건(either in verse or prose) 이 주제에 관해 더 진전한 것이 없으며, 직접적이든 간접적이든 이 서문에 포함되지 않은 것이 없다. 따라서 우리가 현재〔대략 1766년경〕 믿는 교리가 옳건 그르건 간에 그것은 우리가 처음부터 가르쳐 온 것과 동일한 것이다"라고 하였다.

한편 웨슬리는 때때로 그 교리를 설교했는데, 마태복음 5:48에서 18회, 히브리서 6:1에서 50회를 설교하였다. 1766년에 웨슬리는 "그리스도의 완전에 대한 평이한 해설"이라는 본격적인 논문을 출판했는데(그것은 그 후로도 5판을 거듭했다), 그것은 웨슬리가 전에 그 주제에 대해 집필했거나 말한 것을 거의 모두 발췌 · 수집한 것이며, 그것들을 일종의 중첩되는 설명 속에 짜 넣어, 그 교리의 연속성과 중요성을 강조하고 있다.

이러한 긴 토론에 의해 야기된 끝없는 토론에도 불구하고, 그 기간에 걸쳐 보다 분명해진 것은 그 교리의 타당한 초점이었다. 웨슬리는 모든 문제가 두 가지 논점으로 요약된다는 것을 점차로 깨닫게 되었는데, 그것은 (1) 완전을 (더도 덜도 아닌) 하나님과 이웃에 대한 그리스도인의 사랑이라는 견지에서 정의하는 것과 (2) 죄를 고의적인 것으로 정의하는 것이다. 그리하여 그 절정의 해인 1784년 말경에 가능한 한 단순하고, 또한 우호적인 필치로 그 사상에 대한 또 하나의 요약을 집필하고자 결심하였다. 이것은 결코 힘든 노작은 아니었다. 그것이 "완전에 관하여(On Perfection)"라는 설교이다. 히브리서 6:1 – '그러므로 우리가 그리스도의 도의 초보를 버리고, 죽은 행실을 회개함과 하나님께 대한 신앙의 기초를 다시 닦지 말고 완전한 데 나아갈지니라' – 을 본문으로 작성한 설교이다. 이 설교에서 그가 주장하는 첫 주장은 완전 성결이요, 두 번째 주장은 완전 사랑이다.

> 성 베드로는 그것을 같은 뜻이지만 또 다른 방식으로 표현하기를 '너희를 부르신 분이 거룩하신 것처럼 너희도 매사의 행실에 있어 거룩한 자가 되라'[19]고 말씀합니다. 이 사도의 말씀에 의할 것 같으면, 완전이란 보편적인 거룩함 – 내적이고 외적인 의로움 – 을 가리키는 또 다른 이름으로, 믿음의 거룩함에서 우러나는 삶의 거룩함입니다. 이것들보다 더 강한 표현을 찾는다면, 그것은 성 바울이 데살로니가인들에게 보낸 편지의 한 대목입니다. '평강의 하나님이 친히 너희로 온전히 거룩하게 하시고, 또 너희 온 영과 혼과 몸이 우리 주 예수 그리스도의 강림하실 때 흠 없이 보전되기를 원하노라.'[20]

완전은 죄 없음의 완전 성결 상태(sinlessness)이다. 그러나 완전의 은총을 경험한 성도도 계속해서 그리스도의 속죄 은총을 필요로 한다. 왜냐하면 완전한 성도도 의식적인 죄(voluntary sin)는 범하지 않지만, 무의식적인 죄(involuntary sin)는 범할 가능성이 있기 때문이다. 웨슬리는 사도 바울을 따른다. "나는 그리스도와 함께 십자가에 못 박혔으니, 그러므로 이

19 베드로전서 1:15.
20 "On Perfection," *The Works*, vol.3, 82.

제 사는 것은 내가 아니요 내 속에 그리스도께서 사는 것이다." 웨슬리는 이 말씀을 외적 행위죄뿐 아니라 내적 죄악으로부터의 구원도 의미한다고 묘사한다. 그리스도 안에 사는 성도들은 교만으로부터 성결함을 받는다. 왜냐하면 그리스도께서 마음을 낮추셨기 때문이다. 그들은 분노로부터 성결함을 받는다. 왜냐하면 그리스도께서 온유하고, 부드럽고, 인내심이 많고, 오래 견디신 분이기 때문이다. 완전은 죄의 뿌리까지 뽑히는 것을 뜻하며, 행위적인 죄들(actual sins)뿐 아니라 내적인 죄(inner sin)까지도 근절된다. 죄의 지배(control, domain, dominate, reign)를 받지 아니할 뿐 아니라 죄가 남아 있지도(remain) 않는다는 것이다.

존과 찰스는 찬송에서 완전의 은총을 찬양했다. "나로 하여금 제 2의 안식을 얻게 하소서."[21] 웨슬리는 그의 완전의 개념을 위하여 사도 바울의 말씀을 받아들인다. "평화의 하나님께서 여러분을 온전히 거룩한 삶으로 만들어 주시기 빕니다. 또 여러분의 심령과 영혼과 육체를 우리 주 예수 그리스도께서 다시 오시는 그 날까지 완전하고 흠 없게 지켜 주시기를 빕니다.(데살로니가전서 5:23)" 웨슬리는 또한 성결을 마음의 할례라고 표현한다. 그의 첫 설교 "마음의 할례(1733)"에서 마음의 할례는 모든 죄와 영혼의 나쁜 습관으로부터 깨끗하게 됨을 의미한다고 강조했다. 웨슬리에게 완전은 이 세상에서 – 죽음 이전에 – 도 가능하다.

베드로전서에서 말씀하는 대로 "너희를 부르신 자가 거룩한 것처럼 너희도 거룩하라"는 것은 완전한 성결에 대한 하나님의 명령이라고 해석하며,[22] 데살로니가전서에서 말씀한 대로 몸과 영과 혼이 흠 없이 보존되는 것이 완전한 성결이라고 풀이한다. 또한 산상수훈대로 하나님의 온전하심

21 Wesley, *A Plain Account of Christian Perfection* (London Epworth Press, 1985), 40. 이하 *A Plain Account*로 표기함.

22 Wesley, "On Perfection," *Works*, VI, 416.

같이 우리도 온전해져야 한다.(마태복음 5:48)

B. 완전 사랑(Perfect Love):

세상으로부터 구별된 성결이 성화의 한 요소이지만, 세상으로 찾아가는 성육신적 행동과 사회적 참여로서의 사랑과 선행이 성화의 또 한 요소이다. 이웃을 내 몸과 같이 사랑하고, 하나님을 내 마음과 뜻과 정성을 다하여 사랑하는 것이 완전한 성도의 궁극적 목표이다. 이 완전을 가능케 하는 것은 은총의 낙관주의이다.

웨슬리가 말하는 완전에는 양면성이 있다. 온전한 인간성의 회복(참 인간)이요, 또한 하나님의 성품에 참여하는 것이다. 참 인간의 모범이신 그리스도를 닮을 때 우리도 온전한 인간이 되어 하나님의 형상을 회복하며, 동시에 참 하나님이신 그리스도를 본받을 때 정의롭고 거룩하신 하나님의 도덕적 성품에 참여하게 된다. 웨슬리는 우리가 아담의 타락 후 잃어버린(죄로 말미암아 전적으로 파괴된) 하나님의 형상, 다시 회복해야 할 하나님의 형상은 정치적 성품도, 본성적 성품도 아닌 도덕적 형상이라고 해석한다. 그러나 육체를 입고 사는 한, 천사와 같은 완전에도, 타락 전의 아담 같은 완전에도 이를 수 없다.

그가 강조한 사랑은 완전한 사랑이다. 성화의 차원에서와 같이 완전의 차원에서도 적극적인 의미에서 사랑을 강조한다. 순수한 사랑만이 성도들의 생활을 지배한다. 성령의 충만으로 사랑이 풍성해지는 것이 완전이다. 하나님을 내 마음과 뜻과 성품을 다하여 사랑하고 이웃을 내 몸같이, 특히 원수까지도 사랑하는 온전한 사랑을 실천하는 사람들을 수없이 찾아볼 수 있음을 말한다. 그렇기 때문에 단순하고 순수한 영성훈련 없이는 하나님 사랑과 이웃 사랑의 완성이 불가능하다.

C. 상대적 완전:

완전한 성도라도 구원에 관계없는 육체적 인간적 실수, 견해나 실천에서 저지를 수 있는 실수, 무지, 연약성, 그리고 유혹의 요소가 남아 있다. 따라서 절대적 완전이 아닌 상대적 완전이다. 순수한 의도, 어린아이같이 단순한 마음으로 사랑하는 것이다. 사랑은 동적인 것이기에 항상 부단히 달려가는 과정으로서 완전이 표현된다.

"성도들이 이 세상에서는 무지, 연약, 실수와 유혹으로부터 자유할 만큼 완전해지지는 않는다." 성도들이 도덕적으로 완전해질지라도 육체적으로는 연약할 수 있다. 육체의 조건은 질그릇과 같기 때문이다. 사도 바울의 십자가 신학처럼 웨슬리도 성도들이 육체적 연약함이나 아픔이나 고난 속에서 오히려 그리스도의 은총이 강해지고 완전해질 수 있음을 강조한다. 그러므로 이러한 무지, 연약, 실수와 유혹으로부터도 자유함을 얻고, 무의식적인 죄에서도 성결함을 받는 것은 죽은 후 영화의 단계에서나 가능함을 웨슬리는 강조한다.

웨슬리는 이 지상에서 절대적 완전이 가능하다고는 믿지 않는다. 그 완전은 상대적이요, 동기적이다. 그는 또한 아담과 같은 완전도, 천사 같은 완전도 아니라고 해석한다. 지상에서의 완성이란 의미에서 웨슬리는 동방교회 전통을 따른다. 죽음 이전의 완전한 성화의 개념은 사랑과 선행을 온전히 실천함을 의미한다. 웨슬리에게 성화의 소극적 의미는 성결 혹은 죄없음이지만, 더 적극적 의미는 사랑이다.

D. 지상에서의 완전:

완전의 시기에 관하여서는 웨슬리 형제들 사이에도 이 문제에 의견의 일치를 보지 못했다. 찰스 웨슬리는 순간적 성화를 더욱 강조하였지만, 존 웨슬리는 점진적인 성화를 더욱 강조했다. 또한 찰스는 죽음 직전에 완전이 가능하다고 보았으나, 존은 죽기 5년 전, 10년 전에도 가능하다고 보았다. 사실 찰스는 심한 질병으로 고난이 많아서 고난의 신학을 좋아하였다. 병들어 아픈데, 어떻게 완전이 가능한가 의심했던 것이고, 죽음의 문턱에 이르러서야 완전이 가능하다고 보았다. 그래서 찰스가 성화와 완전의 개념으로 찬송을 지으면, 존이 편집 과정에서 수정하기도 했다. 찰스는 1772년에 출판한 『죽음을 위한 준비(Preparation for Death)』에서 그의 고난 신학과 완전 교리를 나타내 주고 있다. 그 당시 그는 심각하게 아팠고 죽음이 그의 마음속에 무겁게 찾아오고 있었다. 그러나 존은 죽기 5년 전, 10년 전, 아니 거듭난 즉시도 완전을 경험할 수 있다고 믿는다. 1747년 연회에서 찰스는 완전의 시기에 대해 다른 견해를 나타냈다. 그 시기의 찬송 속에 완전의 현실성은 죽음 직전에 나타난다고 표현하였다. 그러나 찬송가 출판의 편집자 권리를 가진 존이 항상 자기의 신학적 입장으로 찰스가 작사한 내용을 고쳤다. 존은 그의 글 "The Character of a Methodist"에서 즉흥적 순간보다는 계속적인 진행으로 묘사했다. 그는 사도 바울의 말씀, "내가 이미 얻었다 함도 아니요 온전히 이루었다 함도 아니라 …… 푯대를 향하여 좇아가노라(빌립보서 3:12-14)"를 강조한다. 그래서 찰스는 형 모르게 따로 자신의 신학을 표현한 찬송 『작은 찬송가(Short Hymns)』를 출판하기도 했다. 그가 출판하지 못했던 찬송 Four Gospels and Acts에서 더욱 강하게 자신의 신학을 주장하면서 죽기 전에는 완전이 불가능하고 죽음의 문턱에서만 가능함을 주장하고 "교만한 완전주의자들(boasters of Perfection)"이라고 비판함으로써 큰 논쟁거리가 되기도 했다.

E. 하나님의 형상 회복:

완전한 성화는 신적 형상을 회복하고 신적 형상에 참여하는 제 2의 복으로 간주되었다. 그는 그의 저서 『크리스천의 완전(A Plain Account of Christian Perfection)』에서 이러한 사상이 제레미 테일러, 토마스 아 켐피스, 윌리엄 로 등의 영향을 받은 것을 말하면서도, 결코 개인적 신비주의에 머무르지 않고 공동체 속에서 형성되는 성화 생활을 중요하게 여기고, 특히 성경 말씀에 근거한 완전을 강조한다(마태복음 5:48, 고린도후서 7:1, 빌립보서 3:12, 데살로니가전서 5:23, 히브리서 6:1-2, 히브리서 12:2, 히브리서 12:23, 요한일서 4:18). 잃어버린 그리스도의 형상, 하나님의 형상을 회복하는 것이 완전이다.

> 왜 당신은 당신 안에 그리스도 예수 안에 있는 온전한 마음을 품는 것을 그토록 혐오하십니까? 그가 사람들 가운데 계셨을 때, 그분 안에 있던 모든 감정들, 모든 기질들, 그리고 모든 의향들을 왜 혐오하십니까? 왜 당신은 이것을 두려워하십니까? 하나님께서 바로 이 시간에 당신 안에, 그리스도 안에 있던 모든 마음을 이룩해 주신다면, 그것이 당신께 나쁜 일이라도 됩니까? 그렇지 않다 해도, 다른 사람들이 이러한 축복을 구하는 것을 왜 당신이 방해해야 합니까? 아니면 이 상태에 도달했다고 생각하는 사람들을 탐탁지 않게 여겨야만 하는 것입니까? 더 사랑스런 것이 있습니까? 사람의 모든 자녀들이 더 사모해야 할 것이라도 있습니까? 왜 당신은 '성령의 모든 열매 -- 사랑, 희락, 화평, 오래 참음, 자비, 양선, 충성, 온유, 절제'를 품는 것을 혐오하십니까? 왜 당신은 이 모든 것들이 당신 내심의 영혼에 심겨지는 것을 두려워해야 합니까? '이 같은 것

을 금지할 법이 없으므로' 어떤 타당한 반대도 있을 수 없습니다. 이러한 모든 기질들이 당신의 마음속에, 아니 그리스도의 이름을 부르는 모든 사람들, 땅 위에 거하는 모든 사람들의 마음에 깊이 뿌리내리는 것보다 더 사모할 일은 아무 것도 없습니다. 무슨 까닭에 당신은 '당신을 창조하신 분의 온전한 형상대로 새롭게 하심을 입는 것'을 두려워하거나, 그것에 대한 혐오를 품는 것입니까? 이것이 이 세상에서 무엇보다도 사모해야 할 일이 아닙니까? 그것이 더할 나위 없이 좋은 일이 아닙니까? 이에 비하여 당신 자신의 영혼이나, 당신이 가장 강하고도 다정한 감정을 품는 사람들의 영혼을 위하여 무엇을 더 바랄 수 있습니까? 당신이 이것을 누릴 때, '주의 영으로 말미암아 영광에서 영광에 이르도록 변화하는 것'[23] 말고 무엇이 있겠습니까? 왜 당신은 보편적인 성결 – 같은 말의 다른 이름 – 에 대해 혐오해야 합니까? 왜 당신은 이것에 대해 편견을 품거나 염려스럽게 바라보아야 합니까? – 당신이 이 말을 하나님의 온전한 형상과 뜻을 내적으로 따르는 것으로 이해하건, 아니면 모든 면에서 그러한 순종에 합당한 외적인 행동으로 이해하건 간에, 당신은 이보다 더 사랑할 만한 것을 상상할 수 있습니까?[24]

F. 과정으로서의 완전(process):

웨슬리에게 완전한 성화란 정착된 상태가 아니라, 부단한 과정이다. 빌립보서 3장이 말하듯 온전해진 성도는 계속 부단히 달려간다. 내재적인 죄까지도 사함 받는 것이 완전이지만, 완전을 경험한 성도도 무의식적인 죄

23 고린도후서 3:18.
24 "On Perfection," *The Works*, vol.3, 73-75.

감리교회 연회
1779년에 세워진 예배당에서 개최되었다. 모든 설교가들이 가득히 운집한 모습.

를 범할 가능성이 있다. 고의적인 죄를 범하지 않지만, 무의식적인 죄 때문에 완전한 신자라도 계속적으로 순간순간 그리스도의 대속의 보혈을 필요로 한다.[25]

G. 은총의 낙관주의(optimism of grace):

그러므로 웨슬리의 완전 사상은 인간의 도덕성과 선성(善性)을 강조하고 죄악성을 가볍게 생각하는 19세기 자유주의적 낙관론도, 인간의 선성보다는 죄악성의 깊이를 강조하는 20세기 근본주의적 비관론도 아니다. 그는 더욱이 인간의 타락과 원죄를 믿지 않고 인간의 책임과 능력을 강조하는 펠라기우스주의자도 아니다. 또한 하나님의 은총을 지극히 강조한

25 Wesley, *A Plain Account*, 43; "Christian Perfection," 1–6.

나머지 인간의 책임성을 약화시킨 루터와 칼빈도 비판한다.

그런가 하면 웨슬리는 펠라기우스주의와 어거스틴주의 사이에서 절충한 반(半)펠라기우스주의(Semi-pelagianism)를 강조하지도 않았다. 이 반펠라기우스주의는 중세 가톨릭 스콜라주의의 기반을 이룬 것으로, 인간이 완전히 타락한 것이 아니라 부분적으로 타락했으므로 하나님과 협동할 수 있으나 온전치 못하기 때문에 은총을 필요로 한다고 생각하는 사상이다. 또한 이 은총은 초자연적인 요소를 가지고 있어서 그리스도의 계시를 약화시키는 자연 신학적 특징을 갖는다. 그러나 웨슬리의 사상은 인간의 타락과 원죄를 강조하면서도, 인간의 죄악성보다 더욱 크신 하나님의 은총이 역사할 때, 인간의 능력과 책임성 — 선재적 은총으로서의 자유의지 — 이 응답함으로써 구원을 이룬다는 복음적 신인협조설(evangelical synergism)이요, 은총의 낙관주의(optimism of grace)이다.[26]

이러한 보편적, 선재적 은총 개념에 근거한 웨슬리의 완전 사상은 첫째, 어거스틴적 발상이요, 둘째, 동방교회적 발상이요, 셋째, 알미니우스(Arminius)적 발상이다. 이 세 가지 신학적 요소를 종합한 것이다. 조종남은 선재적 은총론과 완전 사상이 어거스틴적 — 칼빈적이 아닐 뿐 아니라 — 이 아니고 오히려 어거스틴과 대립된다고 지적했는데, 이는 잘못된 해석이다. 조종남이 웨슬리의 선재적 은총론을 설명한 웨슬리의 설교, "우리 자신의 구원을 이룩함에 대하여"에서 오히려 웨슬리는 그의 선재적 은총론이 어거스틴에게서 나왔음을 어거스틴의 말을 인용하면서 고백한다. "우리 없이 우리를 만드신 하나님은 우리 없이 우리를 구원하지 않으실 것이다(Qui fecit nos sine nobis, non salvabit nos sine nobis)."[27]

26 M. Starkey, *The Work of the Holy Spirit: A Study of J. Wesley* (Nashville: Abingdon Press, 1962), 116. 그리고 Howard A. Snyder, *The Radical Wesley* (Downers Grove, IL: Inter-Varsity Press, 1980), 146.

어거스틴은 후기 펠라기우스와의 논쟁에서는 은총론을 강조했으나, 초기 마니교와의 논쟁에서는 『자유의지론(De Libero Arbitrio)』을 써서 초기 마니교의 운명론을 공박했다. 그래서 펠라기우스를 반박하는 논문들보다 더 후기에 쓴 『신국(De Civitate Dei)』에서는 신의 역사 섭리와 은총 안에서의 인간의 책임성을 강조한다. 인격의 다양한 변화에 따라 역사도 다양하게 변한다는 주장을 어거스틴은 피력한다. 이 문제에 대해서는 콕크레인(Charles Norris Cochrane)이 그의 저서 『기독교와 고전 문화(Christianity and Classical Culture)』(Oxford: The Clarendon Press, 1940)에서 어거스틴의 역사 이해 – 신의 섭리와 인간의 책임성 – 를 잘 설명하고 있다.

하지만 어거스틴은 인간의 욕망 때문에 죽기 전에 완전이 불가능하다고 생각했으나, 웨슬리는 죽기 전에도 완전이 가능함을 강조한다. 그렇기 때문에 웨슬리는 루터나 칼빈이나 어거스틴보다도 더욱더 은총의 낙관주의를 주장한다. 웨슬리는 인간의 죄의 깊이를 강조하지만 죄보다 은총의 높이를 더욱 강조하는 은총의 낙관주의자다. 따라서 그의 종말론은 물론 내세를 강조하지만, 내세보다는 현세의 천국을 더욱 강조한다. 또한 성도들의 믿음과 사랑에 의해 하나님 나라가 역사 속에 실현된다고 믿는다. 이미 뉴캐슬과 브리스톨에 하나님 나라가 실현되었다고 웨슬리는 믿었다.

결국 웨슬리 구원론은 원죄론을 강조하면서도 선재적 은총론을 강조하여 전적으로 타락한 인간이 부분적으로 회복되었음을 주장하고, 하나님의 은총이 구원의 분발이면서도 그 은총에 대한 인간의 자유의지(선재적 은총)의 응답, 곧 인간의 책임성이 강조되는 복음적 신인협조설을 주장한다. 하나님의 은총은 즉흥적으로 주어지고 전가되면서도 점진적으로 우리의 본성까지도 의로움과 거룩함으로 변화시키는 은총임을 주장하고, 루터와 칼

27 *Works,* VI, 513.

빈의 의인화 은총을 기본적으로 받아들이면서도 거기에 머물지 않고 가톨릭적, 영국 성공회적 성화 은총을 받아들여 에큐메니칼하게 종합하는 것을 주장한다. 서방 교회 전통 – 로마 가톨릭교회, 어거스틴, 루터, 칼빈 등 – 에서는 받아들이지 않는 지상에서의 완전한 성화의 가능성을 동방교회 전통에서 받아들여 은총의 낙관주의를 주장하고, 성령의 임마누엘의 임재를 통한 구원의 내적 확증을 현존적으로 경험하는 것을 강조하면서도 성령의 역사를 통한 영화로 구원이 미래에서 완성됨을 주장하는 것으로 특징지을 수 있다. 다시 말해서 성화 중심의 구원론을 전개함으로써 개신교 구원론의 부족함을 보완했고, 개신교 구원론을 완성시켰으며 개신교와 천주교가 대화할 수 있는 에큐메니칼적 가능성을 열어 보여 주었다.

| 나눔을 위한 질문 |

1. 순수하고 단순한 마음으로 원수까지 사랑하며 하나님을 마음과 정성을 다하여 온전히 사랑하는 완전 사랑을 이루기 위하여 당신은 어떻게 실천하고 어떻게 완전 사랑을 열망하고 있는가?
2. 완전 성결을 이루기 위해서 당신은 어떻게 성결을 훈련하고 있는가?
3. 당신은 절대적 완전 성화는 죽기 전에 불가능하지만, 상대적 완전 성화는 죽기 전에 은총의 낙관주의 신앙으로 가능하다고 믿는가?

| 말씀의 명상 |

마태복음 5:48처럼 원수까지 사랑하는 완전한 사랑을 열망하면서 예수의 십자가의 사랑의 심장을 이식수술시켜 주시기를 기도하자.

VII. 사회적 성화(Social Sanctification):

본문: 마태복음 5:13-16

A. 건전한 복음주의(Healthy Evangelism):

웨슬리의 구원론의 핵심은 성화이다. 회개는 종교의 현관(porch)이요, 믿음은 종교의 문(door)이라면 성화는 종교 자체(religion itself)이다. 그런데 이 성화는 개인적일 뿐 아니라 사회적이다. 웨슬리는 신앙의 본질(essence)은 내면적(inward)이지만 신앙의 증거(evidence)는 사회적(social)이라고 강조한다. 사회적 성화 아닌 성화를 모른다고 말하며 사회적 종교 아닌 기독교를 모른다고 말한다. 기독교를 은둔자의 종교, 기도하고 명상하는 종교로만 만드는 것은 기독교를 파괴시키는 행위로 본다.

그래서 웨슬리 신학자 알버트 아우틀러(Albert Outler)는 개인적 성화만을 강조하는 것은 불건전한 복음주의(Unhealthy Evangelism)라고 해석하고 개인적 성화와 사회적 성화를 모두 강조하는 것은 건전한 복음주의(Healthy Evangelism)라고 해석하면서 웨슬리의 사상은 바로 건전한 복음주의라고 풀이한다.

B. 사회적 성결(social holiness):

웨슬리의 개인적 성화는 성결적 요소(holistic factor)로서 히브리어 카도쉬(kadosh)와 희랍어 하기오스(hagios)로 표현된다. 마찬가지로 사회적 성결도 세속 속에 하나님의 성결을 널리 퍼지게 하고 하나님의 성결을 누룩처럼 소금처럼 온 누리에 확산시켜 가는 운동이다. 곧, 세속성과 죄악성으로부터의 철저한 분리(separation)와 성별을 뜻한다. 내면적 개인적 성결이 외적 행위죄들(actual sins)뿐 아니라 내적 죄(inner sin)까지도 사함받는 죄 없음(sinlessness)의 경지에 이르는 성결인 것처럼 사회적 성결도 사회구조악의 근본적인 개혁(impartation)을 뜻한다. 하나님이 왜 감리교 설교가들을 부르셨는가? 그 이유를 웨슬리가 답변하기를 어떤 새로운 종파(sect)를 만들려는 것이 아니라 '민족을 개혁하기 위하여(to reform the nation)'라고 하였다.

불결한 역사를 정화하기 위해서는 내 스스로가 먼저 성결한 사람이 되어야 한다. 돈과 물질의 욕망에서 깨끗하여야 한다. 명예와 권세의 욕망에서도 깨끗하여야 한다. 사탄이 세 번씩 예수님을 유혹하였듯이 하루에도 몇 번씩 사탄은 우리를 유혹한다. 그 유혹을 담대하게 물리치는 정결함이 필요하다. 나의 내면을 항상 비우는 훈련이다. 짠맛은 혼자 있어서는 안 된다. 역사 속에서 맛을 내어야 제 구실을 한다. 불의한 사회 속에서 의로움이 나타나야 참 의로움이 될 수 있다. 불결한 사회 속에서 성결함을 보여야 참 성결이 될 수 있다. 분쟁과 싸움의 한 복판에서 평화를 이루어야 참 평화가 될 수 있다. 예배당 속에서, 산 속에서, 기도원 속에서는 맛을 낼 수 없다. 그래서 하나님의 정의와 성결과 사랑과 평화가 세상을 하나님 나라화하는 누룩이 되어 이 역사가 새롭게 창조되어야 한다. 때로는 불의한 사회가 변화되지 않는다고 실망하게 되고, 불결한 사회가 정화되지 않는다고 좌절하게 된다. 그러나 결코 포기함이 없이 타협하지 않고 우리는 계속 역사와 사회 속에 소금이 되어야 한다. 웨슬리는 사회적 성화의 사명 중에 핵심을 소금이라고 해석한다. 사랑의 맛을 이 미움의 역사 속에 낼 수 있어야 한다. 소금은 자기 희생의 과정을 통하여 맛을 낸다. 스스로 녹아져야 소금은 제 맛을 낸다. 내가 죽어지는 아픔을 통하여 역사를 살린다. 한 알의 밀알처럼 소금도 자기를 헌신하고 희생함으로써 역사를 창조하는 사명을 감당한다. 예수님이 세상 죄를 지고 가는 어린 양, 고난의 종이 되심으로 역사를 구원하시고 역사를 속죄하고 역사를 재포착하셨다고 이레니우스가 해석한 대로 우리도 우리 몸을 산 제물로 역사의 제단 위에 바칠 때 새 역사는 창조될 것이다.

C. 사회적 사랑의 실현:

웨슬리의 내면적 개인적 성화의 적극적 방법이 사랑의 실천이었듯이 사회적 성화의 적극적 방법도 성육신적 요소(incarnational factor)로서 세속성으로부터 분리된 성별의 힘을 갖고 세속을 찾아가는 성육신의 참여, 곧 사랑의 적극적 행위를 세상 속에서 실천하여 세상의 빛이 되는 것이다. 우리의 착한 행실의 빛을 보고 많은 비기독교인들이 교회로 찾아 올 수 있을 것이다. 오늘의 한국 교회의 위기는 바로 사회적 성화의 결핍에 있다. 세상의 빛과 소금이 되는 능력을 상실한 것이다.

D. 희년 사상:

웨슬리에게 있어서 사회적 성화의 완성은 곧 그의 희년 사상(jubilee)으로 나타난다. 웨슬리는 희년 실현을 위해 세금 제도의 개혁, 고용 제도의 개혁, 노예 해방, 여성 해방, 청지기 의식에 의한 경제적 분배와 나눔, 재산 상속 반대, 광부와 농부와 산업 노동자의 노동조합 운동 등을 실천하였다. 그래서 웨슬리는 감리교를 반대하는 존 프리 박사(Dr. John Free)에게 감리교를 변증하는 편지에서 감리교가 발전한 뉴캐슬(New Castle), 콘월(Cornwall), 킹스우드(Kingswood) 지역에 하나님께서 놀라운 일(wonderful work), 위대한 일(great work)을 이미 지상에서(upon earth) 시작하신 희년 사회가 실현되었다고 믿었다. 그는 실현될 종말론(realized eschatology)을 믿는 사람이었다. 또한 그는 브리스톨에서 옥외 설교를 시작한 첫날(1739년 4월 1일), 산상수훈 강해를 설교 – 예수께서도 옥외 산상에서 설교하신 것처럼 – 하면서 하나님 나라의 현존을 실존적으로 사회적으로 경험하는 복음을 선포하였고, 둘째 날(1739년 4월 2일) 옥외 하이웨이에서 누가복음 4:18-19의 본문을 설교하였다. 그는 가난한 자, 눌린 자, 고통 당하는 자, 갇힌 자, 병든 자, 나그네, 고아, 과부, 신체 장애자들을 해방케 하는 희년의 복음을 브리스톨 탄광 지역의 민중들에게 선포하였던 것이다. 웨슬리는 그의 『신약성서 주해(Explanatory Notes Upon The New Testament)』에서 누가복음 4:18-19을 해석하기를 "은혜의 해"는 희년이라고 풀이한다. 모든 빚진 자들과 종들이 자유를 얻는 희년이라고 말한다.

희년 사상은 그의 완전 교리와 연결된다. 역사 속에서도 완전한 사랑을 실현할 수 있다는 신앙은 모든 창조의 개혁과 재창조의 꿈으로 발전한다. 그래서 웨슬리는 "성서적 기독교"에서 감리교회는 완전한 사랑의 승리를 믿는다고 강조한다.

> 때가 찼음을 생각하라. …… 전쟁은 지상에서 끝나고 다시는 형제가 형제를 대적하지 아니하고 나라와 도시가 나뉘어지지 아니하고, 다시는 가난한 자를 강탈하지 아니하며, 도적도 강도도 불의도 없으리라. 왜냐하면 모든 사람들이 소유한 것으로 만족하기 때문이다. 그리하여 정의와 평화가 서로 입맞추리라(시편 85:10). 정의가 땅에서부터 흘러 넘치고 평화가 하늘에서부터 내려온다. …… 아무도 그가 소유한 것이 그의 소유라고 말하지 않는다. 그들 중에는 아무도 궁핍한 사람이 없다. 왜냐하면 모든 사람이 그의 이웃을 그 자신처럼 사랑하기 때문이다.

웨슬리는 그의 동생 찰스와 함께 “만 입이 내게 있으면(O for a thousand tongues to sing)”을 샬롬과 희년의 환상으로 찬송한다. 제 5절에 신체 장애자가 회복되는 환상을 다음과 같이 노래한다. “너 귀머거리여 그분의 말씀을 들으라, 너 벙어리여 너의 굳은 혀가 풀려 그를 찬양하라, 너 눈먼 자여 너의 구세주가 오심을 보라, 너 절름발이여 기쁨으로 뛰어라.” 제 4절에서는 해방과 자유가 보여지고 있다. “그는 말소된 죄의 권세를 깨뜨리신다. 죄인을 자유케 하신다……”라고 노래한다. 또한 제 9절에서는 하늘나라를 여기 지상에서 기대하라고, 사랑을 소유함이 곧 하늘나라라고 노래한다.

그의 성화 개념은 역사 속에 성육신하는(incarnational) 사랑 운동으로 역사 속에 억눌려 있는 광부, 농부, 노동자, 여성들을 해방시켜 가는 희년 운동으로 발전한다. 따라서 웨슬리에게 성화는 성결과 사랑을 뜻할 뿐 아니라, 자유와 해방을 의미하기도 한다. 웨슬리 사상에 있어서, 성화의 교리에 의해 발전된 사랑의 사회 윤리가 조직적으로 응용되었다면, 사회 질서 자체가 완전해질지도 모른다. 그 당시 가난한 자들의 투쟁은 신앙의 확신에서부터 나왔다. 왜냐하면 그들의 신앙은 해방의 신앙, 자유케 하는 신앙이기 때문이다. 그들의 정치적 실천과 신앙의 표현 사이에는 아무런 거리감도 없었다. 정치적 각성과 정치적 행위 – 노동 계층을 위한 – 는 감리교가 가르치는 갑작스러운 회개와 놀라운 은혜를 경험하는 회심 이후에 즉각적으로 시작되었다. 거듭남은 충분하지 않다. 하나님의 의롭고 거룩한 형상으로 갱신되는 성화가 필요하다. 성화는 도전을 받아들이고, 삶의 풍성함을 위해 하나님 나라를 보이는 현세에서 실현하는 투쟁을 향해 모험하는 것을 필요로 한다. 그러한 하나님 나라는 사랑과 정의의 왕국이다. 우리는 정의를 위한 목적이 이 땅 위에 실현되기까지 투쟁하셨던 예수 그리스도의 모범을 따르기 시작하지 않으면 안 된다.

웨슬리는 레위기 25장에 나타난 희년의 모습대로 빚진 자를 탕감하고, 포로 된 흑인 노예를 해방시켜 주고, 굶주린 민중들에게 먹을 것을 제대로 나누어 주고, 상속할 재산의 대부분은 사회에 환원하고(자녀들에게 필수적인 것은 상속할 수 있지만), 가난한 민중에게 힘에 겨운 세금을 부과하지 말고, 부자들이 사치하며 음식을 낭비하지 말아야 하며, 일거리 없는 자들이 구체적으로 일거리를 찾을 수 있는 제도적 개혁을 주장하였다. 또한 희년 생활은 마태복음 25:35-40의 소자 – 갇힌 자, 병든 자, 가난한 자, 헐벗은 자, 나그네 등 – 에 대한 사랑임을 역설한다. 또한 눈먼 자에게 눈이 되어 주는 것, 발 없는 자에게 발이 되어 주는 것, 과부에게 남편이 되어 주는 것, 고아에게 아버지가 되어 주는 것이라고 해석한다.

이러한 웨슬리의 희년적 꿈은 통일 희년의 꿈과 통한다. 바로 이러한 신학적 통찰이 한국의 통일 희년 운동의 신학적 기초가 될 수 있다. 웨슬리가 오늘 한국에 다시 온다면 그는 이런 희년 사회가 실현되기 위해 열심히 통일 운동에 앞장설 것이다. 이런 희년 운동의 프락시스를 한국적 상황 속에 다시 응용할 수 있을 것이다.

E. 경제적 성화:

웨슬리가 희망하는 사회적 성화의 완성 곧 희년 사회는 주로 경제적 성화 운동에 집중되어 있다. 그의 말년 설교들은 모두 이 경제적 성화 운동을 주제로 하고 있다.

1. 청지기 의식:

하늘과 땅의 소유주이신 창조주가 인간을 이 세상에 보내실 때에 소유가 아니라 청지기로 세상에 보내셨다고 웨슬리는 믿었다. 우리의 몸과 영혼과 모든 재산은 우리의 것이 아니요 모두 하나님의 것이다. 첫째로, 우리는 우리 자신이 먹고 옷 입는 것을 위해 돈을 써야 한다. 둘째로, 우리는 우리의 아내, 자녀, 그리고 우리 집에 딸린 사람들을 위해 돈을 써야 한다. 그런데 더욱 안일하고 편리하게, 그리고 사치하며 살기 위해 돈을 써서는 안 되고, 꼭 필요하고 필수적인 것을 위해서만 돈을 써야 한다고 강조한다. 우리의 식구들을 위하여 돈을 사용하는 것 이외에는 우리는 하나님의 소유를 하나님께 돌리지 않으면 안 된다고 하였다. 우리는 육체의 정욕, 안목의 정욕, 그리고 이생의 자랑을 위해 돈을 사용하기보다 하나님을 기쁘시게 하고 영화롭게 하기 위해 돈을 사용해야 한다. 그는 우리가 모든 영혼, 몸, 그리고 본성을 하나님의 뜻대로 사용해야 함을 설교하였다. 우리가 갖고 있는 모든 것을 주님께 빚지고 있다. 빚진 자는 그가 받은 것을 갚아야 할 의무가 있다. 주인과 함께 계산하는 날이 다가오기까지 마음대로 사용하는 것은 그의 자유이지만, 그는 청지기 정신대로 사는 것은 아니다. 청지기는 오직 주인의 기쁨을 위해, 주인의 뜻대로 사용해야 한다. 우리는 우리가 기뻐하는 일을 위해 돈을 사용할 권리가 없다.

그리고 그는 명령한다. “기회가 있는 대로 모든 사람에게 선을 행하라. 하나님의 것을 하나님께 돌려 드리되 십분의 일도, 십분의 삼도, 십분의 오도 아니라, 모든 것이 하나님의 것임을 알고 하나님께 갚아야 한다”고 강조한다. 하나님은 우리에게 위임하시기를 우리에게 맡기신 돈으로 마태복음 25장의 말씀대로 굶주린 자를 먹이고, 헐벗은 자를 입히며, 나그네 된 자를 돕고, 과부와 고아를 돌아보며, 그리고 모든 인류의 필요를 해결하기 위해 사용하도록 부탁하셨다는 것이다. 어떤 다른 목적을 위해 돈을 사용하는 것은 하나님을 속여 빼앗는 것이라고 웨슬리는 해석한다. 그는 설교하기를 만약 어떤 사람이 은행에 수백만 원을 저금하고도 가난한 자에게 그것을 나눠 주지 않는다면 그는 아직도 가난한 사람이다. 인간 중에 가장 가난한 사람이라고 해석한다. 가장 많은 소유를 가진 사람들은 가장 많은 액수를 나눠 주어야 한다고 역설하였다.

웨슬리는 유대인은 자기 소유의 1/10을 나누어 주고, 바리새인은 자기 소유의 2/10를 나눠 주지만, 참 크리스천은 그들이 할 수 있는 한, 모든 것을 나눠 주어야 한다고 강조한다. 그러나 필수적인 의식주 문제를 해결하지 않고서 나누어 주라는 것은 아니다. 필수적인 것은 해결하고 그 후에 남는 것은 모두 나누어 주라는 것이다. 필수적인 의식주와 편리한 생활(the plain necessaries and conveniences of life)을 위해 돈을 사용하되 그 이상의 욕심을 부리지 말고 하나님이 원하시는 대로 나누어 주는 청지기가 되라는 것이다. 웨슬리는 "부의 위험(The Danger of Riches)"에서 1/10, 2/10뿐만 아니라 1/2, 3/4, 아니 전부를 나누어 주라고 권면한다.

웨슬리는 그의 설교 "더욱 좋은 길(The More Excellent Way)"에서 다음의 이야기를 소개한다.

> 옥스퍼드에서 감리교도라고 불리는 한 청년이 연 수입 30파운드 중에 28파운드를 자기 생활비로 쓰고 2파운드를 가난한 사람에게 나누어 주었고, 그 다음 해 연 수입 60파운드 중에 역시 자기 생활비로 28파운드만 쓰고 32파운드를 가난한 사람에게 나누어 주었으며, 세 번째 해에 연 수입 90파운드 중에 역시 자기 생활비로 28파운드만 쓰고 62파운드를 가난한 사람에게 나누어 주었고, 네 번째 해에 연 수입이 120파운드가 되었는데 역시 자기 생활비로 28파운드를 쓰고 92파운드를 가난한 사람에게 나누어 주었다.

이 청년은 존 웨슬리였다고 타이어만(Tyerman)은 해석하고 그린(Green)은 존 클레턴(John Clayton)이라고 추측한다. 그러나 웨슬리 자신이 자신의 경험을 고백한 것이라고 많은 학자들이 추측한다. 웨슬리는 초대교회 속에 나타난 원시적 공유 사회를 존경하였다.

2. 돈 사용의 3대 원리:

그는 그의 설교 "돈의 사용"에서 돈 사용의 세 원리를 설교하였다. 제 1 원리는 '열심히 벌어라(gain all you can!)'는 것이다. 웨슬리는 크리스천들이 금을 사는 것 없이, 이웃에게 상처를 주는 것 없이 자신의 사업을 위해 이웃의 사업을 해치는 것 없이 열심히 돈을 벌어야 한다고 강조한다. 웨슬리는 이웃을 삼키면서, 그들의 고용인들에게 상처를 주면서 돈 벌기 원하는 사람들에게 경고하였다. "그것이 이 사람들의 피가 아닌가? …… 피, 피가 거기에 있다. 기초와 마루 바닥과 벽과 지붕에 온통 피로 물들어 있다! 너 피의 사람아, 네가 가장 사치스러운 자줏빛 아마포로 옷 입었다 할지라도, 너의 피밭을 너의 후손에게 물려주기를 희망할 수 없다. 네가 몸과 영혼을 모두 파괴시킨 네 고용인들처럼 너의 기억과 함께 너도 멸망할 것이다." 웨슬리는 하나님이 주신 모든 재능을 사용하여 부지런히 돈 벌기를 또한 제안한다. "어떠한 일도 결코 내일까지 미루지 말라! 오늘 할 일을 오늘 하라!"

제 2의 원리는 "할 수 있는 대로 많이 저축하라(save all you can!)"는 것이다. 웨슬리는 육체의 욕망을 만족시키기 위해서, 맛을 즐기는 기쁨을 더하기 위해서, 집을 사치스럽게 장식하기 위해서, 그리고 값비싼 그림과 책을 사기 위해서 돈을 낭비해서는 안 된다고 설교하였다. 자녀를 위해 돈을 지나치게 낭비하는 것은 돈을 바다에 던지는 것과 같다고 웨슬리는 비판한다.

제 3의 원리는 "할 수 있는 대로 많이 주어라(Give all you can!)"는 것이다. 제 1 원리와 제 2 원리는 제 3 원리를 위해 존재한다고 생각한다. 웨슬리는 제 3 원리를 가장 중요시하였다. 열심히 노력하여 돈을 모으고 저축한 것이 올바른 일을 위해 하나님이 기뻐하실 일을 위해 바르게 사용되어져야 한다고 웨슬리는 강조한다. 경제적 재분배가 가장 중요하다. 인간이 모으는 것과 저축하는 것 이상으로 나아가지 않으면, 이 모든 소유가 아무 의미도 없게 되어 버린다. 만일 그들이 할 수 있는 대로 열심히 나누어 주지 않으면, 돈을 바다에 던지거나 땅에 파묻어 버리는 것이 된다.

3. 하늘나라의 저축:

웨슬리는 그의 설교 28번 산상수훈 설교에서 "너희 자신을 위해 보물을 땅에 쌓아 두지 말고 하늘에 쌓아 두라"고 역설했다. 이것은 개인적 안정과 번영을 위해서 부를 사용해서는 안 되고 하나님의 영광을 위해 사용해야 함을 의미한다. 이 하나님의 영광을 위해 보물을 하늘에 저축하는 것은 헌금만을 의미하는 것이 아니라, 이웃을 구제하고 나누어 주는 것을 뜻한다고 힘주어 강조한다. 가난한 이웃에게 나누어 주는 것은 주님께 꾸어 주는 것이고 주님은 다시 그에게 갚아 주실 것이라고 해석한다. 주님께로부터 거저 받았기에 거저 주어야 한다는 것이다. 배고픈 자, 헐벗은 자, 병든 자, 갇힌 자 등 마태복음 25:34-46의 소자들에게 나누어 주고 베풀기 위해 항상 준비해야 한다고 강조한다. 또한 억눌린 자를 변호하고 고아를 위로하고 과부에게 남편이 되어 주어 마음속에서 기쁨의 노래가 나오도록 도와야 한다는 것이다. 웨슬리는 설교 "더욱 좋은 길(The More Excellent Way)" 에서 세상 은행에 저금하는 1파운드도 하늘나라에서는 이자를 받을 수 없고 상급을 받을 수 없다고 강조하고 가난한 이웃에게 나누어 주는 1파운드도 하늘의 은행에 저금하는 것이 되고 영광스러운 이자를 받게 될 것이라고 역설한다. 그는 그의 평신도 설교자들에게 더욱 부유해지기를 추구하는 부자들을 경고하는 설교를 해야 함을 가르쳤다.

4. 재산 상속 반대:

웨슬리는 부동산 상속의 권리에 반대하였다. 그리고 경제적 분배 운동을 강하게 주장하였다. 그러나 그는 영국의 사회주의자는 아니었다. 오히려 그는 재산의 청지기 원리에 대해서 강조하였다. 자녀들에게 필수적인 것은 상속해야 하지만 그 나머지는 사회에 모두 환원해야 한다고 생각하였다. 웨슬리는 재산에 대한 신성한 권리를 받아들이기보다, 오히려 재산에 대한 권리는 그 재산의 올바른 사용에 달려 있음을 강조한다. 재산을 올바르게 사용하지 못하고 많이 쌓아 두고 상속하는 자들에게는 하나님의 심판이 기다린다고 그의 설교 "부의 축적의 위험성(The Danger of Increasing Riches)" 에서 강조한다.

> 일만 파운드를 남겨 두시렵니까? 일만 개의 신발과 일만 개의 부츠를 남겨 두시렵니까? …… 서두르십시오, 서두르십시오. 영원한 안전을 보장받는 저축을 하기 전에 주님의 부름을 받지 않도록…….

그러므로 웨슬리는 재산의 사회화는 곧 하나님의 것을 하나님께로 헌납하는 것을 의미하며, 재산의 사회화는 하나님께 꾸어 주는 것이고 영원한 상급과 이자를 하나님께 받을 것이라고 주장한다. 분명하게 그는 어떤 상황하에서는 정부의 재산 공유 원칙을 받아들여야 한다고 생각하였다. 웨슬리의 재산에 대한 견해는 감리교 속에 협동적 정신을 불러 일으켰다. 가난한 자들 속에 감리교도들은 가난, 실업, 그리고 노동 문제에 그의 신학적 원리를 응용하기에 망설이지 않았다.

5. '돈을 사랑하는 것'의 위험:

웨슬리는 빈번하게 사도 바울의 말씀을 사용하였다. "돈을 사랑함이 일만 악의 뿌리이다." 돈을 사랑하는 사람들은 그들의 행복을 돈 사랑 속에서 추구하는 자들이다. 사도 바울은 그들이 창조주보다 피조물을 더욱 사랑하고, 하나님을 사랑하기보다 쾌락을 더욱 사랑하는 사람들이라고 표현한다. 웨슬리도 이러한 바울의 사상을 받아들여, 물질을 더 많이 소유하는 것이 행복을 더욱 증가시키는 것이라고 생각하는 것을 비판한다. 사람들이 물질을 더 많이 소유할지라도, 그들이 더욱 만족하지는 않는다고 웨슬리는 지적한다. 금이 사람의 마음을 소유하는 사람이 되어 버린다. 만일 그렇다면 그들은 하나님 나라에 들어갈 수 없다고 웨슬리는 강조한다. 웨슬리는 경고하기를 "너희 부자들이여! 너희에게 다가올 곤경을 위해 울어라"라고 경고한다.

웨슬리는 그의 설교 "부에 관하여(On Riches)" 에서 돈을 사랑하는 것이 성화 생활에 방해됨을 아주 구체적으로 지적한다.

첫째로, 돈을 사랑하는 것은 무신론(atheism)의 유혹을 받을 위험이 있다. 부는 자연적으로 하나님으로부터 멀어지게 하고 하나님을 전적으로 잊어버리게 만든다. 부유한 사람과 위대한 사람들 속에는 방탕의 기술이 얼마나 큰가를 감탄한다. 세상 오락과 향락이 너무 즐거워서 하나님을 마음에 둘 수 없다는 것이다. 웨슬리는 경고한다. "어리석은 자여, 당신이 하나님을 볼 수 없기 때문에 하나님도 당신을 볼 수 없다고 상상하는가? 웃어라! 놀아라! 노래하라! 춤추어라! 그러나 이 모든 일에 대하여 하나님이 당신을 심판하실 것이다."

둘째로, 돈을 사랑하는 것은 무신론에서부터 우상 숭배(idolatry)로 쉽게 전이됨을 웨슬리는 지적한다. 참 하나님을 예배하지 않는 자들은 거짓 신들을 예배하게 된다는 것이다. 하나님을 사랑하지 않는 자들은 그의 손으로 만든 어떤 것을 사랑하게 된다. 창조주를 사랑하지 않는 자들은 피조물을 사랑하게 된다. 육체의 정욕, 안목의 정욕, 이생의 자랑에 빠지게 된다. 부자들이 육체의 정욕을 만족시키기 위해서 얼마나 많은 유혹에 빠져들어가는가 하고 탄식한다.

셋째로, 돈을 사랑하는 것은 안목의 정욕(the desire of the eyes)에 휩싸이게 한다고 강조한다. 부자들은 눈을 즐겁게 해주는 새 것과 아름다운 것을 좋아하는 심미주의에 빠져들게 된다. 아름다운 집, 우아한 가구들, 호기심을 끄는 그림들, 멋진 정원들 속에서 행복을 추구한다. 시와 역사와 음악과 철학과 예술과 과학 속에서 인생의 행복을 찾으려 한다고 비판한다.

넷째로, 돈을 사랑하는 것은 이생의 자랑(the pride of life) 속에서 행복을 추구한다. 런던 시 전체가 '부(rich)'와 '선(good)'을 같은 의미의 단어로 사용한다고 비판한다. 런던 사람들은 "그(부자)는 선한 사람이다. 그는 10만 파운드만큼 값어치가 있다"고 말한다는 것이다. 또한 웨슬리는 그의 설교 "북아메리카에서의 하나님의 후기 사역(The Late Work of God in North America)"에서, 그리고 "부에 관하여(On Riches)"에서 동시에 다음과 같은 말을 한다. "일천 파운드는 이만 파운드 질(qualities)의 수요를 공급한다." 부자가 교만에서부터 벗어나기가 심히 어려움을 웨슬리는 지적한다. 물질적인 것 때문에 남으로부터 칭찬받는 것은 일반적으로 영혼에 해독을 끼치는 것이다. 칭찬을 받으면 받을수록 치명적으로 고난을 겪을 수밖에 없음을 말한다.

다섯째로, 돈을 사랑하는 것은 하나님 사랑과 이웃 사랑에 거스르는 자기 의지(self-will)와 이기주의에 사로잡히게 만든다. 십자가를 지고 자기를 부인하여야 하나님을 사랑하고 이웃을 사랑하며 예수의 뒤를 따르는 제자가 될 터인데, 정반대의 길을 걷게 된다. 웨슬리는 이렇게 질문한다. "당신들이 가난했을 때 자기를 부인한 것만큼, 지금 부자로서 자기를 부인하고 있는가? 당신들이 오 파운드의 값어치도 없을 때만큼, 지금도 기쁜 마음으로 노동과 고통을 견디고 있는가? …… 당신들은 전에 금식했던 만큼, 지금도 금식하고 있는가? 당신들은 전에 아침 일찍 일어났던 것처럼 지금도 그렇게 일어나는가? 당신들은 추위와 더위, 바람과 비 등을 전에 기쁨으로 견딘 것처럼 지금도 견디고 있는가? 은혜가 감소되는 것 없이 상품을 증가시킬 수 있는가? 더 이상 자기를 부인하지 않고 자기 십자가를 지지 않기 때문이다. 그들은 더 이상 예수 그리스도의 선한 군사로서 어려움을 견디지 않기 때문이다."

웨슬리는 "부자들이여, 가라 당신들에게 다가올 환난을 인하여 통곡하고 울라"고 외친다(야고보서 5:1). 전적으로 깊이 회개하지 않고 변화되지 아니하면 환난의 날이 곧 다가오고 너의 금과 은이 너를 거슬려 증거할 것이고 그것들이 너의 육체를 불로 삼켜 먹어 버릴 것이라고 경고한다. 온 맘을 다하여 하나님만을 사랑하라! 하나님 안에서 너의 행복을 찾으라. 오직 그분 안에서만 행복을 찾으라. 이 세상은 너의 살 곳이 아니니, 세상을 사랑하지 말고 세상을 즐기지 말며, 오직 하나님을 즐기고(enjoy) 세상은 사용하라(use)고 권고한다. 이 세상에서는 오직 가난한 거지처럼 모든 것을 잃어버리고, 하나님의 풍부한 은사들로 선한 청지기가 되라고 권고한다. 그리할 때에 주께서 "잘 하였도다 착하고 충성된 종아, 네 주인의 즐거움에 참여하라"고 말씀하신다(마태복음 25:21).

특히 웨슬리의 생애에 가장 마지막으로 쓰여진 것으로 알려진 "부의 축적의 위험성(The Danger of Increasing Riches)"이라는 설교에서 거의 절망스러운 어조로 감리교인들의 신앙 상태를 염려한다. 그는 50년 동안 50명도 그가 생각하는 크리스천 경제관으로 개혁시키지 못하였음을 안타까워한다. 그는 또한 아주 강한 어조로 중산층화된 감리교도들을 경고하고 비판하는 것을 볼 수 있다. 먼지로 돌아가기 전에 침침한 눈과 흔들리는 손과 떨리는 다리로 한번 더 마지막으로 충고한다고 역설한다. 같은 설교에서 참 크리스천이라면 삭케오처럼 소유의 절반을 가난한 사람에게 나누어 주고 부정한 방법으로 벌어들인 돈은 네 배나 갚아야 한다고 주장한다. 이 설교의 마지막 문단에서 종말론적 신앙으로 감리교도들에게 호소한다.

> 당신들은 당신들이 할 수 있는 한 모두 나누어 주고 있습니까?(Do you give all you can?) 당신들은 1년에 500파운드를 법니까? 그리고 그 중에서 200파운드를 생활비로 사용합니까? 그리고 300파운드를 하나님께 돌려 드리고 있습니까? 만약 그렇지 않다면 확실히 당신들은 하나님으로부터 300파운드를 도둑질하는 것입니다. 1년에 200파운드를 벌어들이는 당신들이 100파운드로 생활하고 나머지 100파운드를 하나님께 돌려 드리지 않는다면 당신들도 하나님께 도둑질하는 것입니다. 당신들은 말합니다, '내 소유로 내 마음대로 쓸 수 없습니까?' 여기에 바로 당신들의 실수의 뿌리가 놓여 있습니다. 그것은 당신들의 소유가 아닙니다. …… 당신들은 당신들이 죽은 후에 1만 파운드를 남겨 두시렵니까? 신발과 부츠 1만 켤레를 남겨 두시렵니까? 오, 당신 뒤에 아무것도 남겨 두지 마십시오. 당신이 소유한 모든 것을 더욱 좋은 세상으로 보내십시오. 그것을 빌려 주세요. 주님께 빌려 드리세요. 그리하면 그것을 다시 돌려 받을 것입니다. 주님의 진리가 실패할 위험이 있습니까? 그 진리는 천국의 기둥으로 확정되어 있습니다. 서두르십시오, 서두르십시오, 나의 형제들이여, 서두르십시오! 당신이 가진 것을 이러한 안전 보장에 정착시키기 전에 하나님의 부름을 받지 않도록 하십시오! 당신들은 이것을 다 행한 후에 담대히 말하기를 '지금 죽는 것 이외에 아무것도 행할 일이 없습니다! 아버지시

여, 내 영혼을 당신 손에 의탁하나이다! 주 예수여 오시옵소서 빨리 오시옵소서.'

결국 영국 감리교회는 웨슬리의 경고를 듣지 아니하고 물량화되고 부를 축적함으로써 성령이 떠난 교회가 되어 버리고 말았다. 오늘날 미국연합감리교회(The United Methodist Church)도 결국 하류층(lower class)에서 중상층(Upper Middle Class)의 교회가 되면서 미연합감리교회의 약자 'U.M.C.'가 중상층의 'U.M.C.'가 되면서 점점 성도가 줄어들고 영성을 잃어버리고 생명력이 약화되어 가고 있다. 오늘날 한국 교회에 웨슬리가 다시 온다면 똑같은 경고를 아주 높은 어조로 외칠 것이다.

| 나눔을 위한 질문 |

1. 당신은 세상의 빛이 되기 위해 어떠한 사회적 성화의 삶을 살아야 한다고 생각하는가?
2. 당신은 재물 축적과 돈을 사랑하는 것의 위험을 의식하고 청지기 정신으로 선교와 사회 봉사를 위해 돈을 사용하고 있는가?

| 말씀의 명상 |

오늘 본문 말씀처럼 우리가 세상의 빛과 소금이 되기 위해서 어떻게 자비의 선행(works of mercy)을 생활화하여야 하는지 명상하여 보자.

제4장

교회론
(Ecclesiology)

최후의 만찬
Emil Nolde.
1909. The Ada and Emil Nolde Collection, Neukirchen.

I. 교회론의 역사적 고찰

A. 초대교회의 교회론:

초대교회사에서 보면 교회가 교회다워지는 그 생명력은 예수를 단순히 인간 예수로 이해하지 않고, 그를 우리의 죄를 속죄하신 속죄주 하나님(The Redeemer)으로, 나의 삶의 주인이 되시는 주님(Kurios)으로, 단순히 우리의 모범(example)만 되시고 해방자(liberator)만 되시는 것이 아니라 우리의 신앙과 예배의 대상이신 그리스도(The Christ)로 고백하는 신앙이 교회를 교회답게 만드는 힘이었다. 그래서 교회는 예배당 곧 건물(building)이 아니라, 예수를 그리스도로 고백하는 무리들의 공동체(ecclesia)라고 부른다. 초대교회는 로마 황제가 주님이 아니라 예수가 주님이라는 고백 때문에 순교의 형장으로 끌려가는 무서운 박해를 받았고, 카타콤 지하 무덤 동굴 속에서도 위대한 전도의 능력을 발휘하였던 것도 바로 이 신앙고백 때문이었다. 그리고 그 에클레시아는 예수의 몸과 피를 함께 나누는 그리스도의 몸으로 이해되었다. 따라서 그리스도의 몸을 나누는 유카리스트 공동체의 개념이 아주 강하였다. 유카리스트를 나누는 그리스도의 몸으로 박해 시대를 강하고 담대하게 이겨 나가게 된 것이다.

그래서 A.D. 325년 니케아회의에서 이러한 초대교회의 교회관을 교회의 4대 표지로 공동으로 고백하게 되었다.

1) 교회의 통일성(unity): 교회의 통일성은 성령 안에서 그리스도인의 친교(koinonia)를 기초로 한다. 교회는 하나이다. 한 성령, 한 희망, 한 주님, 한 믿음, 한 세례, 그리고 한 하나님 안에 있기 때문이다. 헤르마스(Hermas)는 교회는 전 세계에서 교인을 모아서 마음과 신앙, 이해와 사랑의 통일을 가진 한 몸을 형성하였다고 말한다. 저스틴(Justinus)도 "모든 신자는 한 영혼, 한 희망, 한 교회로 연합되어 있는데, 이 교회는 그리스도의 이름으로 생겨서 그의 이름을 공유한다. 이것은 우리가 다 크리스천이라고 불리우기 때문이다"라고 말하였다.

2) 교회의 거룩성(holiness): 교회의 거룩성은 신자들의 생활을 믿음으로 의롭게 됨으로부터 온전한 성화에 이르기까지 지도하고 성숙시키는 은총의 훈련에 근거한다. 교회는 그들을 불러내신 하나님이 거룩하신 것처럼, 교회의 구성원들이 거룩하기 때문에 거룩하다고 불리운다. 그러나 웨슬리는 "죄의 신비(The Mystery of Iniquity)"라는 설교에서 교회가 처음 3세기 동안 박해받을 때 진정한 기독교의 모습을 가지고 있다가, 콘스탄틴의 기독교 공인 이후 타락의 길을 걷기 시작하였다고 비판한다. "……박해의 두려움이 사라지고 부와 명예가 기독교인들이 하는 일에 주어졌을 때, 기독교인들은 점차 가라앉는 정도가 아니라 모든 종교의 악에 정신 없이 빠져버렸다."[1]

그러나 성령께서 교회를 새롭게 하실 것이다. 하나님의 새롭게 하시는 은총에 의지하여 교회도 변화의 능력을 가지고 지금 여기에서 그 사명을 다해야 한다. 이것이 하나님께서 감리교도를 부르신 목적이라고 보기도

1 Wesley, "The Mystery of Iniquity," *Works*, vol.2, 462–63.

하였다.

3) 교회의 보편성(catholicity): 교회의 보편성은 구속과 모든 참 신자들의 본질적인 공동체를 세계적으로, 우주적으로 확장시킴으로써 명확해진다. 보편적인 교회는 하나님의 부르심을 받은 모든 세계에 있는 그리스도인들을 의미한다. 따라서 개체 교회들은 그 나름대로의 독립성을 유지하면서도 교회의 보편성을 유지하고 있는 것이다. 개체 교회들은 이미 보편적인 교회의 작은 부분이기 때문이다. 교회의 가톨릭 이론은 초기 교부들에게서 특별히 발전된 교회론이었다. 몸의 머리에 대한 관계와 같은 관계를 모든 교회가 그리스도에 대하여 가지고 있는 것이다. 크리스천의 모든 단체가 전체 교회의 한 부분으로 속해 있는 것이다. 이러한 가톨릭이란 개념의 용어를 제일 처음 사용한 교부가 안디옥 감독 이그나티우스(Ignatius)였다.

웨슬리는 그의 설교 "에큐메니칼 정신(Catholic Spirit)"에서 이러한 초대 교회의 보편적이고 우주적이고 에큐메니칼적인 정신을 강조하고 있다. 특히 영국 성공회의 주장과 감리교의 교리적 유사성을 강조하면서 둘이 서로 연대하는 에큐메니칼 정신을 공유하기를 희망하고 있다.

4) 교회의 사도성(apostolicity): 교회의 사도성은 사도적 증언에 충실했던 사람들에게서 사도적 교리가 계승되는 것으로 측정된다. 초대교회는 이 사도적 신앙의 직접적인 계승자가 감독이라고 생각하였다. 사도의 직접 계승의 강조는 이단을 막는 데 있었다. 감독은 전통적인 사도적 신앙과 진리의 해석자였고, 진리의 수호자였다. 그런데 로마 가톨릭 교회는 로마 교회의 감독이 베드로의 사도직을 이어가는 교황이라고 생각하였다.

웨슬리는 가톨릭 교회가 강조하는 교황의 사도 베드로의 사도직 계승은 허망한 일이라고 비판하면서, 참된 사도직 계승은 기독교 공동체에 있어서 사도적 증언과 사도적 정신의 계속성을 의미하는 것이라고 주장하였다. 즉 교회의 사도성은 교회가 사도들이 전해준 복음을 가르치며 다시 후대에 전달하는 의미로 이해할 수 있다.

B. 어거스틴의 교회론:

4세기로 들어오면서 교회는 긴 평화의 시기를 맞이한다. 그러나 콘스탄틴이 그리스도 교회에 자유를 부여한 이후로 교회 생활과 소망은 변조되어 가서 교회는 국가와의 관계나 그 밖의 실제적인 문제의 취급에 골몰하게 되었다. 이른바 제국교회화되어 가는 현상이 일어나게 된 것이다. 그래서 도덕적으로 해이해진 신자들이 많아졌고, '교회 안에 들어와 있는 신자들은 다 구원을 받을 것인가?'라는 질문이 제기되었다. 몬타니스트파(Montanist)나 노바티안파(Novatian)들이 엄격한 도덕적 한계를 만들어 참된 교회를 제한하려고 하였으나, 정통 교회는 구원받은 신자들의 단체는 본질상 하나라는 것을 강조하였다.

그런데 보이지 않는 교회(invisible church)와 보이는 교회(visible church)를 최초로 구분짓기 시작한 신학자가 바로 어거스틴이었다. 그가 도나티스트파와의 논쟁기에서(A.D. 394-417) 불가피하게 이런 교회론을 전개할 수밖에 없었다. 394년 "로마서의 몇 가지 논제에 대한 주석(Expositio Quarundam Propositionum ex Epistola ad Romanos: 394-95)"을 쓰기 시작하여 417년 "도나티스트들의 부패에 관하여(De Correctione Donatistarum Liber seu Epistola: 417)"를 쓰기까지의 중기 기간 동안 어거스틴은 인간의 의지의 무력함과 선재적 은총으로 선행을 향한 의지의 활동이 가능함을 강조하고, 오직 우리를 의롭다하시는 은총에 의해서만 인간구원이 가능함을 주장하며 객관적 은총(imputation)의 중요성을 강조하여 도나티스트파들의 주관적 은총(Impartation)를 공격한다. 다시 말해서 성직자의 도덕적 거룩성이 은총의 수단이 되지 않고 은총의 효력을 나타내지도 않고 오직 은총은 그리스도에 의하여 주어짐을 강조한다. 이 당시에는 인간을 의롭다하시는 의인화의 은총이나 인간을 거룩하게 하시는 성화의 은총이 모두 수동적이며 객관적임을 주장하면서, 의인화와 성화의 능동적 주관적 요소를 강조하는 도나티스트들과 논쟁한다.

도나티스트들은 교회가 박해 아래 있을 때에 성경을 로마 관원에게 주었다는 혐의로 배교자로 낙인찍힌 칼타고의 감독 카이키리아누스(Caecilianus)를 비판하면서 정통 교회를 가룟 유다로 불렀다. 그리고 도나투스(Donatus) 감독을 칼타고의 감독으로 새로 임명하였다. 목회자의 도덕적 자격은 성례전의 효과를 좌우한다고 도나티스트들은 주장하였고, 교회는 완전하고 성결된 무리들의 교회여야 한다고 주장하였다.

1) 사효론(事效論): 어거스틴은 성부와 성자와 성령의 이름으로 세례를 베푸는 은총의 객관적 사건이 세례를 베푸는 성직자의 거룩성과 도덕성(인효론)보다 더욱 중요함을 도나티스트와의 논쟁에서 강조하고 있다. 세례의 성결을 강조하는 도나티스트들에게 세례보다 성령으로 거듭나는 은총을 받는 것이 더욱 중요함을 역설하고, 객관적 신앙고백이 성례전보다 더욱 중요함을 강조하며, 복음의 말씀으로 세례를 받는 것은 영원히 능력을 나타내고 어디서나 타당하기에(validity), 다시 세례를 베풀 필요가 없음을 강조한다. 성부와 성자와 성령의 이름으로 행하여지는 성례전은 어떤 사람에 의해서도, 마음과 생활이 더욱 선하게 변화되지 않은 사람에 의해서도 오염될 수 없다는 것, 인간의 도덕성에 의해 좌우되지 아니하는 하나님의 은총의 객관적 타당성과 능력이 중요하다는 것을 강조한다. 즉 성례전의 사건 자체(per se)가 타당성을 발휘하지(ex opere operato), 어떤 인간에 의해 타당성을 갖는 것이 아니고(per hominibus), 어떤 성직자의 도덕적 능력이나 인격에 의해 타당성이 부여되지 않고(per ministrium), 오직 그리스도의 권능으로(per potestatem) 타당성이 인정됨을 믿는다는 것이

다. 교회 안에서나 밖에서나 삼위일체의 이름으로 행하여지는 성례전은 어디서나 타당성은 인정되나, 그러나 그 효력성(efficacy)은 교회 안에 들어와야 함을 강조한다. 따라서 박해 시에 배교한 성직자들에게 세례나 성찬을 받은 사람들이 다시 교회로 돌아올 때 다시 세례를 받을 필요가 없음을 주장한다.

2) 교회론: 도나티스트들은 교회는 성결한 무리들만 모이는 공동체요, 죄인들은 공동체에 들어올 수 없음을 말하나, 어거스틴은 교회 속에 보이는 교회(visible church)와 보이지 않는 교회(invisible church)가 함께 있고 알곡과 쭉정이가 함께 있음을 강조한다. 인간은 감히 누가 쭉정이요 알곡인지를 심판 이전에 정죄할 수 없음을 주장함으로써, 교회의 일치(unity)와 사랑(bond of love) 곧 우주적 공교회(catholicity: 共敎會) 정신을 강조한다. '종말의 추수 때까지 하나님은 기다리시는데 누가 감히 하나님의 자리에 서서 남을 정죄하겠는가?'라고 어거스틴은 해석한다. 그리고 교회는 완전무결한 성도의 집합이 아니고 죄인들의 학교와 같은 것이어서, 도덕적 실패자나 신앙적인 결함자들도 교회는 용납하여야 한다고 어거스틴은 강조하였다. 도나티스트들은 사랑과 자비를 주는 곳이 교회임을 잊고 있다고 주장하였다. 또한 교회는 하나님의 은혜의 성례전을 가진 곳이어서, 죄인들을 성화시키는 하나님의 구속행위가 언제나 역사하는 곳임을 주장하였다. 그러므로 어거스틴은 사도들의 교회의 가톨릭적 통일성(catholic unity)에 근거하여 도나티스트를 비판하였다. 어거스틴은 이렇게 그의 선배들이 주장한 교회의 보편성과 통일성에 입각하여 하나의 교회를 강조하였다. 어거스틴은 교회는 오직 하나만, 하나의 그리스도의 신부만임을 주장하였다.

C. 루터의 교회론:

루터는 참교회란 말씀선포와 성례전이 있는 곳이어야 함을 주장하였다. 그리고 『독일 크리스천 귀족에게 고함』에 나타난 만인사제론을 전개한다. 루터는 이 책 이전에나 이후에는 이 책처럼 구체적인 개혁을 제안하지 않았다. 루터는 일차적으로 교회 생활의 개혁에 관심을 표명하였고, 이차적으로는 사회적 개혁에도 관심을 나타냈다. 사회 생활의 개혁, 정치 생활의 개혁, 대학의 개혁까지 언급하고 있다. 이 책에서 루터는 교회 개혁과 사회 개혁의 신학적 근거를 제시한다. 세속 정부가 교회 개혁과 사회 개혁의 주도권을 가져야 한다는 것이다. 왜냐하면 루터는 영적인 영역이 세속적 영역 위에 군림해야 한다는 중세적 주장을 더 이상 받아들일 수가 없었다. 세속적 영역 위에 교회의 영적 영역이 군림해야 한다는 중세의 주장 대신에 모든 세례받은 신자는 제사장이라고 주장하였다(preisthood of all believers). 라틴어로 모든 크리스천은 "sacerdotes(제사장)"이라고 표현하였다. 그러나 "ministri(목사, 목회자: minister)"라고는 표현하지 않았다. 세례 성례전은 모든 크리스천(성직자와 평신도)이 하나님의 사제로 성별되는 순간이라고 루터는 해석한다. 그래서 세례로 모든 신자들이 하나님의 제사장(all Christians' Priesthood)으로 성별되었기에 평신도와 성직자를 구분하는 담들이 무너지게 되었다고 해석한다. 평신도와 성직자의 등급과 지위(degree, state)의 차이가 무너져 버리게 되었다고 강조한다. 평신도도 성경을 읽을 수 있는 자유와 성경을 해석할 수 있는 자유를 누릴 수 있다고 주장한다. 중세에는 평신도는 성경을 읽을 수 없고, 성직자만이 성경을 라틴어로 읽게 하였다. 중세에는 교황만이 성경을 해석할 권리가 있었다. 루터는 이 장벽을 허물어 버렸다. 평신도가 성직자에게 고해성사하던 장벽을 허물고 성직자에게 고해성사할 필요 없이 직접 하나님께 죄를 고백할 수 있는 자유를 주장하였다. 다만 성직자와 평신도의 차이는 기능(function)에 있다고 해석한다. 성직자는 설교와 성만찬을 집례하는 목회의 기능(function of ministry), 평신도는 세속 직업 속에서 하나님께 영광을 돌리는 기능이 있다.

루터는 이러한 만인사제직에 근거하여 세 가지 장벽을 이 책에서 언급한다.

첫째로 교회의 영적 권위가 세속 권위 위에 군림해야 한다는 장벽을 허물어트렸다. 평신도 정치 지도자도 하나님의 제사장으로 하나님의 일을 수행한다는 것이다.

둘째로 교황만이 최종적으로 성서를 해석할 수 있다는 장벽을 허물어트렸다.

셋째로 교황의 권위가 교회회의보다 우위에 있다는 장벽을 허물어트렸다. 성서의 권위나 교회회의의 권위가 교황의 권위보다 우위에 있음을 루터는 강조하였다.

루터는 이 세 가지 장벽을 깨트리면서 세속 권위가 그들 고유의 책임을 찾게 하고 교권에서 독립하게 하는 데 이 책이 크게 기여하게 되었다. 뿐만 아니라 독일 경제가 황폐하게 된 것은 교황청의 경제적 수탈로 인함인 것을 지적하였고, 루터는 독일 민족주의에 호소함으로써 그의 종교개혁을 독일 민족주의가 지지하게 만드는 결과를 가져왔다.

독일 크리스천 귀족에게 보내는 글(1520, "An den christlichen Adel deutscher Nation von des christlichen Standes Besserung")

로마 교도들의 세 가지 담

첫째로, 로마 교도들은 속권(俗權)에 의하여 억압을 당하면 법령들을 만들어 속권은 그들에 대하여 아무 지배권도 없으며 오히려 영적인 권능이 속권 위에 있다고 말해 왔다. 둘째로, 로마 교도들을 성서에 의하여 책망하려고 하면 그들은 교황 외에는 아무도 성서를 해석할 수 없다고 하여 이론을 제기한다. 세째로, 로마 교도들이 공의회에 의하여 위협을 받으면 교황 외에는 아무도 공의회를 소집할 수 없다는 거짓말로 답변을 한다.

이리하여 그들은 벌을 면하려고 우리에게서 세 가지 회초리[2]를 교활하게 훔쳐 갔다. 그리고 우리가 지금 알고 있는 모든 비행과 악한 일을 행하기 위하여 이 세 가지 담의 안전한 요새 속에서 안전하게 자리 잡고 있다.

첫째 담 : 세속적 계급 위에 있는 영적 계급

먼저 첫째 담에 대하여 비판을 가하자.

교황, 주교들, 사제들 및 수사들을 "영적 계급"이라고 부르고 군주들, 영주들, 직공들 및 농부들을 "세속적 계급"이라고 부르는 것은 전혀 조작적인 것이다. 실로 이것은 순전한 거짓과 위선이다. 아무도 여기에 놀라서는 안 된다. 이것은 말하자면 모든 크리스천은 참으로 "영적 계급" 에 속하며 그들 가운데는 직무상의 차별 이외에는 아무것도 없다. 이것은 바울이 고린도전서 12장에서 "우리는 다 한 몸이나 모든 지체가 다른 지체를 섬기기 위하여 각기 자기대로의 임무를 가진다(12:12 이하)" 고 말하는 것과 같다. 그것은 우리가 다 한 세례와 한 복음과 한 신앙을 가지고 있고 또 다 같은 크리스천들이기 때문이다. 그리고 세례와 복음과 신앙만이 우리를

2 악한 교황을 징벌하는 세 가지 채찍.

"영적으로" 되게 하고 같은 크리스천이 되게 하기 때문이다.

신자들의 사제직

오히려 교황이나 주교가 기름을 붓고 체발(剃髮)하고 서품(敍品)을 하고 봉헌례를 하거나 또는 평신도의 옷과 다른 것을 입는 일은 위선자와 조상(彫像)[3]들을 만들 것이다. 이런 것은 결코 크리스천이나 "영적인" 인간을 만들지 못한다. 우리는 다 세례를 통하여 사제로서 성별을 받는다. 이것은 사도 베드로가 베드로전서 2장에서 "너희는 왕 같은 제사장이며 제사장 같은 나라이다(베드로전서 2:9)" 라고 말하고, 또 요한계시록 5장에 "당신은 당신의 피로써 저희를 제사장과 왕들이 되게 하셨나이다(요한계시록 5:10)" 라고 기록되어 있는 바와 같다. 왜냐하면 만일 교황이나 주교가 주는 것보다 더 높은 성별이 우리에게 주어지지 않는다면, 교황이나 주교가 주는 성별은 결코 사제가 되게 하지 못할 것이며 또한 아무도 미사를 드리거나 설교를 하거나 사죄 선언을 하지 못할 것이기 때문이다.

둘째 담 : 성서 해석자인 교황과 교황 무오설

둘째 담[4]은 한층 더 보잘 것 없고 무가치하다. 비록 그들은 그들의 모든 생에 있어서 성서로부터 아무것도 배우지는 않으나 성서의 유일한 교사[5]는 되려고 한다. 그들은 스스로 유일한 권위자라고 생각하며, 교황은 악인이거나 선인이거나 간에 신앙 문제에 있어서 오류를 범할 수 없다[6]고 되지 못한 거짓말로써 우리를 납득시키

3 *Oelgötze*, 성결하게 만들기 위하여 성유로 칠한 성상. 현대어 독일어로는 "돌대가리"란 말이다.
4 루터는 세 가지 담을 헐어야 한다고 한다.
5 석사 학위 소지자는 그 학위에 기재된 주제에 대하여 해석할 권위를 가진다.
6 교황 무오설은 중세기에는 정식으로 인정되지 않는다. 그러나 교황권 추종자들은 부단히 되풀이하여 이 무오설을 주장해 왔었다. 예를 들면 Augustinus Triumphus(1328 tkakd)는 그의

려고 한다. 그러면서도 그들은 거기에 대하여 한 마디도 증거하지 못한다. 그리하여 그렇게도 많은 이단적이고 비그리스도교적이며 실로 부자연스럽기까지 한 규정들이 교회법 가운데 들어오게 된다.

세째 담 : 교황과 공의회

세째 담은 처음 두 담이 무너질 때에 제풀에 넘어간다. 왜냐하면 교황이 성서에 배치되는 행위를 할 때에, 마태복음 18장에 나오는 그리스도의 말씀대로 성서 편에 서서 그를 책망하고 억제하는 것이 우리의 의무이기 때문이다. 그리스도께서는 이렇게 말씀하셨다. "만일 네 형제가 네게 대하여 죄를 범하면 가서 너와 그만 있는 곳에서 그에게 말해라. 만일 네 말을 듣지 않으면 한두 사람 더 데리고 가라. 만일 그가 그들의 말을 듣지 않으면 이 일을 교회에 이야기하라. 만일 그가 교회의 말도 듣지 않으면 그를 이방인으로 여기라(마태복음 18:15-17)". 여기에서 모든 지체는 다른 지체를 위하여 염려하라고 명령되어 있다. 그렇다면 악을 행하는 지체가 지도급에 있는 지체이고 또 그의 악한 행위가 다른 지체에게 많은 손상과 거리낌을 주는 원인이 될 때에 더욱더 이와 같이 해야 하지 않겠는가!

그러나 만일 내가 교회 앞에서 그를 송사하려고 한다면 교회를 한데 모으지 않으면 안 된다. 공의회를 소집하거나 결의를 확인하는 것이 홀로 교황에게만 속한다는 그들의 주장에 대해서 성서에 아무 근거도 없다.[7] 왜냐하면 이것은 다만 그들 자신의 법령에만 근거를 두고 있기 때문이다. 이러한 법령은 그리스도교계에 해를

Summa de potestate Papae에서 교황 무오설을 주장하였다.

7 Prierias의 다른 주장. WA 6:335.

끼치지 않거나 혹은 하나님의 율법에 배치되지 않는 한에만 유효한 것이다. 교황이 징벌을 받아 마땅할 때에는 이러한 법령들이 무효로 돌아간다. 그것은 공의회에 의하여 교황을 벌하지 않는 것이 그리스도교계에 해를 끼치게 되기 때문이다.

〈루터선집 제9권〉

D. 칼빈의 교회론:

칼빈은 보이는 교회와 보이지 않는 교회로 나누어 설명한다. 이것은 어거스틴적 해석의 영향을 받은 것이다. 1) 보이지 않는 영적 교회(invisible spiritual church): 양자되며 성령의 성화에 의해 그리스도의 진정한 지체가 된 사람들, 지상뿐 아니라 천상의 성도를 모두 포함하는 교회를 의미한다. 2) 보이는 교회: 하나님과 그리스도를 경배한다고 고백하는 세계 각처의 모든 사람들, 이 교회에는 이름과 외형만 있고 그리스도는 없는 위선자도 많다. 알곡과 쭉정이 비유로 이 두 교회를 설명한다. 재세례파가 자신들만이 알곡이라고 주장하고 남을 쭉정이로 정죄하는 것을 비판한다.

기독교 강요 하권 (제Ⅳ권: 교회론)

제1장 모든 경건한 자의 어머니인 진정한 교회

(가견적 교회 : 그 회원과 표지, 7-9)

7. 보이는 교회와 보이지 않는 교회

우리가 알 수 있는, 보이는 교회를 어떻게 판단할 것이냐 하는 것은 앞에서 논한 것으로 이미 명백하다고 믿는다. 우리는 성경에는 두 가지 교회가 있다고 말했다. 성경에서 "교회"라고 하는 말은 어떤 때에든 하나님 앞에 있는 모든 사람을 의미한다. 이 교회에는 양자로 삼으시는 은혜에 의해서 하나님의 자녀가 된 사람들과 성령의 성화에 의해서 그리스도의 진정한 지체가 된 사람들만이 들어갈 수 있다. 이런 의미의 교회는 현재 지상에 살아 있는 성도들뿐만 아니라 천지 창조 이후 지금까지 선택받은 모든 사람을 포함한다. 그러나 "교회"라는 이름은 한 하나님과 그리스도를 경배한다고 고백하는 세계 각지에 산재한 모든 사람을 가리키는 때가 많다. 우리는 세례에 의해서 그리스도에 대한 믿음을 얻게 되며, 성만찬에 참가함으로써 진정한 교리와 사랑에 의한 우리의 연합을 증거하고, 주의 말씀 안에서 일치하며, 말씀을 전파하기 위해서 그리스도께서 제정하신 성직을 보존한다. 이런 교회 안에는 이름과 외형만 있고 그리스도는 전혀 없는 위선자들이 많이 섞여 있다. 야심과 탐욕과 시기가 가득한 사람들 또 중상하는 사람들이 심히 많고 아주 불결한 생활을 하는 사람들도 얼마간 있다. 이런 사람들이 일시 허용되는 것은 자격이 있는 재판 기관에 의해 유죄 판결을 받기 불가능하거나 강력한 규율이 항상 제대로 확립되어 있지 않기 때문이다.

그러므로, 앞서 말한 교회는 우리의 눈에는 보이지 않고 하나님의 눈에만 보인다고 믿어야 한다. 그와 같이 우리는 나중 말한 것, 즉 사람들과 관련한 "교회"라고 하는 것을 중히 여기며 그 교회와의 교통을 계속해야 한다.

〈『기독교강요』 하권(IV), 20-22〉

그리고 칼빈은 교회의 표지로서 말씀선포와 성례 집행을 언급한다. 하나님의 말씀을 순수하게 전파하며 또 듣고 그리스도께서 제정하신 성례를 지킬 때에 그곳에 교회가 있다. 참 교회의 기초는 하나님의 말씀과 그리스도의 말씀이다.(Ⅳ. ii. 4) 머리이신 그리스도, 광선의 근원은 하나의 빛, 시냇물의 근원도 하나, 줄기의 근원도 하나의 뿌리이듯 그리스도가 교회 연합의 기초라고 칼빈은 해석한다.(Ⅳ. ii. 6)

또한 칼빈은 회중주의(congregationalism)를 주장한다. 감독의 투표권은 회중에게 주어지는 것이고 초대교회의 모습이고, 감독뿐 아니라 모든 사역자 선출의 권한은 평신도에게 있다. 회중주의에 근거하여 1) 가르치는 목사와 교사, 2) 도덕적 견책과 치리를 맡는 장로, 3) 빈민을 구제하는 집사 등 세 가지 직제를 칼빈은 강조하였다.

> 제3장 교회의 교사들과 목회자 : 그 선정과 직분
>
> 내가 증거를 위조한다는 인상을 주지 않기 위해서 나는 비슷한 예를 들어 나의 주장을 밝히겠다. 누가는 바울과 바나바가 각 교회에 장로를 임명했다고 한다. 그러나 동시에 그 방법에 대해서 투표를 했다고 즉 "각 교회에서 장로들을 택하여"[8]라고 기록했다(사도행전 14:23). 그러므로 이 두 사도는 장로들을 "택했다"고 하지만 당시의 헬라 사람들의 선거 풍속에 따라 교회 전체가 거수로 그 소원을 표명한 것이다. 로마의 역사가들도 어떤 집정관이 민회(民會)를 열고 새로 치안관들을 "택했다"고 기록한 것이 많은데, 이것은 투표를 받으며 선거를 주관했다는 것을 의미할 뿐이다. 확실히 바울은 자기의 권리라고 주장한 것보다 더 큰 권리를 디모데와 디도에게 허락했을 리가 없다. 바울은 항상 신자들의 투표에 의해서

8 *χειροτονέω*의 한 가지 뜻은 "거수로 선거함"이다. 이것은 희랍 도시 국가들의 공통된 방식이었다. (Liddell and Scott, Greek-English Lexicon ; Arndt and Gingrich, A Greek-English Lexicon of the New Testament에서 *χειροτονίω*와 *χειροτονεία*를 찾아보라.

감독들을 "택했다"는 것을 우리는 안다. 그러므로 위에서 인용한 구절들은 교회 전체의 권리와 자유를 조금도 손상시키지 않았다는 뜻으로 해석해야 한다. 그래서 모든 신도들이 보는 앞에서 감독을 선정하며 공중의 결정과 증언에 의해서 감독이 적임자임을 증명하는 것은 하나님의 권위에서 유래한 일이라고 한 키프리아누스의 주장은 옳은 말이다. 사실 레위 족의 제사장들에 대해서도, 그들을 성별하기 전에 온 백성 앞에 내세운 것은 하나님의 명령이 있었기 때문이었다(레위기 8:4-6; 민수기 20:26-27). 맛디아를 사도로 보선한 것도 같은 방법이었고(사도행전 1:15 이하) 일곱 집사도 신자들이 보고 찬성하는 가운데서 임명했다(사도행전 6:2-7). 키프리아누스는 말한다. "이런 예들을 보더라도 성직자를[9] 임명할 때에는 반드시 일반 신도들이 보고 알아야 한다는 것을 알 수 있다. 그래야만 그 임명이 모든 사람의 증거로 검토되며 공정하고 합법적인 것이 될 수 있다."

그러므로 우리는 이러한 사역자의 소명은 하나님의 말씀에 따른 합법적인 것이라고 생각한다. 즉 적당한 듯한 사람들을 일반 신도의 합의와 승인을 얻어서 임명해야 한다. 그뿐 아니라, 선거는 다른 목사들이 주관해야 된다고 우리는 생각한다. 그렇게 해야만 회중이 경박함과 악한 의도나 무질서 때문에 탈선하는 것을 막을 수 있다.

〈『기독교강요』 하권(IV), 교회론, 59-77〉

그리고 칼빈은 교황청 제도의 부패를 날카롭게 지적한다. 평신도의 권

9 Cyprian, Letters lxvii. 4(CSEL 3. ii. 738;tr. ANF V. 370). 여기서 "성직자"라고 번역한 것은 "sacerdos"인데, 후기 교부들은 보통 이 말을 감독이란 뜻으로 썼다.

리 찬탈, 성직 매매, 교회의 세속화를 비판했다. 빈민 구제보다 화려한 의복과 외관 치장, 성직자들의 나약과 무절제와 주색에 빠짐을 비판한다. 교회의 기초는 베드로가 아니라 오직 그리스도이며, 사도의 특별한 권한이 베드로에게 주어진 것이 아님을 주장한다.

제4장 고대의 교회 상태, 교황 제도 이전의 교회 정치

(사역자의 선택 및 임명의 변천사 : 집권자들과 성직자들과 신자들의 찬성으로 감독을 선택한다, 10-15)

10. 주로 바울의 지시대로 : 평신도들의 찬성

그 후 감독직을 제외한 다른 교직에 관해서도 일반 신자는 적격자를 선택하고 임명하는 일을 감독과 장로들에게 일임하는 것이 보통이었다. 단, 한 교구에 새로 장로가 임명될 때는 아마 예외였을 것인데, 그런 경우에는 그곳 주민들이 분명히 찬성해야 했기 때문이다. 신자들이 이 문제에 대한 자기들의 권리를 보유하려고 하지 않은 것은 별로 이상할 것이 없다. 부집사제가 되는 데에도 반드시 당시의 엄격한 규율 하에서 장기간의 성직자로서의 경험이 있어야 했다. 이 계급에서 시험에 통과되면 집사가 되었고 집사로서 충실하게 행동하면 장로로 승진되었다.

그래서 신자들이 보는 데서 다년간 시험을 받지 않고서는 아무도 승진되지 못했다. 그리고 그들의 결점을 처벌하는 교회법이 많았으므로 이 대책을 등한시하지만 않으면 나쁜 장로나 집사의 출현으로 고통을 당할 필요가 없었다. 그러나 장로 임명에도 반드시 시민들의 찬성이 필요했다. 이 점은 아나클레투스가 제정했다는 교회법 제1편 제 67부[10]가 증명한다. 끝으로, 임명식은 매년 일정한 날에 있었다. 이것은 신자들의 찬성이 없이 몰래 끼어드는 사람이나 중

인이 없이 너무 쉽게 승진하는 사람이 없도록 하려는 것이었다.

〈『기독교강요』 하권(IV), 교회론, 78-93〉

무엇보다도 칼빈은 하나님은 교회, 교회는 어머니라고 해석한다. 율법시대 곧 구약 교회는 유아기적 교회고, 교회시대 곧 신약 교회는 성숙기라고 생각한다. 아브라함과 이삭과 야곱의 교회는 구원을 희망하는 교회, 그리스도의 오심을 대망하는 교회라면, 신약의 교회는 약속이 실현된 교회, 그리스도가 이미 오신 교회의 모습으로 칼빈은 해석한다. 그러므로 신약 교회도 구약 교회도 그리스도 안에서 약속된 영생을 소망하며, 영원한 구원에 이르는 동일한 축복을 소망한다. 아브라함과 이삭과 야곱에게도 궁극적 상급은 그리스도께만 있고, 지상의 기업을 넘어서는 영원한 하늘나라의 기업을 희망한다고 칼빈은 해석한다.[11]

E. 웨슬리의 교회론:

1. 교회 안의 작은 교회론:

초대교회의 신앙고백의 공동체 이해가 웨슬리의 사상 속에서도 강하게 나타난다. 웨슬리는 사도행전 5:11을 통해 교회를 다음과 같이 정의한다.

여기에 신약 교회의 원시적 표본이 있다. 그것은 복음으로 부름을 받은 사람들의 모임이며, 세례로 인해 그리스도에 접붙여졌고,

10 Apostolic Canons xlii–xliv (J. Fulton, Index canonum, pp. 94f.);Gratian, Decretum I. lxvii. 1;lxxv. 7 (Friedberg I. 253, 267;MPL 187. 351, 368).

11 『강요』, II. xi. 2.

사랑으로 생동하며, 모든 종류의 친교로 연합하여 아나니아와 삽비라의 죽음으로 훈련받은 사람들의 모임(ecclesia)이다.[12]

또 사도행전 9:31에서는 '신자들의 총체,' 갈라디아서 1:13에서는 '그리스도를 믿는 성도들,' 히브리서 12:23에서는 '지상에서나 낙원에서나 참 신자들의 총체'라고 정의를 내린다. (Wesley, 430, 680, 850)

다시 말해서 교회의 본질은 예수를 그리스도로 고백하는 무리들의 공동체이다. 그는 "이성과 종교를 가진 사람들에게 고하는 진정한 호소"에서 다음과 같이 교회의 본질이 신앙고백에 있음을 말하고 있다.

> 보이는 교회란 '믿는 사람들의 공동체'입니다. 이것이 교회의 본질이며, 교회의 특성은 '그 안에서 하나님의 순수한 말씀이 선포되며, 성례전이 올바르게 집행되는 것'입니다. 그렇다면 영국 교회는 무엇입니까? 그것은 참으로 영국의 '신실한 사람들, 참된 신자들'이 아니고 무엇이겠습니까? 그것은 사실입니다. 그들이 해외에 흩어져 있다면 다른 설명이 필요합니다. 그러나 그들이 '하나님의 순수한 말씀이 선포되는 것을 듣기 위해, 그리고 한 떡을 먹고 한 잔을 마시기 위해서 가시적으로 함께 모일 때, 바로 그들이 보이는 영국 교회입니다.[13]

곧 여기에서 웨슬리는 교회의 본질을 세 가지 곧 믿음과 그 믿음을 가능케 하는 말씀선포와 성례전이 일어나는 공동체로 이해한다. 이러한 믿음

12 John Wesley, *Explanatory Notes upon the New Testament*, (London: Epworth Press, 1976), 411.

13 Albert Outler ed., *John Wesley*, (Nashville: Abingdon Press, 1964), 412–13.

이 있는 성도가 참 크리스천(altogether Christian)이요, 믿음이 없으면 90% 크리스천(almost Christian)이라고 웨슬리는 그의 설교 "90% 크리스천(Almost Christian)"에서 해석한다. 아우틀러는 그의 논문 "감리교도들은 교회론을 가지고 있는가?(Do the Methodists have the Doctrine of the Church?)"에서 웨슬리의 본질 이해를 예수를 그리스도라고 믿는 믿음을 반석으로 하는 교회의 통일성, 보편성, 사도성, 거룩성으로 요약하고 있다.

우리는 웨슬리의 교회 안의 작은 교회관을 먼저 살펴 볼 필요가 있다. 웨슬리는 철저히 영국 성공회 안에 머물면서 분열하려고 하지 않았다. 웨슬리는 새로운 종파를 만들고자 하지 않았다. 이것은 그가 영국 성공회를 가장 성서적인 교회라고 믿었기 때문만이 아니라, 교회로부터 분열되어 나가는 것을 죄라고 생각하였기 때문이다. 웨슬리는 그의 설교 "분열에 대해서(On Schism)"에서 다음과 같이 분열을 경고한다.

> 우리가 이전에 하나였던 살아 있는 그리스도인들의 몸에서 분리하는 것은 사랑의 법의 비통한 괴리이다. 우리를 함께 하나되게 하는 것이 사랑의 본성이다. 사랑이 크면 클수록 하나됨은 더욱 강해진다. 우리 형제들로부터 분리하려는 생각을 할 수 있는 것은 우리의 사랑이 점점 식어져 가기 때문이다.[14]

그래서 웨슬리는 많은 경건한 사람들이 교회를 떠나서 사막의 은둔자가 되었고, 수도원을 만들었고 그 결과 더 부패하게 되었다고 지적한다.[15]

웨슬리는 감리교도를 부르신 하나님의 목적은 "어떤 새로운 종파를 만들려는 것이 아니라, 민족을 개혁하는 것(to reform the nation), 특히 교회

14 Wesley, "On Schism," *The Works*, vol. 3, 64.
15 Wesley, "On Attending the Church Service," *The Works*, vol. 3, 474.

를 개혁하기 위함이며, 성서적 성결을 이 땅에 널리 전파하는 것"임을 역설하고 있다.[16] 영국 성공회 안에서 영국 성공회를 개혁하고 갱신하는 것이 감리교 운동의 목적이라는 것이다. 그래서 웨슬리는 영국 성공회(The Church of England) 안에 있는 감리교 신도회(Methodist society)라는 이름을 붙였다. 감리교회(Methodist church)라고 하지 않았다. 그는 영국 성공회가 가장 성서적 교회라고 생각하였고, 그 자신은 죽는 날까지 영국 성공회 사제라고 생각하였다. 그리고 그 개혁 운동은 교회 개혁만 아니라 사회 개혁과 민족 개혁까지도 강조하는 운동이었다.

웨슬리 교회론의 핵심은 교회 안의 작은 교회(ecclesiola in ecclesia)이다. 경건주의 운동을 시작한 스페너, 프랑케, 진젠돌프에로 이어지는 '작은교회(collegia pietatis, ecclesiola in ecclesia)' 운동에 영향을 받아 웨슬리는 영국 성공회의 타락을 막고 마치 로마 가톨릭 교회 내의 예수회(Society of Jesus)처럼 교회 갱신 운동을 시도하였으므로 감리교회(Methodist Church)라고 하지 않고 감리교 신도회(Methodist Society)라고 명명하였다. 모라비안들로부터 속회 조직, 밴드 모임, 애찬회, 야성회, 노방 전도, 즉흥 기도와 즉흥 설교, 평신도 설교 등을 영향받았다. 오늘날의 셀 목회나 가정 교회 목회의 모델은 모두 웨슬리의 속회와 밴드 운동에서 나왔다.

2. 밴드(band):

밴드는 신도회(society)의 친교 안에 더욱 작은 규모로 구성되었다. 이 밴드는 각 지역 신도회의 내적 서클 혹은 핵심 서클로 형성된 것이다. 1741년 브리스톨에서 모인 밴드 모임에서 모든 회원의 이름이 웨슬리에 의해 직접 호명되었는데, 40명이 제명되고 몇 명은 근신에 처하게 되었다.

16 John Wesley, *The Works of John Wesley*, VIII, ed. Thomas Jackson, (Peabody, MA: Hendickson Publishers, 1986), 299. 이하 Works로 표기함.

밴드는 본래 신도회가 조직되기 전부터 구성된 것으로 그 역사가 더욱 깊다. 그리고 이 밴드는 모라비안의 조직에서 배운 것이다. 모라비안들은 11개의 합창단들(choirs)로 구성되었다. 결혼한 남자들, 홀아비들, 독신 형제들, 청년들, 소년들, 결혼한 여자들, 과부들, 독신 자매들, 젊은 처녀들, 소녀들, 유아들로 나뉘었다. 그리고 밴드는 합창단 구성에 구애받지 않고 자발적으로 영적 성장을 위해 구성된 것으로 5명에서 10명으로 조직되었다.

웨슬리는 조지아 주에서 이미 일주일에 세 번씩 밴드 유형의 모임을 가졌다. 그리고 1738년에 모라비안 교도들의 신앙 중심지인 독일의 헤른후트를 방문하여 밴드의 가치를 확신하기에 이르렀다. 물론 그들의 행동하지 않는 신앙제일주의와 정숙주의에 신학적으로는 실망했으나, 신앙 운동의 구조적인 면에서는 많은 영향을 받은 셈이다. 그래서 1738년 12월에 "밴드 모임의 규칙(Rules of the Band Societies)"을 만들게 되었다. 브리스톨에 감리교 신도회가 형성되기 전인 1738년 말과 1739년 초에 이미 두 개의 밴드가 브리스톨의 볼드윈가(Baldwin Street)와 니콜라스가(Nicholas Street)에 조직되었다. 그리고 1739년 5월 9일에 웨슬리가 브리스톨의 호스패어(Horsefair)에 있는 땅을 사서 첫 "새회당(New Room)"을 짓고 두 밴드들을 위한 모임 장소로 제공하고 감리교의 집회 중심지로 삼았다. 밴드 모임의 규칙과 지침을 소개하면 다음과 같다.

밴드 모임에 가입하기 위하여 다음과 같은 질문이 주어졌다:

1. 당신의 죄를 용서받았습니까?
2. 당신은 주 예수 그리스도로 말미암아 하나님으로 더불어 화평을 누리고 있습니까?(로마서 5:1)
3. 당신은 성령이 친히 당신의 영으로 더불어 당신이 하나님의 자녀인 것을 증거하신 것을 경험했습니까? (로마서 8:16)

4. 하나님의 사랑이 당신의 마음에 부은바 된 것을 경험하고 있습니까?(로마서 5:5)
5. 내적 혹은 외적인 죄가 당신을 주관하지 않고 있습니까?(로마서 6:14)
6. 당신의 잘못을 지적받기를 바랍니까?
7. 당신의 모든 잘못을 항상 지적받고 충고받길 원합니까?
8. 당신은 이 모임의 회원들 중 누구든지 당신에 대해서 염려하는 것을 솔직하게 당신에게 말해 주길 원합니까?
9. 당신은 우리가 생각하는 것, 염려하는 것 등등 무엇이든지 말해 주어도 괜찮다고 생각합니까? 잘 생각해 보십시오.
10. 이와 같이 마음의 저 밑바닥까지 함께 내려가서 함께 자라는 이와 같이 진실로 가까운 교제를 원합니까?
11. 당신은 항상 당신을 다른 사람에게 전적으로 열어 보이며 예외나 거짓이나 숨김없이 정직하게 말하기를 원합니까?

* 서로의 죄를 고백 (밴드에 가입하면 서로의 죄를 고백하라는 야고보서 5장 16절에 근거하여 다음과 같은 다섯 가지 영적 질문에 대하여 모일 때마다 고백했다):

1) 지난 모임 이후 당신은 어떤 죄들을 범하였습니까?
2) 당신은 어떤 유혹을 받았습니까?
3) 어떻게 그 유혹에서 벗어났습니까?
4) 그것이 죄인지 아닌지 확실치 않은 어떤 생각과 말과 행동이 있었습니까?
5) 당신은 숨기기를 원하는 어떤 비밀도 갖고 있지 않습니까?

결국 밴드의 목적은 야고보서 5장에 따라 서로의 잘못된 행동과 말과 마음을 고백하고 회개하며, 서로를 위하여 기도하고, 성화 은총의 수단인 악행을 피하고 선행을 추구하며 계명을 지키며, 자유롭고 솔직하게 성화의 훈련을 위한 나눔의 시간을 가지는 것이다. 이 모임을 통하여 죄와 성화에 대한 상세한 질문들이 반복적으로 제기되었다. 1. 지난 모임 이후에 어떤 죄를 범하였는가? 2. 지난 모임 이후에 어떤 유혹을 받았는가? 3. 그 유혹을 어떻게 극복하였는가? 4. 죄인지 아닌지 모르는 말과 행동이 무엇이 있었는가? 5. 남에게 이야기할 수 없는 비밀이 있었는가? 이러한 성화 훈련의 과정을 통하여 영적으로 성장하고 성숙해 가는 것을 추구하였다.

이 밴드는 속회(class)의 중요성이 커지면서 웨슬리 말년에는 거의 사라져 버리고 큰 지역 감리교 모임(society)에서만 계속 유지되었다. 그러나 웨슬리는 밴드 조직을 항상 격려했기 때문에 영국과 미국에 19세기까지 남아 있었다. 이렇게 밴드가 속회보다 활발하게 움직여지지 못한 것은 일주일에 두세 번 모일 정도로 빈번했고, 연령별 및 성별로 너무 제한된 조직이었을 뿐 아니라, 너무나 철저한 영적 생활을 강요하므로 현실성이 없었기 때문이다.

웨슬리는 모라비안의 센터인 헤른후트를 방문함으로써 보다 소규모 영성훈련을 도모하는 밴드(Band)를 발전시키게 되었다. 속회는 지역 단위로 모든 감리교인들이 의무적으로 참여하였으나 밴드 모임은 자발적으로 참여하였고 성별과 결혼 상태와 연령별로 구분지어졌다. 이 밴드 모임은 속회보다 작은 단위였으며 널리 확산되지는 않았지만 엘리트 조직으로서 특별한 구성원 의식과 훈련을 공유한 집단이었다. 이 모임을 통하여 죄와 성화에 대한 상세한 질문들이 반복적으로 제기되었으며 이러한 조직화된 질문에 답하는 과정에서 오늘날 감리교 교리의 기초가 상당 부분 형성되었음은 당연한 일이었다.

3. 속회(Class):

선장 포이(Captain Foy)의 제안에 따라 모든 속도들이 매주 1페니씩 내기로 하고 1742년 4월 런던의 파운데리신도회에 처음 설립되었는데, 1746년에는 전 영국의 감리교회의 패턴이 되었다. 그 이후 감리교 신도회가 각 지역에 조직될 때마다 속회도 함께 구성되었다.[17] 그러나 속회 모임은 연령, 성별, 결혼 상태를 초월하여 가족적인 분위기로 조직되었다. 또한 밴드처럼 빈번하게 모이지 않고 일주일에 한 번씩 모였다. 밴드의 지도자는 밴드 회원들의 선거로 선출했지만, 속회의 지도자(속장)는 웨슬리가 임명했다. 밴드는 자발적으로 구성된 모임이지만, 속회는 모든 감리교인이 의무적으로 참여하도록 조직되었다. 대략 12명이 하나의 속회를 구성했고 한 명의 지도자가 있었다. 물론 어떤 속회는 12명도 안 되었고, 어떤 속회는 20명이 넘기도 했다. 그리고 속회는 밴드와는 다르게 거주 지역별로 나누어졌다.

처음부터 경제적인 이유보다도 속회의 목적은 단지 행정적인 조직이나 양적 성장(growth)을 위한 것이 아니라, 오히려 성화 훈련이라는 질적 성숙(maturity)을 도모하는 목회적이고 신앙적인 동기에 있었다. 모든 속도들은 자신의 영적 상태들을 간증 형식으로 고백하고 나눔(sharing)으로써 서로 권면하고, 돌보며, 격려하고, 위로하는 책임 의식(accountability)을 가졌다. 이러한 성화의 책임 의식과 연대 의식인 'accountability'를 직고(直告)라고 번역한 것은 잘못된 번역이다. 속회를 통하여 소규모 단위의 성경 공부, 기도회, 그리고 신앙적 담화를 위한 좋은 장이 마련되었다. 이 속회 활동을 통하여 그들의 신앙이 파선되지 아니하고 하나님의 은혜가 그들의 삶을 통해 움직이도록 하는 것, 또한 은혜를 받은 것으로 끝나지 아

17 David Watson, *The Early Methodist Class Meeting*, (Nashville: Discpleship Resources, 1987), 94-95.

니하고 생활에서 그리스도의 명령에 복종하는 사랑의 선행을 실천하는 그리스도의 제자가 되게 하는 것, 다시 말해서 속도들이 속회 공동체를 통해 공동의 성화를 이루어 가는 것이 속회의 목적이다. 강제로 고백하는 것이 아니라 서로 협조하고, 서로 응답하며, 서로 격려하게 하는 것이다.

따라서 웨슬리는 속회를 통한 공동체적 성화 생활을 강조한 반면에, 개인적, 수도원적, 신비주의적, 은둔적 성화 생활을 비판했다. 고독하고 은둔적인 종교를 만들려는 것은 기독교를 파괴하는 행위라고 웨슬리는 못박아 얘기한다. 특히 웨슬리는 신비주의가 현실도피적일 뿐 아니라 성서의 말씀보다 주관적 체험을 강조하는 위험성이 있음을 문제 삼는다. 웨슬리도 체험을 강조했으나 체험보다 성서의 말씀을 더욱 강조했고, 성서를 떠난 주관적 체험의 위험성을 지적한다. 따라서 웨슬리는 기독교를 본질적으로 사회적 종교로 보기에, 속회의 영성 운동은 내면적이면서도 외향적이고, 개인적이면서도 사회적이다. 따라서 그들의 성화 생활의 실천은 속회 공동체에서뿐 아니라, 사회적 상황에 결정적 충격과 영향을 주었다. 복음을 그들의 신앙 공동체 속에만 가두어둘 수 없었고 세계에 전하게 되었다. 하나님께 대한 성실한 복종 때문에 어떤 역사가보다 세계를 더욱 잘 이해하게 되었고 세계에 그들의 증거를 나타낼 수 있었다. 따라서 하워드 스나이더(Howard Snyder)가 지적했듯이 감리교회는 당시 부패한 문화에 대한 반동문화적 공동체였고, 세계와 제도적 교회에 대한 예언자적 역할을 감당한 것이다.

이러한 속회가 안식처, 영적 기쁨의 장소, 성도의 영적 교제 속에서 영적 능력을 소유하는 곳이 되었고, 내적 생활의 거룩한 신비를 발견하고 상호 신뢰하는 사랑의 고백 속에서 기쁨을 체험하는 곳이 되었다. 무엇보다도 자발적으로 기쁨으로 참여하는 것과 충성심을 갖고 성실하게 참여하는 것과 순수한 신앙심을 갖고 참여하는 것이 열쇠였다.

성화 훈련의 중요한 세 가지 요소는 첫째로, 내면적 개인적 경건(personal piety)을 힘쓰는 것이다. 이를 위해 기도와 금식과 성경 읽기와 일기 쓰기 등 경건의 선행(good works of piety)을 힘쓴다. 둘째로, 상호 협동적 영성훈련(mutual corporate discipline)을 힘쓴다. 이를 위해 서로가 권면하고 격려하고 충고하고 상담하는 크리스천 컨퍼런스(Christian conference)를 가진다. 셋째로, 악행을 금지하고 선행을 실천하는 자비의 선행(good works of mercy)을 힘쓴다. 가난한 자와 병든 자와 갇힌 자와 나그네와 신체 장애자와 소외된 자를 돌보는 선행이 여기에 포함된다. 이것은 자연스럽게 사회 속에서 빛과 소금의 사명을 다하는 사회적 성화의 행동으로 이어진다.

웨슬리는 지역 속회들을 방문할 때 때때로 매우 냉정한 태도를 보였다. 그리고 감리교 모임의 예배와 교제에 제대로 참여하지 않는 회원들은 '만나기를 멈춘 자들(ceased to meet)'이라 하여 회원 목록에서 제명해 버렸다. 세 번 이상 무단 결석한 회원들을 제명하였다. 1741년 브리스톨에서 모인 모임에서 40명의 이름이 제명되었다. 며칠 후에 킹스우드에도 똑같은 일이 일어났다. 1747년 게이트헤드(Gatehead)를 방문하여 회원들을 심사하였을 때 800명에서 400명의 교인들이 줄어들었다. 이러한 철저한 영성훈련으로 절반 정도로 회원들이 줄어들었으나 다시 그 다음 해에는 두배 이상으로 증가하였다. 그런데 1751년 화이트헤븐(Whiteheaven)에서는 근신해야 할 회원을 한 사람도 발견할 수 없었다. 약 240명의 속도들이 한 번도 결석하는 일이 없었음을 발견했다. 다만 한 회원이 단 한 번 결석했을 뿐이다. 이러한 심사의 기준, 영적 분별의 방법은 간단했다. 웨슬리는 속장들에게 각 회원의 영적 상태를 물을 때 속회와 신도회의 출석 여부, 그리고 술취한 적이 없는지, 가정의 불화가 없었는지, 구원을 열망하는지 등 지극히 간단한 방법으로 분별했다. 그러나 격식에 매임 없이 친밀한 교제가 이루어질 수 있었던 속회의 성격은 새 회원들을 돌보는 데 더할 나위 없이 이상적이었다. 웨슬리의 여생 동안 수많은 새 신자들이 끊이지 않았다.

속장은 항상 일주일에 한 번씩 속도들을 방문하여 권면하고 위로하며 충고할 뿐 아니라, 가난한 사람을 위해 기부하는 헌금을 받기도 했다. 또한 속장은 주 1회 재정 관리 집사를 만나서 지난 주 속회 모금액을 전해 주고, 속도들을 방문하여 그들의 영혼이 어떻게 성장하고 있나 조사하고 기회가 되는 대로 충고하고, 견책하고 위로하고, 권고한다. 그리고 주 1회 신도회의 목사를 만나서 영적 상태에 문제가 있는 속도들이나 병든 속도들이나 신앙 생활이 흐트러진 속도들의 상황을 전달함으로써 작은 목사의 역할을 한 셈이다. 속장과 속도들은 긴밀한 사랑과 신뢰의 관계를 가졌는데, 속장이었던 밴덤(Elizabeth Vandome)은 임종시에 모든 속도들을 불러 모으고 친 가족처럼 최후의 유언을 남기기도 했다. 속도들은 그들의 속장의 모범을 항상 의심 없이 따랐다. 항상 건전하고 풍성한 속회를 만들기 위해서는 경건하고, 지혜 있고, 활동적인 속장이 되기를 힘썼다. 속장은 깨끗하고 건강한 종교 경험을 유지하도록 힘써야 하고, 하나님의 자녀로 양자되었음을 성령으로 확증해야 하며, 끊임없이 죄를 정복해야 하고, 은혜 안에서 끊임없이 성장해야 했다. 속장은 항상 성경을 가르치기 위해서 성경에 능통해야 했고, 교리적 진리에 대한 바른 식견을 갖고 있어야 했고, 도덕적 · 종교적 의무를 바로 알아야 했다. 또한 각 속도의 특성과 개성을 파악하고 있어야 했고, 그들의 특수한 경험을 이해해야 하며, 속도로 하여금 속회 발전을 위해 열심을 다하도록 권고하며, 속도로 하여금 영적 생활의 진보를 이루도록 권면을 해야 했다.

속회는 속장의 인도에 따라 기도와 찬양으로 시작하고, 속장이 지난 일주일 동안의 자신의 영적 생활 경험에 대해 고백하는 간증의 시간을 가졌다. 그리고 속장이 일주일의 영적 생활을 묻는 질문이 다섯 가지였는데,

일주일 동안 무슨 죄를 지었는가, 무슨 유혹을 받았는가, 어떻게 물리쳤는가 등으로, 이 질문에 따라 각 속도들이 돌아가면서 영적 자아 비판의 간증을 하도록 했다. 그리고 나서 속장이 충고하고, 권면을 하고, 훈계하고, 위로하고, 격려했다. 그리고 다함께 간절히 기도하고 구속의 은혜를 위해 통회 자복한 후, 속장이 각 속도들을 위해 목회 기도를 한 후 마쳤다.

4. 속회의 쇠퇴 원인:

1. 감리교도의 중산층화: 19세기 후반에 들어서면서 감리교도들이 급격하게 중산층화되면서 영적 신앙 생활에 무관심하게 되었다. 웨슬리는 감리교도들의 중산층화의 위험성을 다음과 같이 지적하였다: "하나님의 전 사역에 가장 무관심하게 되는 모든 유혹 중에서 부자들의 교활함이 가장 크다…… 지난 50년간에 내가 본 수천의 증거가 그것을 말해 준다. 부자들은 교활하다…… 그들은 그들이 가난했을 때보다 훨씬 덜 거룩하며 성화 생활을 힘쓰지 않고 있다."[18] 그리고 "부에 관하여(On Rich)"라는 설교에서 부의 증가는 일만 악의 뿌리로서 신경질과 우상 숭배와 교만과 육신의 정욕과 안목의 정욕과 악한 성질을 가져오게 되며 성화 생활의 방해물이 됨을 지적하였다. 1873년에 크리스토퍼스(S. W. Christophers)는 "(감리교회 안에서) 종교적 교리는 지나간 시대의 패션이 되어 버리고, 성화의 개념은 골동품이 되어 가며…… 회의적이고, 경박하고, 불경스러운 시대 정신이 이미 교회에 영향을 미치고 있다"고 해석하였다.[19] 그래서 19세기 후반의 웨슬리와 에즈베리의 후손들은 영적으로 속도들을 감독하고 성도끼리의

18 David Holsclaw, "The Demise of Disciplined Christian Fellowship: The Methodist Class Meeting in Nineteenth-Century America," UMI Dissertation Services, (Michigan: A Bell & Howell Company, 1998), 174.

19 David Holsclaw, 174.

영적 친교와 교제를 훈련하며 인격적 성숙을 도모하는 속회 활동에 무관심하게 되었다. 1740년대의 영국 감리교인들에게 인기있었던 속회가 1840년대의 미국 감리교인들에게는 무의미하게 되었다.

2. 합리적 과학적 성서비평학의 영향: 합리적 과학적 성서비평학의 발전과 함께 감리교 설교가들의 설교들은 학문적이 되어 버렸고, 예배 형태가 생명력을 상실하고 형식적이 되어 버렸다. 속회도 자연히 감성적 체험적 분위기보다는 지성적 학문적 분위기로 바뀌어 가면서 생명력을 상실하였다.

3. 영적 책임의식(accountability)의 상실: 19세기 후반에 들어서면서 속회 안에서의 내적 경건에로의 몰입은 상호간의 영적 성장을 위한 돌봄에도 무관심하게 되었고, 은총의 수단(means of grace)을 활용하는 것에도 무관심하게 하였으며, 실제적 선행 생활에도 무관심하게 만들었다. 내적 영적 성숙은 상호간의 영적 성장(interpersonal dynamics)에도 관심 갖는 초기 감리교회의 속회의 모습이었다. 서로가 서로를 영적으로 권면하고 충고하며 돌보는 가운데 내면적 영적 성숙이 이루어지는 것이 초기 감리교도의 특징이었다. 크리스천 친교(Christian conference)를 통한 상호간의 영적 책임의식이 감리교도를 영적으로 성장시켰다. 그러나 후기로 갈수록 자기 성취적 이기주의에 빠지게 되었다. 속회는 은둔적 신비주의적 성화 훈련의 모임이 아니라, 상호간의 사회적 공동체적 성화 훈련의 모임이라는 의식을 후대에 갈수록 상실하여 갔던 것이다. 그리고 사회와 세상 속에서 변화를 일으키는 사회적 성화에도 무관심하게 되었다. 사회 의식과 역사 의식을 상실한 영적 내면적 자기 경건에만 몰입하는 것이 속회를 약화시키는 원인이 되었다. 가난과 억압으로부터 인간을 해방시키는 사회적 선교가 크리스천 제자로서의 상호간의 영적 책임의식과 깊이 연결되어 있는 것이 초기 감리교도들의 정신이었는데 그러한 의식이 점점 사라지면서 속회가 약화되었던 것이다. 신앙과 선행의 조화를 통한 성화의 완성이라는

웨슬리의 본래적 정신을 상실한 것이다.

4. 속회 지도자의 훈련 부족: 19세기에 감리교도들이 급격히 증가하자 고도의 양적 증가는 질적 영성훈련을 약화시켰다. 1830년대의 부의 증가는 속회 제도에 대한 무관심과 연결된다. 전도의 성공이 속회의 실패를 가져왔다.[20] 대형화된 교회와 성화된 감리교인, 둘 모두를 가질 수 없었다. 미국 감리교회사가 노르우드(Frederick Norwood)도 미국에서의 성공적인 전도는 거대한 제도를 만들고 숫자의 증가를 가져오게 하고 조직화의 결실을 가져왔지만, 성화 훈련의 알곡보다 제도의 쭉정이를 만들었다고 해석한다.[21] 1784년에는 미국 감리교에 1만5천 신도와 83명의 순회설교가들이 있었는데, 1870년에는 300만 신도에 1만 8천 설교가들로 증가하였다. 순회설교는 양적 성장에 영향을 미쳤다. 국가적 물질적 발전과 함께 감리교회의 증가도 이루어졌다. 에즈베리는 부와 상업이 교회를 부패시킨다고 걱정하였는데, 1870년대의 감리교회는 교회의 풍요한 재산을 하나님의 축복이라고 보았다.[22] 부유층 교인들은 사회적 지위와 영향력을 얻으려고 목사 만나기를 좋아하였고, 목사들도 사회적 지위를 성취하려고 부유층 교인들을 만나기를 좋아하였다.

그 모든 교인들을 지도할 만한 속회 지도자들이 절대적으로 부족하였고, 기존의 속회 지도자들의 영적 상태도 속도들을 제대로 관리할 만한 능력이 없었다. 속회 지도자의 수를 확보하는 것이 쉽지 않고, 속회 지도자의 훈련 부족이 속회를 약화시키는 원인이 되었다. 속회에서 양적 숫자를 증가시키는 전도가 웨슬리의 본래적 목적이 아니었다. 옥외 설교를 통하여 전도되어진 교인들을 질적으로 영적으로 철저히 훈련시키고 돌보는 것

20 David Holsclaw, 175.
21 David Holsclaw, 176.
22 David Hasclow, 176–77.

이 목적이었다. 그 철저한 질적 영적 성화 훈련이 자연스럽게 양적 성장의 결과를 가져오기도 하였다. 그러나 후대에 갈수록 그러한 질적 성화 훈련을 통해 영적으로 성숙시키는 지도력이 상실됨으로써 속회는 쇠퇴의 길을 걷게 된 것이다. 성도의 영적 성장을 책임지는 "책임적 제자직(accountable discipleship)"을 가진 지도자들이 절대적으로 부족하게 된 것이다.

이것은 지도자의 영적 신학적 자질이 속회 쇠퇴의 원인이 됨을 여실히 보여준다. 속회 모임을 보다 알차게 만드는 지도자의 능력 개발이 절실함을 보게 된다. 속회 지도자의 능력이 속회에 대한 흥미를 불러일으키게 만드는 것을 발견하게 된다. 1864년 총회에서는 보다 자세하게 속회 운영에 관하여 장정을 개정하였다.

질문1. 어떻게 속회 지도자들을 더욱 유용하게 만들 수 있는가?

답변1. 각 속회 지도자로 하여금 부지런히 그의 속회 모임 방법에 관하여 스스로 점검하게 하라. 가능하면 정확하게 적어도 각 분기마다 일회씩 점검하게 하라. 점검하기 위하여 충분한 시간을 갖게 하라.

답변2. 각 속회 지도자가 그의 속회의 모든 영혼이 어떻게 영적으로 풍성한지를 주의 깊게 묻게 하라. 각 사람이 외적인 규칙들을 어떻게 지키는지 뿐만 아니라 어떻게 그가 하나님의 지식과 사랑 안에서 자라가고 있는지를 묻게 하라.

답변3. 속회 지도자들이 그들의 구역을 관할하는 목사들과 빈번하게 자유롭게 대화하게 하라.

질문2. 어떤 것이 속회 모임을 보다 유용하게 만들 수 있을까?

답변1. 부적당한 지도자들을 바꾸라.

답변2. 속회 지도자들로 하여금 다른 속회들도 부지런히 만나서 배우게 하라.

답변3. 우리로 하여금 지도자들이 가장 적절한 사람인지를 관찰하게 하라. 속회 지도자들로 하여금 가능한 한 자주 다른 속회들을 만나게 하라.

답변4. 모든 지도자들이 건전하게 판단할 뿐만 아니라 진실로 하나님께 헌신하는지를 보라.

답변5. 속회 지도자들로 하여금 그들의 사역에 합당한 연수 과정을 갖게 하라. 특별히 성경의 지식을 증가시킬 수 있는 책들을 읽도록 권면하라. 특별히 그들로 하여금 기독교 진리의 핵심이 되는 성경 구절에 친근하게 하라. 기회 있을 때마다 목회자가 속회 지도자들을 교육시킴으로 점검하게 하라.[23]

결국 이러한 속회 지도자의 훈련 부족으로 웨슬리적 질적 영성훈련과 성도의 교제가 양적 성장과 함께 사교적 친교로 전락하게 되었다. 웨슬리의 성화된 속도들의 속회가 중산층 사교 클럽의 속회로 바뀌게 되었다.[24] 은총의 수단으로서의 선행 실천을 바리새적인 것으로 오해하고, 성서 연구에 무관심하여지며, 세상적 향락을 즐기는 것이 더욱 커지고 일상 생활의 종교가 사라져 버리게 되었다.

큰 교단이 되면서 전통적 감리교회의 가치관이 위협받게 되고, 속회의 필요성이 없어지므로 속회의 가치도 떨어지게 되었다. 북감리교회 1864년 총회와 남감리교회 1866년 총회에서 속회 출석을 의무화하는 규정을 없애

23 *Journal of the General Conference, 1864*, (New York: Carlong and Porter, 1864), 415–16.

24 David Hasclow, 182.

고 자발적으로 참여하게 하였다.

5. 속회의 교회 갱신적 사명의 상실: 시간적 상황적 변화가 콘월의 주석 광부들과 킹스우드의 석탄 광부들과 드루리 래인(Durury Lane)의 매춘부들을 변화시키던 때와는 달리, 속회를 제도로 생각하게 만들었다. 속회는 본래 제도적 교회가 갖고 있는 영적 무기력을 쇄신시키고 갱신시키는 "ecclesiola in ecclesia(교회 안의 작은 교회)"였는데, 제도적 교회의 대형화와 함께 속회도 또 하나의 교회 제도가 되어 버리고 말았다. 속회가 작은 교회로서 제도적 교회를 긴장시키고 깨우게 만드는 영적 활력소가 되어야 하는데, 그러한 기능을 후대에 갈수록 상실한 것이다. 성령의 능력을 통하여 그리스도의 구원의 메시지를 선포하고 영적 성장을 도모하여야 하는데 그러한 영적 에너지를 속회가 발산하지 못하게 되었다.

F. 신바람 나는 공동체(교회사 속에서 나타난 건강한 교회상):

건강한 교회란 교회다운 교회, 칭찬받는 교회, 신바람 나는 교회란 말이다. 특히 필자는 건강한 교회는 신바람 나는 교회라고 생각한다. 신바람 나는 교회가 되려면 2천 년 교회사 속에서 바람직한 교회상을 배우고 그 교회상을 오늘의 상황 속에서 다시 부활시켜야 한다. 그래서 오늘의 교회의 갱신과 개혁의 지혜를 2천 년 교회사 속에서 찾아야 한다.

1. 예수를 그리스도라고 고백하는 공동체:

필자는 『미주한인감리교회백년사』 제1권 1부(1903-1965)를 지난해에 저술하였다. 그 책에서 미주 한인감리교회가 신앙고백 공동체가 되었던 것이 초창기부터가 아니라 많은 역사적 발전 과정을 거쳐서 이루어졌음을 고찰하였다. 이것은 미주 이민 사회에 살면서 신앙고백의 신앙인이 되어 가는 미주 한인감리교회의 개인적 신앙 여정과도 관계가 있다. 그리고 각 시대의 사회심리학적 상황과 연결시켜서 미주 한인감리교회사를 해석하였다. 필자는 1903년부터 1910년까지 미주 이민과 한인 교회의 개척 과정을 서술하였다. 어떤 역사적 상황에서 이민이 시작되었고, 어떤 이유에서 이민이 시작되었으며, 왜 교회로부터 이민 사회가 형성되고 이민 역사가 시작되게 되었는지를 밝혔다. 그들은 돈을 벌기 위해서 사탕수수 노동자로 갔다가 모두 다시 고국으로 돌아오려고 하였다. 이 책에서 필자는 1911년부터 1919년까지는 민족의 고난에 동참하는 교회의 모습을 소개하였다. 한일합방이 이루어지면서 미주 한인들은 나라를 잃은 아픔과 서러움을 안고서 조국으로 돌아갈 희망을 포기하게 되었으며, 미주 한인교회는 민족의 고난과 아픔에 함께 울고 함께 기도하며 민족과 운명을 같이하는 모습을 보여 왔음을 서술하였다. 그리고 1920년부터 1930년까지는 1919년 3.1운동으로 시작된 한국의 독립운동이 미주에까지 확산되어 미주 한인감리교회는 독립운동의 센터가 되었음을 강조하고자 하였다. 거의 대부분의 독립운동 지도자들이 교인들이었고, 교회를 거점으로 하지 않고는 독립운동이 일어날 수 없었음을 보여주고자 하였다. 나라 사랑과 예수 사랑은 하나였음을 강조하였다. 1931년부터 1945년까지는 독립운동을 넘어서서 미주 한인감리교회는 이민 사회와 문화의 센터 역할을 하였음을 강조하고자 한다. 한국적 정치 상황이 일본으로부터의 정치적 해방을 얻는 분위기가 되도록 독립운동에 지속적인 관심을 가지면서도 점차 이민 사회를 미국 사회와 문화 속에 정착시키도록 하는 촉매 작용을 하게 되었다고 필자는 이해한다. 물론 한국적 신앙과 한국적 문화의 부정적인 모습을 계속 고수하는 미주 한인감리교회의 모습도 있었지만, 그러나 긍정적인 한국적 신앙과 문화를 살리면서도 그 한국적 씨앗이 미국의 신앙적, 문화적 토양에 맞게 동화되어 가고 토착화되어 가는 것에 주력하던 시기라고 볼 수 있다. 그리고 이민 1

세, 곧 하와이 사탕수수 노동자들이 모두 죽고 2세들이 한인 사회의 주류를 이루면서 40여 개나 되었던 한인 감리교회들이 모두 문을 닫고 두 교회(하와이 그리스도한인교회, 올리브한인교회)만 남게 되면서, 영어 회중을 위한 목회자를 초청하게 되고 한인 2세들에게 한국 문화와 한국 역사와 한글을 가르치는 일을 중요하게 생각하기 시작하였다. 곧 문화의 센터로서의 교회상을 보여주었다. 1946년부터 1965년까지를 비로소 미주 한인감리교회가 신앙 공동체로 자리 매김하는 시기로 필자는 해석하였다. 물론 초창기부터 신앙적인 관심이 강하고 신앙 공동체적인 요소가 없었던 것은 아니지만, 새로운 이민 상황에 적응하고 새로운 미국 사회 속에 살아남기 위한 노력과 한국의 역사적 시련과 함께 아파하는 신앙적 요소가 미주 한인감리교회 속에 더욱 강하였다고 생각한다. 그런데 이 시기에 이르러 건전하고, 올바른 신앙 공동체가 되어야 하겠다는 영성적 관심이 증대되었다고 보아야 한다. 이것은 또한 한국 본토의 교회들이 이용도, 길선주, 김익두, 김인서 등의 부흥 운동의 영향을 강하게 받았던 것과 같은 시기라고 볼 수 있다. 그런 한국적 영성 분위기가 미주 한인감리교회 속에도 흘러들어 오게 되었음을 고찰할 필요가 있었다. 예수를 그리스도로 고백하는 신앙고백의 공동체가 될 때 비로소 교회는 교회다운 생명력을 얻게 되는 것이다.

2. 예수의 생명을 선포하는 공동체(kerygma: 케리그마):

예수는 그리스도라고 선포하는 설교가 사도행전에 나타난 사도들의 설교의 핵심이었다. 오직 초대교회는 예수가 십자가에 못 박혀 죽임을 당하심으로 우리의 구세주가 되셨다는 케리그마만을 열심히 선포함으로 생명력 있는 공동체가 되었다. 사도행전 28장까지 나오는 사도들과 집사들의 설교의 핵심은 역사적 예수를 속죄주 그리스도로 고백하는 십자가와 부활의 케리그마였다. 오늘의 교회들이 이 십자가의 복음을 상실하고 성공과 기적과 축복을 더욱 강조하는 것은 아닌지 물어보게 된다.

3. 예수의 생명을 가르치는 공동체(didake: 디다케):

예수는 그리스도라고 선포할 뿐 아니라 예수는 그리스도라고 가르칠 때 교회의 생명은 항상 활기차게 살아 넘쳐나게 되었다. 예수는 인간과 참 동일본질(homoousia: 호모우시아)이시요, 또한 전능하시고 영원하시고 사랑이 무한하시고 거룩하신 하나님과 참 동일본질(호모우시아)이시라는 신앙고백을 가르칠 때, 건전한 생명력으로 성장하고 성숙하게 되었다. 그의 인성을 무시하고 지니치게 신성만을 강조하던가(영지주의), 그의 신성을 무시하고 지나치게 인성만을 강조하던가(에비온주의와 아리우스주의), 그의 한 인격 속에 신성과 인성이 조화를 이루고 있음을 부인하던가(네스토리우스주의), 성부와 구별되는 객체성과 위격을 부인하던가(사벨리우스의 성부수난설) 하면 이단으로 정죄되었다.

4. 예수의 생명을 나누는 공동체(koinonia: 코이노니아):

예수의 십자가 은총을 그의 몸과 피를 나누는 성만찬을 통하여 경험할 때 생명력 있는 공동체가 되었다. 초대교회는 카타콤 동굴 속에서도 예수의 이름으로 박해를 받으면서도 매주 성만찬을 나누며, 그리스도와 한 몸을 이루며 성도끼리 한몸을 이룰 때 살아 있는 공동체를 만들어 갈 수 있었다. 그래서 루터나 칼빈이나 웨슬리 등 종교개혁가들은 성만찬의 중요성을 항상 강조하였다. 자주 성만찬만 나눌 뿐 아니라, 애찬(아가페)의 떡을 떼는 밥상 공동체를 만들 때 힘있는 교회로 성장하였다.

5. 예수의 생명으로 봉사하는 공동체(diakonia: 디아코니아):

예수의 십자가 생명으로 이웃을 섬기는 공동체, 제것을 제것이라 하지 않고 섬기고 봉사하는 공동체로 청지기 의식을 갖고 사회와 역사 위에 군림하지 않고 사회와 역사 속에서 소금과 빛으로 섬기려 할 때 하나님 나라를 확장시켜 갔던 것이다. 중세가 암흑기를 맞이한 것은 사랑의 나눔을 잃어버렸고, 사랑으로 섬기는 것을 잃어버렸기 때문이다.

6. 예수의 생명으로 자유하는 공동체:

예수의 십자가 정신 속에서 서로 화해하고 서로 평화를 누리고 서로 평등하게 대우받고 서로 자유와 해방을 누리는 공동체가 될 때 그 속에 예수의 생명이 넘쳐 흐르게 되었다. 그래서 초대교회에는 노예 오네시모나 칼릭스투스도 감독이 될 수 있었고, 루터는 평신도의 제사장직을 주장하였고, 웨슬리는 노동자와 농민과 광부들도 평신도 설교가로 활용하였다. 교회의 문턱이 낮아지고 누구나 와서 자유와 해방을 누릴 수 있어야 주님의 칭찬받는 교회가 될 수 있다.

여기서 필자는 하와이 사진 신부 이야기를 필자의 책 『미주한인감리교회백년사』에서 부분적으로 발췌하여 언급하고자 한다. 사진 결혼은 하와이와 미주 본토에 이민 온 동양인(중국인, 일본인, 한국인) 남자들이 노총각이 많아지자 사탕수수 경영주들과 미국 정부가 논의한 끝에 사진을 통해 결혼을 하게 하고 200달러의 경비를 지불하게 하고 영주권을 주는 제도를 말한다. 하와이와 미주 본토에 거주하는 동양인 남자들이 사진을 본국 처녀에게 보내어 선을 보게 한 후 처녀들이 시집가기를 원하면 신부로 모셔다가 결혼하는 일시적인 풍습이었다. 1905년의 을사보호조약 이후 한인 이민의 길이 막힌 상황에서 사진 결혼을 통해 많은 여성들이 하와이와 미주 본토에 이민 올 수 있는 길이 열리게 된 것은 이민 사회를 활성화시키고, 2세와 3세의 후손을 많이 번성시키는 절호의 기회를 갖게 하였다. 사진 신부 제1호는 1910년 11월 28일에 하와이에 들어온 리내수 옹의 부인 최사라 여사였다. 1924년 10월 동양인 배척 법안이 통과되어 이민의 문이 일시 닫힐 때까지 하와이에 951명의 신부가 들어 왔고, 미주 본토에 115명이 들어왔으니 모두 1,066명이었다. 73세인 딸 앨리스 유 김은 풍을 맞아 병상에 누워 있는 지구상의 마지막 신부 어머니를 간호하면서 이렇게 어머니 유분조 할머니의 삶을 한국일보 기자들에게 증언하고 있다.

> 엄니는 정말 고생 많이 했어. 아버지가 막내를 낳은 후 병들었기 때문에 엄니 혼자서 우리를 키웠어. 신혼 때부터 일당 1달러 25센트를 받고 매일 수십 명에 달하는 노동자들의 옷을 빨아대느라 손의 허물이 모두 벗겨졌어. 삯바느질도 했고 호놀룰루의 '분조 그로서리'라는 식품점도 운영했어. 그러면서도 엄니는 우리 5남매를 모두 대학에 보냈어.[25]

청운의 꿈을 안고 하와이에 와서 남편의 사랑도 제대로 받아 보지 못하고, 남편 없이 억척같은 생활력으로 자녀를 키운 사진 신부의 한 많은 세월을 말해 주고 있다.

사진 신부들은 대체로 하와이 사탕수수 노동자 신랑들보다 수준 높은 여성들이었다. 사진 결혼으로 미주에 이민 오게 된 김도연 여사는 어려서부터 부모의 영향으로 기독교 신자가 되었고, 13세 때 부모의 뜻에 따라 원산 루씨여고에 입학하였다. 그 후 동대문안 병원에 있었던 간호학교에 입학하여 3년 간 공부하여 간호사가 되었다. 같이 공부하던 친구 간호사들이 하나 둘씩 사진 결혼을 하여 미주로 이민가면서 미국에 동경심이 생기기 시작하였고, 친구 김석은이 좋은 신랑감이 있다고 사진을 보냈는데, 그가

25 [한국일보], 2001, 7월 7일, A8.

1904년 사탕수수밭 노동 이민자 윤응호 옹이었다. 윤응호는 하와이에서 미주 샌프란시스코로 가장 먼저 이민 온 분이며 최장수 한인이었다(1987년 99세에 별세함).[26]

사진 결혼에 대한 역사적 의의를 부정적인 요소와 긍정적인 요소로 정리할 수 있다.

부정적인 요소를 말한다면, 그것은 남성우월주의적인 발상이다. 남성우월주의에 의한 여성들의 한 맺힌 결혼의 아픔을 찾아 볼 수 있다. 사진 결혼은 절대적으로 남성을 위한 것이었다. 남성이 사진 결혼의 주체요 여성은 객체인 셈이다. 사진을 보고 미주로 온 사진 신부들은 속아서 온 여성들이 많다.

대체로 남편들보다도 사진 신부들이 학력이 높았다. 주로 평안도 쪽에서 처음 결혼 이민들을 왔는데, 그들은 학력이 아주 높은 사람들이었다. 그녀들은 고등학교 교육을 받은 사람들이 많았고, 심지어는 몇몇 여성들은 대학 교육까지 받았다.[27] 그들 중에는 중국, 만주, 시베리아 등지에서 교육을 받은 사람들도 있었다. 교사들과 간호사들도 있었다.

그리고 나중에 들어온 여인들은 주로 경상도 쪽에서 왔는데, 그들은 학력은 높지는 못하였어도 교회를 통하여 선교사들로부터 서양 문화에 눈을 뜨고 교회에서 한글 교육과 성경 교육을 잘 받았다. 그러나 그녀들은 더 나은 교육의 기회를 얻기 위하여 미국으로 이민 왔는데, 그녀들보다도 교육 수준이 낮은 남편들과 반강제로 운명적으로 결혼해야 하는 애환이 있었던 것이다.[28]

26 민병용, 『미주이민100년』 -초기 인맥을 캔다-,(Los Angeles: 한국일보사출판국, 1985), 56-57. 이하 『미주이민100년』으로 표기함.

27 Eun Sik Yang, "Korean Women of America: From Subordination to Partnership, 1903-1930," *AMERASIA* 11: 2(1984), 1-28, 8.

28 Eun Sik Yang, 8.

미세스 박(Mrs. Park)은 그녀의 공부하고 싶은 계획을 갖고 사진 신부가 되었음을 이렇게 증언하고 있다.

> 내가 사진을 받은 후에 즉시 나의 사진도 보냈다. 사진 결혼의 절차는 오래 걸리지 않았다. 나는 하와이에 도착한 후에 결혼하거나 집안일을 하려고 하지 않았다. 나는 동부로 가서 공부하기를 원했다. 그러나 나의 남편은 너무 늙었기에 나를 보내주지 않았다.[29]

미세스 리(Mrs. Lee)의 경우도 한국에서 고등학교 교육을 마쳤고, 서양 선교사들의 영향으로 기독교인이 되었으며, 결혼하는 것보다는 미국에서 공부하려는 마음으로 이민의 길을 선택하였다.

> 나의 의도는 도착하자마자 공부하기 위하여 나의 유망한 남편을 떠나는 것이었다. 그리고 공부를 많이 한 후에는 한국에 돌아가는 것이 나의 목적이었다. 그러나 나는 어떻게 대학 합격을 위해서 절차를 밟아야 하는지를 몰랐다. 더구나, 나는 남편을 떠난다면 거처할 곳이 없었다. 약 열흘 동안 나는 남편을 택하여야 할지 공부를 택하여야 할지 심각하게 혼란스러웠다.[30]

노총각이 많은지라 나이도 속이고, 사진까지 남의 것을 보내는 사례도 있었다. 방사겸 여사가 사진 결혼에 대하여 증언하는 이야기에는 그러한

29 Sun Bin Yim, "Korean Immigrant Women in Early Twentieth-Century America," *Making Waves: An Anthology of Writings by and about Asian American Women*, ed. Asian American Women United of California, (Boston: Beacon Press, 1989), 53.

30 Sun Bin Yim, 53.

사실들을 입증해 주는 경우가 많았음을 말해 주고 있다.

> 하와이 동포의 사진 결혼에 대하여도 별의별 소리가 다 돌았다. 어떤 사람은 나이가 많으니 나이를 줄인 사람도 있고, 어떤 사람은 얼굴이 못 생겨서 남의 사진을 빌려서 자기 사진이라고 여자한테 보낸 사람도 있고, 또 어떤 사람은 무식해서 결혼할 사람에게 편지 한 장 쓰지도 못했다.[31]

하와이 이민 2세이며, 하와이대학교 사회학과 교수였던 엘리스 최(Alice Chai) 박사는 사진 신부에 관한 연구를 집중적으로 해 왔다. 최 박사는 늙은 남편과 결혼해야 하는지를 9일 동안 망설이다 결혼하고 결혼한 후에 3달 동안 말을 안 한 여인의 한을 보여주는 인터뷰 내용을 다음과 같이 소개하고 있다.

> 나는 처음 이민국에서 남편이 될 남자를 보았다. 그는 늙어 보였다. 그래서 내 심장이 멎는 것을 느꼈다. 호놀룰루에 살았던 사촌이 결혼을 주선하였는데, 나는 그녀에게 몹시 화를 냈다. 나는 8일 동안 울었다.…… 나는 한밤중에 나와서 자살을 기도하였으나 죽지 않았다. 만일 결혼하지 않으면 다음 배로 한국으로 다시 돌아가야 함을 알았다. 그래서 9일 만에 나는 결혼하게 되었다. 나는 남편에게 3달 동안 아무 말도 하지 않았다.[32]

31 민병용, 64.
32 Alice Chai, "Korean Women in Hawaii, 1903–1945," *Asian and Pacific American Experiences: Women's Perspectives*, ed. Nobuya Tsuchid, (Minneapolis: University of Minnesota, 1982), 78.

이렇게 신랑들이 사진에서 본 것과는 다르게 못생기거나 늙어서 너무나 충격적이었다. 17, 18세의 신부들이 너무나 억울하고 원통하게 늙은 남편을 모시고 살아야만 하였다. 어떤 여인들은 한국에 돌아가기도 하였고, 교회 보호처에 기거하기도 하였으나 많은 여인들은 이렇게 비인간적인 대우를 받으면서 미국 생활을 시작하기에 이르렀다. 한국에서는 안정된 집안에서 경제적으로도 사회적으로도 높은 계층에 있었던 여성들이 더 큰 자유를 얻고, 더 큰 꿈을 이루기 위해서 미국으로 건너 온 것이다. 한국의 역사는 고난의 역사인데 그 고난을 더욱 뼈아프게 짊어진 것이 한국 여성들이었음을 이 사진 결혼 이야기에서도 찾아 볼 수 있다.

이렇게 가부장적 문화에 근거한 사진 신부들의 결혼은 많은 여성들의 억압과 아픔을 가져왔지만, 이 사진 신부의 결혼 이민 사건의 긍정적인 요소를 말한다면, 여러 가지 측면에서 언급할 수 있다.

첫째로, 이민 2세와 3세의 번성이라고 해석할 수 있다. 사진 신부들의 희생을 통하여 이민 사회가 활기를 찾고, 자손을 번성시키며, 한인 사회가 미주 사회에서 뿌리를 내리게 되었다. 사진 신부들이야말로 한인 이민 사회의 새 역사 창조의 아픔에 기여하는 역사적 주역들이었다고 말해야 할 것이다. 지금까지 역사는 남성들이 만들어 온 것처럼 잘못 기록되었지만, 역사의 주체가 어찌 남성만이라고 말할 수 있을까? 사진 신부들이 없었다면 미주 한인 사회가 이루어질 수 없었으며, 미주 한인 이민사를 창조할 수 없었을 것이다. 그들의 애환의 역사가 이민사와 이민 교회사 속에서 더욱 밝혀져야 한다고 생각한다. 966명의 사진 신부들이야말로 한인 이민사와 한인 교회사의 기초를 만세 반석 위에 올려 놓은 역사적 사건이었다.

둘째로, 사진 신부들은 경제적으로 큰 공헌을 하였다. 어려운 한국 생활을 극복하기 위해서 주로 평안도 쪽에서 하와이로 이민 와서 사탕수수밭 노동을 하면서 가정 경제를 살리는 데 크게 기여하였음을 강조하였을 뿐 아니라, 제2기 1910년부터 1924년에 이민 온 사진 신부들도 적극적으로 가정 경제를 살린 것을 그의 논문에서 밝히고 있다.[33] 최 박사는 사진 신부들이 자녀와 자신의 교육의 기회를 얻기 위해서, 남성 지배로부터 인격적 해방을 얻기 위해서, 일본의 정치적 억압에서 해방되기 위해서, 그리고 가장 큰 이유로 가난에서 해방되기 위해서 이민 오게 되었음을 강조하고 있다. 말할 자유와 함께 일할 자유를 얻기 위하여 미국에 왔음을 최 박사는 강조한다. 그래서 여인들은 사탕수수 밭에서 10시간 노동하고, 밤에는 가족들을 돌보고 독신 남자들의 식사와 빨래 등을 돌보는 고된 이민 생활을 하였음을 밝히고 있다.[34] 사진 신부들은 작은 옷가게를 경영하기도 하였고, 세탁소 일을 하기도 하였으며, 하숙 손님을 치기도 하였고, 손빨래 일을 하기도 하였으며, 석탄 다리미질을 하기도 하였다. 10-24명의 여인들이 함께 모여 계모임을 조직하여 가정 경제를 살리는 데 기여하기도 하였다. 더욱 심각한 경우는 늙은 남편이 일찍 죽을 경우에 가정 경제를 책임져야 하는 것이라고 할 수 있다.[35]

셋째로, 사진 신부들은 이민 사회의 신앙적 활력소를 불어넣는 데 큰 공헌을 하였다. 여성들 중에는 "성경 부인(Bible woman)"들이 있었는데, 그들은 전도사, 선생, 공중건강교육사, 사회복지가의 역할을 동시에 하였다. 이민3세가 그녀의 할머니를 이렇게 회상한다.

> 나의 할머니는 28세에 1903년 그녀의 8살짜리 딸과 함께 한국을 떠났다. 그녀의 가족은 그녀의 기독교 신앙 때문에 그녀를 가족으로부터 쫓아냈다. 그녀는 남편으로부터도 배척을 당하였다. 그녀

33 Alice Chai, 75.
34 Alice Chai, 78.
35 Elice Chai, 79.

는 "성경 부인"으로서 하와이로 가기로 결단하였다. 많은 여성들을 상담하고 용기를 북돋아 주었다. 할머니는 남자가 됐어야 해![36]

이러한 성경 부인들이 이민 사회를 복음화하는 데 크게 기여하였다. 한국을 떠나기 전에 비기독교인이었던 사람들이 이민선을 타고 미국에 이민 온 후에 기독교인들이 되었다.

사진 신부들은 이 이민 사회의 기독교화의 핵심적인 전도사들이었다. 그들은 주일 예배를 참석할 뿐만 아니라 기도회 모임과 성경 공부 모임의 선생, 조력자, 혹은 회원으로 다양하게 참여하였다. 특히 사진 신부 여성들은 주일학교 성경 공부나 한글 공부 프로그램에 출석하는 중심적인 회원들이 되었다. 어떤 여성들은 희미한 불빛 아래서 바느질을 하면서 성경 읽기나 찬송을 흥얼거리며 부르는 것을 즐겼다. 여성들은 조직화의 지식과 경험을 교회 일의 참여를 통하여 배웠다. 그래서 교회 활동을 통하여 여성들이 전통적으로 가정에 매인 생활을 넘어서서 점차 개방적이 되고, 활동적이 되며, 담대해져서 그들의 활동을 가정의 울타리를 넘어 교회와 사회에로 확장시켜 가게 되었다. 물론 그들이 남성 지배적인 교회 운영에 보조적인 지도력을 발휘하였다 할지라도, 그들은 충성되고, 핵심적인 교인들로 교회 일에 참여하였다.

넷째로, 사진 신부들은 2세들에게 한국인의 정체성을 확립시켜 주는 것에 크게 기여하였다. 사진 신부들은 한국어와 한국 문화를 열심히 2세들에게 가르쳐 줌으로써 한국인의 자부심과 정체성을 갖고 살도록 하였다.

36 Esther K. Arinaga, "Contributions of Korean Immigrant Women," *Montage: An Ethnic History of Women in Hawaii*, ed. Nancy Foon Young and Judy R. Parrish (Honolulu: General Assistance Center for the Pacific College of Educational Foundations, University of Hawaii, 1970), 74. Elice Chai, "Korean Women in Hawaii," 77에서 재인용.

다섯째로, 사진 신부들은 또한 독립 운동에 큰 기여를 하였다. 그들이 돈독한 신앙심으로 이민 사회의 척추 노릇을 하였을 뿐만 아니라, 탁월한 애국심으로 독립 운동을 경제적으로 지원하는 일에 앞장섬으로써 역시 이민 사회의 정신적 척추 노릇을 하였다.

사진 신부들이 독립 운동에 기여한 조직은 크게 세 가지로 살펴 볼 수 있다. 물론 이 운동은 사진 신부들뿐 아니라 다른 이유로 이민 온 여성들도 함께 참여한 운동이다. 첫 번째 조직은 1908년 샌프란시스코에서 교회 밖의 여성 조직으로 "한국부인회"라는 이름으로 멜리사 킴(Melissa Kim)의 주도 하에 형성되었다.[37] 두 번째 조직은 1913년 하와이에서 "대한부인회"라는 이름으로 조직되었다. 이 모임의 지도자는 마리아 황(Maria Hwang)이었다. 이 모임은 한국 여성들의 정체성 찾기를 목적으로 시작된 모임이다. 그리고 일본 상품들의 불매 운동을 벌이기도 하였다.[38] 그런데 점차로 한국의 정치적 독립을 위한 모임으로 발전하기에 이르렀다. 세 번째 조직은 "대한부인국제회"였다. 이 조직은 1919년 하와이에서 본래 국제적십자회의 지회였는데, 그것을 넘어서서 독립 운동 기구로 발전하였다. 이 모임도 역시 마리아 황의 지도력으로 조직되었다. 각 하와이 섬들로부터 41명의 대표들이 모여들어서 모임을 조직하였다. 1919년 3월 15일 그들은 흰 저고리와 흰 치마를 입고 애국가를 부르면서 행진하였다. 그들은 기미독립선언서에 서명한 민족대표 33인의 가족을 돕는 일, 1919년 3.1운동의 사망자 유가족들을 돕는 일, 독립군을 지원하는 일, 그리고 상해 임시정부를 돕는 일 등을 하였다.[39] 사탕수수 밭과 파인애플 밭에서의 고된 노동, 바느질 노동, 떡과 김치 판매 등을 통해서 번 돈과 회원들의 연회비 2달러 50센

37 Eun Sik Yang, 12.
38 Eun Sik Yang, 12.
39 Eilce Chai, 83.

트와 다양한 기부금 등으로 20만 달러를 모금하여 조선일보와 동아일보를 통하여 독립 운동을 경제적으로 지원하였다.[40] 지금도 20만 달러면 큰 돈인데 1919년에 20만 달러를 모금하였다는 것은 엄청난 사건이었다.

이렇게 사진 신부들은 교회를 통하여 하나의 인격체로 인정을 받고, 하나의 사회인으로 주체 의식을 갖고 활동할 수 있게 된 것이다. 그러니까 미주한인교회는 자유와 해방의 공동체였다.

7. 신바람 나는 공동체:

2천년 교회사를 통하여 예수를 그리스도로 고백하고, 예수의 십자가 복음을 선포하고, 예수는 그리스도라고 가르치고, 예수의 생명을 나누고, 예수의 생명으로 섬기고, 예수의 십자가로 자유하고 해방케 되는 공동체의 원동력은 바로 성령 충만이다. 오순절 마가 다락방에 임하신 성령이 임재할 때만이 교회가 교회다워지는 것을 교회사가 증언하고 있다. 성령 충만이 임한 공동체는 신바람 나는 공동체이다. 성령은 구약 히브리어로 루아하, 신약 희랍어로 푸뉴마, 모두 바람이란 말로 표현되어 있다. 그런데 산들바람이나 폭풍바람이 아니라 하나님의 바람, 곧 신(神) 바람이다. 에스겔 골짜기에 성령이 신바람 나게 불어닥칠 때 죽은 해골들이 일어나 하나님의 군대가 되었던 것처럼, 오늘의 교회들 속에도 성령의 신바람이 불어닥칠 때 다시 생명력 있게 살아 일어나는 교회들이 될 수 있다.

40 Eun Sik Yang, 14.

II. 성찬론의 역사적 고찰:

A. 루터의 성찬론:

『독일 크리스천 귀족에게 고함』은 외적 개혁에 초점을 두고 있으나, 『교회의 바벨론 포로』에서는 내적 신학적 개혁에 초점을 두고 있다. 루터는 장벽(wall) 대신에 포로(captivity)라는 용어를 쓰고 있다. 교회는 세 가지 포로 상태에 놓여 있다고 비판한다.

첫째, 로마 가톨릭교회의 화체설(transubstantiation)의 포로 상태를 비판한다. 이것은 그리스도의 현존에 대한 인간적 조작적 해석이라고 비판하였다. 아리스토텔레스의 철학적 구조인 본질(substance)과 우연성(accident)으로 로마 가톨릭교회는 성만찬을 설명한다. accident, 곧 빵과 포도주의 맛, 색깔, 냄새, 모양은 변하지 않지만, substance, 곧 빵과 포도주의 본질은 그리스도의 본질로 변한다. 사제의 성별의 기도시에 본질이 변한다고 이해한다. 루터는 이 화체설의 미신적 요소를 비판한다. 그럼에도 불구하고 루터의 공체설(consubstantiation)은 로마 가톨릭교회처럼 그리스도의 부활의 몸이 신체적으로 임재한다는 신체적 임재설(physical presence)을 주장한다. 사제의 성별의 기도와 말씀선포로 그리스도의 몸으로 본질이 화하는 것은 아니지만, 그리스도의 몸이 출석한다는 것이다.

둘째, 평신도들에게 포도주를 안 주는 포로 상태를 비판한다. 평신도도 성만찬의 두 요소들(two elements: 떡과 포도주)을 모두 받을 수 있어야 함을 주장한다. 이것은 로마 가톨릭교회의 폭력의 결과라고 하였다. 중세에는 사제들만 떡과 포도주를 모두 받았고 평신도들은 떡만 받았다. 왜냐하면 실수해서 포도주를 흘릴 수도 있기 때문이다. 그러나 루터는 그리스도께서 평신도들의 죄도 사하시기 위해서 고귀한 피를 흘리셨으며, 예수님 자신이 두 종류를 모두 나누어 주셨기 때문에 평신도도 떡뿐 아니라 포도주도 마셔야 한다는 것이다.

셋째, 인간적 선행과 희생의 미사(mass of sacrifice and good work)라는 포로에 갇혀 있음을 비판한다. 루터는 이 세 번째 포로가 가장 사악한 것이라고 지적한다. 마술적 경건이라고 해석한다. 로마 가톨릭교회는 그리스도께서 매 미사 때마다 희생의 제사를 드리는 것으로, 또한 우리의 죄 사함의 보속을 위해서 인간도 희생의 제물로 바쳐지는 노력과 공로가 있어야 함을 강조하였다. 그러나 루터는 그리스도께서 십자가 위에서 단 한번(once for all) 영원한 희생의 제사를 드렸는데, 또다시 매 미사 때마다 희생되실 필요가 없다는 것이다. 또한 인간의 희생의 공로로 죄 사함을 받는 것이 아니라 그리스도의 희생의 공로로 죄 사함 받기에 인간들이 계속 희생의 노력을 할 필요는 없다는 것이다.

넷째, 두 가지 성례전만을 강조한다. 다른 다섯 가지 중세의 성례전들은 비성서적이고 두 가지(세례와 성만찬)만 성서적이라고 해석한다. 또한 다른 성례전들은 그리스도께서 행하시지 않고 두 가지만 그리스도께서 친히 행하셨다고 해석한다.

교회의 바벨론 포로(1520, De Captivitate Babylonica Ecclesiae):

먼저 나는 일곱 성례가 있다는 것을 부인하지 않으면 안 된다. 그리고 현재로서는[41] 세 가지, 곧 세례와 참회와 떡[42]만이 있음을 주장하지 않으면 안 된다. 이 세 가지는 다 로마 교황청에 의하여

41 "참회"에 관한 한 "현재" 상태가 오랫동안 계속되지 않았음.
42 그 당시 보통 부르던 대로 한다면, "떡"이란 주님의 성만찬을 뜻하는 표현임.

비참하게 유수되어 왔으며, 또한 교회는 모든 자유를 박탈당해 왔다. 그러나 만일 성서의 관례에 따라서 말한다면 나는 단 한 가지 성례,[43] 그러나 세 가지 성례적인 표지가 있는 성례만을 가져야 한다.

더 나아가서, 만일 교회가 평신도들에게서 한 가지 요소인 포도주를 빼앗을 수 있다면, 역시 다른 한 가지 요소인 떡도 빼앗을 수 있다는 결과가 된다. 그러므로 교회는 평신도들에게서 저 제단의 성례를 빼앗고 또 그들에 관한 한 그리스도의 제도를 완전히 무효화할 수 있을 것이다. 무슨 권위로 그렇게 할 수 있는지 묻고 싶다. 만일 교회가 떡이나 두 요소를 빼앗을 수 없다면, 포도주도 빼앗을 수 없을 것이다. 이것은 부인할 수 없는 것이다. 왜냐하면 교회의 능력은 두 요소에 대해서와 마찬가지로 어느 한 요소에 대해서도 동의해야 하며, 또한 만일 두 요소에 대하여 아무 능력도 없다면 어느 한 요소에 대해서도 아무 능력이 없기 때문이다. 나는 로마의 아첨자들이 여기에 대하여 무엇이라고 말하는지 듣고 싶다.

그러나 나에게 가장 중요하고 또 가장 결정적인 것은 그리스도께서 다음과 같이 말씀하시는 것이다. 곧 "이것은 너희와 많은 사람들의 죄사함을 위하여 흘린 내 피이다"[44]라는 말씀이다. 여기서 당신은 피가 모든 사람들의 죄를 위하여 흘려지는 것을 매우 명료하게 본다. 그러나 피가 평신도들을 위하여 흘려지지 않았다고 누가 감히 말할 수 있겠는가? 그리고 당신은 그리스도께서 잔을 주실 때에 누구에게 말씀하시는지 알지 못하는가? 그리스도께서는

43 sacramentum. 딤전 3:16 참고.

44 참고. 마 26:28; 눅 22:20; 막 14:22-24; 고전 11:23-25 비교.

모든 사람들에게 잔을 주시지 않으시는가? 모든 사람들을 위하여 흘리셨다고 말씀하시지 않으시는가? "너희를 위하여(누가복음 22:20)" 라고 그는 말씀하신다.

그러므로 이 성례의 첫째 포로는 그 실체나 완전성에 관한 것이다. 로마의 횡포는 우리에게서 이것을 강탈해 갔다. 다만 한 가지 요소만을 사용하는 사람들이 그리스도에 대하여 죄를 짓는다는 것이 아니다. 왜냐하면 그리스도께서는 "너희가 이것을 행할 때마다 나를 기념하여 행하라(고린도전서 11:25)" 고 말씀하실 때 어느 한 요소의 사용을 명령하신 것이 아니시고, 오히려 이것을 개개인의 선택에 맡기셨기 때문이다. 오히려 죄인들은 이 선택권을 행사하려고 하는 사람들에게 두 가지 요소를 주지 않는 사람들이다. 잘못은 평신도들에게 있는 것이 아니고 사제들에게 있다. 성례는 사제들에게 속한 것이 아니고 모든 사람들에게 속한 것이다. 사제들은 지배자들이 아니라, 원하는 대로 원하는 사람들에게 두 가지 요소를 베풀 의무가 있는 종들이다. 만일 사제들이 평신도들에게서 이 권리를 빼앗고, 강제로 그들에게 거부한다면 그들은 폭군들이다. 그러나 평신도들은 한 가지 요소를 받지 않거나 두 가지 요소를 받지 않거나 잘못이 없다. 한편 평신도들은 자신들의 신앙과 또 완전한 성례를 바라는 자신들의 욕망에 의하여 보존을 받지 않으면 안 된다.

이 성례의 둘째 포로는 양심에 관한 한 덜 괴로운 것이다. 그러나 이 포로를 정죄하는 일은 말할 것도 없고 이것을 공격하려는 사람에게는 가장 큰 위험이 따른다. 여기서 나는 한 위클리파[45]라고 불릴 것이며, 600가지 이름으로 이단자라고 불릴 것이다. 그러나 그것이 어쨌단 말인가? 로마 주교는 하나의 주교가 아니고 하나의 폭군이 되었기 때문에 나는 그의 법령을 하나도 두려워하지 않는다. 왜냐하면 어떤 새로운 신앙 개조를 만드는 일은 그의 권한 가운데 있지 않으며, 또한 어떤 일반 공의회의 권한 가운데도 있지 않음을 나는 알기 때문이다.

이 성례의 셋째 포로는 모든 것 중에서 가장 사악한 오용이다. 이 결과로 오늘날 교회에는 미사가 선행이고 희생 제사라는 것보다 더 일반적으로 보유되거나 또는 더 확고하게 믿어지는 의견이 없게 되었다. 그리고 이 오용은 다른 무수한 오용을 가져오므로, 이 성례의 신앙이 완전히 소멸되었으며, 거룩한 성례가 순전한 상품과 시장과 이득 사업으로 화하고 말았다. 그리하여 참여,[46] 형제단,[47] 대도(代禱), 공적, 기념제,[48] 추도일[49] 등 상품들이 교회에서 매매되고 거래되고 교환되었다. 사제들과 승려들은 여기에 그들의 모든 생계를 의탁하고 있는 것이다.

우리는 눈과 마음을 전혀 이 그리스도의 제정에만 돌려야 하며, 바로 성례를 제정하시고 완전하게 하시고 우리에게 위탁하신 그리스도의 말씀 외에는 우리 앞에 아무것도 두어서는 안 된다. 왜냐하면 그 말씀, 홀로 그 말씀 안에만 미사의 능력과 본질과 실체가

45 John Wycliffe(1324경—84) : 영국의 종교개혁자로서 사망 후 콘스탄스 공의회에 의하여 이단으로 심판받음(1415년 5월 4일).

46 실제로 임재해 있지는 않으나 미사에 있어서 영적인 참여를 가능케 한다는 뜻에서 봄

47 이 같은 형제단 활동은 공적을 쌓기 위한 예배 활동을 통하여 실천할 수 있음.

48 사망한 사람의 영혼을 위하여 일년 동안 매일 행하거나 혹은 그의 사망일에 매년 일차씩 미사를 특별히 드리는 일이 있었음.

49 기념일마다 죽은 자들을 위한 미사를 드리는 일.

있기 때문이다. 그 외의 모든 것은 그리스도의 말씀에 첨부된 인간의 행위이며, 미사는 그것들 없이도 꼭 같이 미사로 유지되며 존속할 수 있다.

『루터선집』(제7권: WA 6:497-573, LW 36:11-126)

B. 츠빙글리의 성찬론:

1. 영적 식사(spiritual eating):

예수가 약속한 영혼의 식사, 그리스도의 몸은 마음의 음식이며 그리스도의 몸을 신체적으로 먹는 것은 불가능하다(Letter to Matthew Alber, p.132). 요한복음 6:63에 근거하여 살리는 것은 영이요 육은 무익함을 강조하였다. 영생하도록 있는 양식을 중요하게 생각하였고(요한복음 6:27) 성만찬은 세상에 생명을 부여하는 양식임을 주장하였다.

2. 화체설비판:

육체가 신체적으로 먹히는 것(physical eating)을 부인하였다(Letter to M. Alber).

3. 믿음의 식사:

성만찬은 은총의 수단(means of grace)이나 신앙을 주는 것이 아니고, 그리스도의 십자가를 믿는 사람들이 먹는 신앙의 식사임을 츠빙글리는 강조하였다.

4. 상징적 해석(symbolism):

떡은 artos로 남성인데, 몸은 swma로 중성임을 지적하면서, 그러므로 떡은 그리스도의 몸이 아니고 다만 그리스도의 몸을 상징한다(hoc significat corpus meum)고 해석하였다. 이러한 해석은 오리겐(signify), 터툴리안

(represent), 어거스틴(figure) 등에 의해서 해석되어 온 알렉산드리아적 요소이다.

5. 기념설(remembrance, commemoration):

우리를 위해 고난당하신 그리스도의 죽음을 기념하는 것, 오스트리아와의 Naehenfall 전투에서 승리한 것을 기념하기 위해 매해 4월 첫 목요일에 기념 예배를 드리는 것에서 힌트를 얻어 멀리 떠난 신랑 예수를 기억하고 사모하는 신부 성도의 기념 행위라고 생각하였다.

6. 그리스도의 몸에 동참함:

부활하신 그리스도의 몸에 참여함으로 그리스도와 하나됨을 중요하게 생각하였다. 그리고 신비적인 몸인 교회 공동체와 하나됨을 강조하였다.

7. 그리스도의 몸의 결석:

안디옥 기독론에 근거하여 부활하신 그리스도의 몸은 성만찬 상에 출석할 수 없음을 강조하였다. 이것이 루터의 신체적 임재설과 강하게 부딪혀서 말부르크 논쟁을 하게 되었다.

C. 칼빈의 성찬론:

1. 두 성례전의 신학적 이유: 로마 가톨릭교회의 일곱 가지 성례전을 거부하고, 세례와 성만찬만 성례전으로 칼빈은 주장한다. 이것은 루터도 동일하다. 그 이유는 첫째, 성서적이기 때문이다. 성서에는 세례와 성만찬만 성례전으로 언급되어 있다는 것이다. 둘째, 구원에 관계되는 성례이기 때문이다. 우리의 구원을 위해서는 세례와 성만찬만이 필요하고, 그 이외에 고해성사, 견진성사, 결혼성사, 사제안수성사, 종부성사 등은 우리의 구원을 위해 필요한 것이 아니라는 것이다(『기독교강요』, IV. xvii.47, IV.xvii.49).

2. 안디옥 기독론의 근거한 성찬론: 칼빈은 안디옥 기독론에 근거하여 하늘 보좌 우편에 계신 그리스도의 몸은 성만찬 상에 오실 수 없다고 주장한다. 첫째, 장소적 제한을 받는 몸이라는 것이다(IV. XVII. 19, IV. XVII. 26). 둘째, 안디옥 기독론에 따라 그리스도의 몸은 어디에나 계실 수 있다는 알렉산드리아학파의 편재성(ubiquity)을 부인한다(IV. XVII. 29). 셋째, 알렉산드리아학파처럼 그리스도의 속성의 교류, 곧 신성과 인성이 예수의 한 인격 속에서 교류함을 부인한다(IV. XVII. 30). 따라서, 루터가 강조하는 신체적 임재설을 거부한다(IV. XVII. 14). 물론 로마 가톨릭교회의 화체설도 거부한다.

3. 상징적 해석과 영적 임재설(spiritual presence, IV. XVII. 10, IV. XVII.): 20, IV. XVII.22, IV. XVII. 23. 칼빈은 어거스틴적 상징설을 따른다(IV. XVII. 26). 그러나 단순히 츠빙글리처럼 상징으로만 끝나지 않고 영적 임재설을 주장한다. 성령의 임재로 그리스도와 성도가 결합될 수 있다는 것이다(IV. XVII. 3., IV. XVII. 10, IV. XVII. 12).

4. 말씀과 믿음을 통한 성찬 참여: 말씀에 의한 성별을 칼빈은 주장한다(IV. XVII. 39, IV. XVII. 43). 말씀의 제정이 없으면 성찬으로 성별될 수 없음을 강조한다. 그리고 믿음으로 먹어야 한다는 것이다. 믿음으로 참여하는 성만찬은 곧 십자가의 신앙으로 참여하는 것이다(IV. XVII. 4). 회개와 믿음으로 먹는 식사가 되어야 한다(IV. XVII. 5).

5. 효험주의(virtualism): 첫째, 성령의 신비적 능력을 체험할 수 있다고 칼빈은 강조한다. 그것은 덕스러운 삶으로 나타난다(IV. XVII. 10). 둘째, 그리스도와의 신비적 결합과 그리스도 안에서 하나됨의 효험이 나타난다는

것이다(IV. XVII. 2). 셋째, 사랑의 나눔을 준다. 곧 순결, 사랑, 화해의 열매를 맺게 한다(IV. XVII. 38). 넷째,영적 생명의 양식과 생명의 약이 된다(IV. XVII. 1., IV. XVII. 2., IV. XVII. 8, IV. XVII. 9).

제17장 그리스도의 성만찬 : 그것이 우리에게 주는 유익

4. 성만찬이 주는 약속의 의미

그러므로 이 성례에서는 더 이상의 생각이 없이 단순히 그리스도의 몸을 우리에게 주는 것이 그 가장 중요한 기능은 아니다. 오히려 그의 살은 참된 양식이요 그의 피는 참된 음료며(요한복음 6:55), 그것을 먹는 우리는 영생을 얻을 것이라고(요한복음 6:54) 선언하신 그 약속을 확인하는 것이 성찬의 가장 중요한 기능이다. 그리스도께서는 자기를 생명의 떡이라고 선언하시면서 그 떡을 먹는 자는 영원히 살리라고 하신다(요한복음 6:48, 50). 그 약속을 확인하기 위해서 성찬은 우리를 그리스도의 십자가로 보낸다. 십자가에서 그 약속이 실천되며 모든 점에서 성취되었다. 그리스도께서 십자가에 못박히시지 않는다면 즉 우리가 그의 죽으심의 효력을 산 체험으로 이해하지 않는다면 우리는 그리스도를 올바르게 또 구원에 이르도록 먹는 것이 아니다.

***

10. 성찬에는 그리스도의 몸이 임재한다.

요약하면, 떡과 포도주가 신체의 생명을 유지하는 것과 같이 우리의 영혼은 그리스도의 살과 피를 양식으로 삼는다. 영혼이 그리스도에게서 참으로 영양을 얻어야만 그 표징의 유추가 적용된다. 또 이 일이 있으려면, 그리스도께서 참으로 우리와 하나가 되어 우리가 그의 살을 먹으며 그의 피를 마심으로써 기운을 얻어야 한다.

우리와 멀리 떨어져 있는 그리스도의 살이 우리 속에 들어와서 우리의 양식이 된다는 것은 믿을 수 없는 일같이 생각되지만, 우리는 성령의 은밀한 능력이 우리의 지각을 멀리 초월한다는 것과 성령의 광대하심을 우리의 척도로 재는 것이 얼마나 미련한 짓인가를 기억해야 한다. 그러므로 우리의 지성이 이해하지 못하는 것 즉 공간적으로 서로 떨어져 있는 것을 성령께서 참으로 결합하신다는 것을 우리의 믿음이 생각하도록 해야 한다.[50]

그래서 사도는 "우리가 축복하는 바 축복의 잔은 그리스도의 피에 참예함이 아니며 우리가 떼는 떡은 그리스도의 몸에 참예함이 아니냐"라고 말한다(고린도전서 10:16). 이것은 비유적 표현이며, 의미하는 실체의 이름을 표징해 준 것이라고[51] 항의하는 것은 타당성이 없다. 나는 물론 떡을 떼는 것이 상징이라는 것을 인정한다. 그것은 본체 그 자체가 아니다.

그러나 이것을 인정한 다음에도 우리는 상징을 보여줌으로써 본체도 보인다고 바른 추론을 한다. 하나님께서 거짓말을 하신다고 말하려는 사람이 아니라면, 하나님께서 허망한 표징을 제시하신다고는 감히 주장하지 않을 것이다. 그러므로 주께서 떡을 떼는 것으로 그의 몸에 참여하는 것을 참으로 표현하신다면, 그가 참으로 그의 몸을 제시하며 보이신다는 것을 조금도 의심할 수 없다.

50 이 구절의 문장들은 성찬에서 거리(locorum distantia)와 분리(locis disiuncta)가 있음에도 불구하고 성령의 활동에 의해서 우리가 그리스도의 몸에 참여하는 신비에 대한 칼빈의 감격을 표현한다. 이것은 우리가 성령의 초월적인 숨은 능력(arcana virtus)을 이해하기까지는 믿을 수 없는 일이다. Cf. sec. 7. note 23, above; Ⅳ. xvii. Ⅱ. 칼빈이 성찬에서 작용하는 신비적인 능력(virtus)을 항상 주장하기 때문에, 그의 성찬론을 "virtualism"이라고 부른 사람이 있다.

51 "Accumbunt": 이 말은 항상 로마 시대의 연회에서 기대어 앉는 자세를 의미하는 것이 아니다. 칼빈의 동시대인들도, 예컨대 John Brenz도 성찬론에서 이 말을 사용했다.

경건한 사람들이 반드시 지켜야 할 원칙은, 주께서 정하신 상징을 볼 때마다 참으로 거기에 상징된 본체가 있다고 생각하며 확신해야 한다는 것이다. 주께서 우리 손에 그의 몸의 상징을 쥐어 주시는 것은 우리가 참으로 그 몸에 참여한다는 것을 확신케 하는 것이 아니고 무엇이겠는가? 보이는 표징은 보이지 않는 것을 주신다는 확인이라는 것이 사실이라면, 우리는 몸의 상징을 받았을 때 그 몸 자체도 받았다는 것을 똑같이 확신해야 한다.

***

12. 그리스도의 몸은 공간적으로 임재하는가

그리스도의 몸은 모든 인간의 몸에 공통된 일반적인 특색들에 의해서 제한을 받으며, (이미 하늘에 받아들인바 되어) 그리스도께서 심판자로서 돌아오실 때까지(사도행전 3:21) 하늘에 머물러 있다는 것을 우리는 의심하지 않는다. 그러므로 그 그리스도의 몸을 다시 끌어다가 썩을 요소들 밑에 둔다거나 그 몸이 어디든지 있다고 생각하는 것은 전연 합당치 못한 행위라고 우리는 생각한다.

또 우리가 그리스도의 몸에 참여하기 위해서는 이렇게 할 필요가 없다. 주께서는 그의 영으로 우리에게 이 은혜를 주셔서 우리의 몸과 영과 영혼이 그와 하나가 되게 하시기 때문이다. 그러므로 이러한 연결의 줄은 그리스도의 영이시며, 이 줄로 우리는 그리스도와 연합되어 그와 하나가 된다. 그리스도의 영은 수로와 같아서 그리스도 자신의 모든 성질과 소유는 그 수로를 통해서 우리에게 전달된다. 우리는 태양이 지구 위에 그 광선을 부음으로써 그 본질의 일부를 지상에 던져 지구의 소산물이 나게 하고 기르며 자라게 하는 것을 본다. 그렇다면 어째서 태양에 비교했을 때 그리스도의 영은 그의 살과 피를 우리에게 전달하는 빛이 적을 것인가? 그러므로 성경은 우리가 그리스도에 참여하는 일을 말할 때 그 힘을 전적으로 성령에 관련시킨다. 한 구절이 여러 구절을 넉넉히 대표할 것이다. 로마서 8장에서 바울은, 그리스도께서는 오직 그의 영을 통해서만 우리 안에 거하신다고 말한다(로마서 8:9).

***

19. 성찬에서의 그리스도의 임재를 어떻게 생각할 것인가

(1) 그리스도의 하늘 영광을 감해서는 안 된다—그리스도를 끌어내려 이 세상의 썩을 요소들 밑에 두거나 지상의 피조물에 고착시킨다면 그리스도의 하늘 영광을 감하게 된다. (2) 인성에 합당하지 않은 것을 그리스도의 몸에 돌려서는 안 된다. 그리스도의 몸은 무한하다고 하든지 동시에 여러 곳에 계시다고 한다면 이 둘째 제한을 어기게 된다.

〈『기독교강요』 하권(IV), 교회론, 438-523〉

D. 웨슬리의 성찬론:

웨슬리는 루터와 칼빈처럼 교회란 설교가 선포되어지고 성례전이 집행되는 곳임을 강조하였다. 그리고 성례전은 회개와 거듭남과 성화를 체험하는 은총의 수단(means of grace)임을 강조하였다. 성례전 중에서도 특히 성찬은 선재적 은총, 의인화의 은총, 성결의 은총을 전달하는 수단으로 이해한다. 또한 성만찬은 거듭남을 재촉하고 신앙을 견고케 하는 예전이기도 함을 주장한다. 그래서 웨슬리는 성찬은 회심케 하는 의식(converting ordinance)이라고 하였다.

> 초대교회에서 세례받은 사람들은 누구나 날마다 성찬식을 했다.--- 그러나 나중에 주의 만찬은 회심하는 성례가 아니라 신앙을 굳게 하는 성례라는 데 동의했다. 그리고 우리들도 오로지 회심한 자, 성령을 받은 자, 완전한 의미에서 믿음이 있는 자만이 성찬식을 해야만 한다고 굳건하게 배웠다. 그러나 경험을 통해 주의 만찬이 회심케 하는 성례가 아니라는 주장이 얼마나 잘못된 것인가 알 수 있다. --- 우리 주님은 아직 회개하지 않은 자, 아직 성령받지 못한 자, (완전한 의미에서) 믿음이 없는 자에게도 그를 '기억하며' 성찬을 받으라고 명령하셨다.[52]

특히 어머니 수잔나가 성찬을 통하여 십자가의 은총에 감격하고 거듭남을 체험하였기 때문에 더욱 거듭나게 하는 은총의 수단이라고 웨슬리는 생각하였다.

성찬은 하나님의 사랑의 표시이며, 성찬을 통하여 성령의 은사가 성도들의 마음속에 내려온다고 해석한다. 웨슬리는 성찬이 그리스도의 대속적 죽음의 표적, 현재적 은혜의 표적, 천국의 표적, 그리고 성도의 교제의 표적이 됨을 강조하였다. 이렇게 성찬을 은총과 영성훈련의 중요한 수단으로 보았기에 모든 사람들에게, 세례를 안 받은 사람들에게도 주었다. 왜냐하면 그들도 이 은총의 수단을 통하여 각종의 은총, 선재적 은총, 의롭다하심의 은총, 성화의 은총을 받을 수 있는 기회가 주어지기 때문이다 : "사람들에게 선재적 은총, 의롭다하심의 은총, 성화케 하는 은총을 부여하는 평범한 채널이 되는 목적을 위해 외적 상징과 말씀과 행동으로 하나님에 의해 제정된 것이다."[53]

52 Wesley, Journal (일기), 1740년 7월 27일, 금요일

웨슬리는 상징과 은혜의 이중적 의미를 살린다. 웨슬리는 츠빙글리처럼 단순한 상징도 거부하고 루터처럼 떡과 포도주에 부활하신 그리스도의 몸이 출석하신다는 신체적 임재(physical presence)도 거부한다. 칼빈적인 영적 임재(spiritual presence)와 효험주의(virtualism)에 가깝다. 성만찬의 떡과 포도주는 거룩한 상징이면서도 이 상징을 하나님이 은총의 수단으로 만드신다는 것이다. 그 은혜는 떡과 포도주가 본질적으로 변화되는 은혜가 아니라(화체설), 성도가 그리스도의 형상으로 변화되는 은혜이다. 웨슬리는 그 당시 옥스퍼드를 지배한 리차드 후커(Richard Hooker)의 성찬 이해나 다니엘 브레빈트(Daniel Brevint)의 성찬 이해에 영향을 받았다. 브레빈트나 후커는 칼빈의 효험주의에 영향을 받으면서도 칼빈과 다르다. 칼빈은 보좌 우편에 계신 그리스도에게로 성령이 성도들을 끌어올린다고 해석하였다. 그러한 성령의 효능을 통하여 그리스도와 성도들이 하나됨을 경험한다고 칼빈은 이해하였다. 그러나 후커나 브레빈트는 반대로 성령이 그리스도를 성도에게로 모셔 오는 효능을 나타낸다고 해석하였다.[54] 이런 면에서 웨슬리는 칼빈적 영적 임재설이나 효험주의를 받아들이면서도 다르게 이해하고 있다. 리차드 후커에게서 웨슬리가 특히 영향을 받은 것은 성령을 통하여 그리스도의 몸이 떡과 포도주를 받는 성도들에게 임재한다는 것이다.[55] 이것이 바로 루터와도 다른 점이다. 루터는 그리스도의 부활하신 몸이 성찬의 떡과 포도주에 임재한다는 공재설을 말하는 것이다. 그런데 여기서 언급되어지는 "실제적 임재(real presence)"라는 용어가 아주 조심스러운 표현이다. 웨슬리는 루터나 로마 가톨릭교회가 말하는 신체적

53 Wesley, "Means of Grace," *The Works of John Wesley*, vol. 1, (Nashville: Abingdon Press, 1986), 381. 이하 *The Works*로 표기함.

54 테오도레 러년 지음, 김고광 옮김, 『새로운 창조(New Creation)』, (서울: 기독교대한감리회 홍보출판국, 1999), 186.

55 Randy Maddox, *Responsible Grace*, (Nashville: Kingswood Books, 1994), 204.

임재(physical presence)로서의 "실제적 임재"를 브레빈트나 훅커에게서 배우는 것은 아니다. 그럼에도 불구하고 여기서 알렉산드리아 기독론에서 말하는 속성의 교류(communicatio idiomatum)로서의 부활하신 그리스도의 몸은 어디든지 편재하신다는 개념 곧 루터적인 공재설적 요소를 완전히 배제할 수 없다는 것이다.[56] 그러니까 웨슬리의 성찬 이해도 상당히 '중도적(vis media)'인 방법론을 쓰고 있다. 다시 말해서 칼빈의 영적 임재설과 효험주의에 더욱 가까우면서도 루터적 알렉산드리아학파적 기독론의 부활하신 그리스도의 몸의 편재성적인 요소가 나타난다. 물론 성령이 그리스도를 성도들에게 모셔오는 것이기는 하지만 말이다. 그리스도의 성육신과 수난의 은혜를 체험하고, 단순히 회개를 통한 속죄의 은혜를 제사장 예수 그리스도로부터 받는 것에 지나지 않고 왕 되신 예수 그리스도를 본받는 성화의 변화를 체험하는 은총의 수단이 됨을 웨슬리는 강조한 것이다.[57] 그러니까 아주 빈번히 주일 예배마다, 아니 초대교회처럼 주 4회 받기를 열망해야 함을 웨슬리는 강조하였다.

또한 웨슬리와 초대 감리교 신도들은 애찬회(lovefeast)를 가졌다. 처음에는 밴드 모임의 새 회원을 받아들이는 기회가 되었는데 점차 속회 회원권을 가진 자들이 3개월에 한 번씩 참석하게 되었다. 성찬과 다르게 케이크, 비스킷과 물을 나누면서 기도와 찬양과 친교를 나누고 특히 간증과 감사의 시간을 가졌다. 초대교회 아가페의 형태를 본받은 것으로 감리교도들의 영성훈련에 큰 자극이 되었다.

56 러년, 186.
57 Maddox, 205.

| 나눔을 위한 질문 |

1. 교회의 본질은 무엇인가? 교회와 예배당은 어떻게 다른가?
2. 모든 그리스도인이 제사장이라는 개념은 무엇인가?
3. 성찬이 은총의 수단이라고 생각하는가?
4. 교회 안의 작은 교회 운동이 활성화되려면 어떤 모습이 있어야 하는가?

|참|고|문|헌|

1) 제1차 자료

Basileios tou Kaisareias. "Peri tou Hagiou Pneumatos"(성공회 미카엘신학원 소장).

Calvini, Ioannis. *Institutio Religionis Christianae.* Vol.I & II. Brunvigae: Apud C.A. Schwestschke et Filium, 1869.

Calvini, Ioannis. *Institutio Religionis Christianae*(1536 edition). Grand Rapids: Wm. B. Eerdmans Publishing Company, 1975.

Calvin, Johannes. *Reformatorenbriefe(Luther, Zwingli, Calvin)*. Leipzig: Neukirchener Verlag, 1973.

Gregory of Nyssa, *Address on Religious Introduction, Library of Christian Classics*, vol. III. London: SCM Press LTD, 1985.

Gregorios tou Nazianzou, *Peri tou Hagiou Pnematos.* ed. Jac. Billius Prumnaeus Parisiis Sumptibus C. Morelli(Jypographi Regii MDC-XXX, 1630).

Irenaeus of Lyons. "An Exposition of the Faith"(Selections from the Work against Heresies). *Early Christian Fathers.* ed. Cyril C. Richardson. New York: Macmillan Publishing Co., 1978.

Wesley, John. *The Works of John Wesley.* ed. Jackson, Thomas. Peabody, MA: Hendickson Publishers, 1986.

Wesley, John. *Forty-four Sermon.* London: Epworth Press, 1980.

Wesley, John. *A Plain Account of Christian Perfection.* London Epworth Press,

1985.
Wesley,John. *Explanatory Notes upon the New Testament*. London: Epworth Press, 1976.
ed. Outler, Albert. *John Wesley*. Nashville: Abingdon Press, 1964.
Journal of the General Conference(Methodist). 1864. New York: Carlong and Porter, 1864.
루터, 마르틴. 지원용 역. 『루터 선집』, 제 7권. 서울: 컨콜디아사, 1985.
루터, 마르틴. 지원용 역. 『교회의 바벨론 감금』(1520). 서울: 컨콜디아사, 1985.
루터, 마르틴. 지원용 역. 『독일 크리스천 귀족에게 보내는 글』 (1520). 서울: 컨콜디아사, 1987.
칼빈, 존. 이종성 外 공역. 『기독교강요』. 상, 중, 하. 서울: 생명의 말씀사, 2000.

2) 제2차 자료

Arinaga, Esther K. "Contributions of Korean Immigrant Women," *Montage: An Ethnic History of Women in Hawaii*. ed. Nancy Foon Young and Judy R. Parrish. Honolulu: General Assistance Center for the Pacific College of Educational Foundations, University of Hawaii, 1970.
Barth, Karl. *Church Dogmatics*. vol. I. 1. Edinburgh: T.& T. Clark, 1980.
ed. & tr. Bettenson, Henry. *The Early Christian Fathers(A Selection from the Writings of the Fathers from St. Clement of Rome to St. Athanasius)*. Oxford: Oxford University Press, 1984.
Burckhardt, Jacob. *The Civilization of Renaissance in Italy*. tr. Middlemore, S.G.C. New York: Albert & Charles Boni, 1935.
Chai, Alice. "Korean Women in Hawaii, 1903-1945," *Asian and Pacific American Experiences: Women's Perspectives*. ed. Nobuya Tsuchid. Minneapolis: University of Minnesota, 1982.
Cyril, Richardson. *The Doctrine of Trinity*. Nashville: Abingdon Press, 1958.
Feuerbach, Ludwig. *The Essence of Christianity*. tr. Eliot, George. New York:

Harper & Row, 1957.
Harnack, Adolf von. *What is Christianity?*. Philadelphia: Fortress Press, 1986.
Hynson, Leon O. To Reform the Nation. Grand Rapids, Michigan: Francis Asbury Press, 1984.
Kelly, J. N. D. *Early Christian Doctrines*. New York: Harper & Row, 1978.
Maddox, Randy. *Responsible Grace*. Nashville: Kingswood Books, 1994.
McGrath, Alister E. *Historical Theology*. Oxford: Blackwell, 1998.
McGrath, Alister E. *The Theology of the Cross*. Oxford: Basil Blackwell, 1985.
Outler, Albert. *Evangelism in Wesleyan Spirit*. Nashville: Tidings, 1968.
Prenter, Regin. *Luther' s Theology of the Cross*. Philadelphia: Fortress Press, 1971.
Schaff, Philip. *The Creeds of Christendom*. Grand Rapids, Michigan: Baker Book House, 1985.
Schleiermacher, Friedrich. *On Religion*. New York: Harper & Row, 1958.
Starkey, M. *The Work of the Holy Spirit: A Study of J. Wesley*. Nashville: Abingdon Press, 1962.
Snyder, Howard A. *The Radical Wesley*. Downers Grove, IL: Inter-Varsity Press, 1980.
Watson, David. *The Early Methodist Class Meeting*. Nashville: Discipleship Resources, 1987.
Welch, Claude. *Protestant Thought in the Nineteenth Century*. Vol.I. New Haven: Yale University Press, 1985.
Yang, Eun Sik. "Korean Women of America: From Subordination to Partnership, 1903-1930," *AMERASIA* 11: 2(1984)
Yim, Sun Bin. "Korean Immigrant Women in Early Twentieth-Century America," *Making Waves: An Anthology of Writings by and about Asian American Women*. ed. Asian American Women United of California. Boston: Beacon Press, 1989.
김홍기. 『미주한인감리교회백년사 – 제I권 제1부(1903-1965)』. 서울: 기독교 대한 감리회 홍부 출판국, 2003.
러넌, 테오도레. 김고광 역. 『새로운 창조(New Creation)』. 서울: 기독교대한감리회 홍보출판국, 1999.
민병용. 『미주이민100년–초기 인맥을 캔다』. Los Angeles: 한국일보사출판국, 1985.
보그, 마커스 J. 김기석 역.『예수 새로 보기(Jesus: A New Vision)』. 서울: 한국신학연구소, 1998.
유동식. 『한국종교와 기독교』. 서울: 대한기독교서회, 1969.
정경옥. 『기독교의 원리』. 총리원교육국, 4287년.
조용기. 『성령론』. 서울: 신망애사, 1973.
틸리히, 폴. 송기득 역. 『19-20세기 프로테스탄트사상사』. 서울: 한국신학연구소, 1987.
펠리칸, 야로슬라프. 김승철 역. 『예수의 역사(His Place in the History of Culture: Jesus Through the Centuries)』. 서울: 동연, 1999.
한경직. 『한경직 목사 설교집』Ⅷ. 서울: 대한 기독교 서회, 1971.
한철하. 『고대기독교사상』. 서울: 대한기독교서회, 1992.
힌슨, 레온 O. 이희숙 역. 『웨슬리의 윤리 사상』. 서울: 전망사, 1987.

3) 논문

Holsclaw, David. "The Demise of Disciplined Christian Fellowship: The Methodist Class Meeting in Nineteenth-Century America," UMI Dissertation Services, (Michigan: A Bell & Howell Company, 1998).
한철하. "한국교회의 성서이해," 〈기독교사상(基想)〉 1970. 7. 〈신학사상〉, 제1호.
홍소윤. "예수 이미지에 대한 역사적 고찰–예수 그리스도 성화를 중심으로 르네상스까지," (감리교신학대학교 2000년 석사학위 논문).

저자 김홍기

감리교신학대학교(신학사), 연세대학교 연합신학대학원(신학석사), 미국 아이오아 주 Wartburg Theological Seminary(신학석사), Boston University(철학박사 과정 수료), Drew University(철학석사 및 철학박사) 등에서 공부하였다.

서울에서는 형제교회, 육군에서는 충성교회를 담임 목회하였고, 미국에서는 쿼드시티 한인연합감리교회, 케임브리지한인교회, 보스톤한인연합감리교회 등을 담임 목회하였으며, 현재 감리교신학대학교 신학대학원장, 역사신학교수로 재직중이다. 또한 한국웨슬리학회 부회장, 한국교회사학연구원 부원장, 이화여자대학교 다락방전도협회 기획부장 및 이사로도 활동하고 있다.

저서로는『세계기독교역사이야기』,『존 웨슬리 신학의 재발견』,『존 웨슬리의 경제윤리』,『구원의 완성을 향한 순례』,『미주한인감리교회백년사』,『감리교회사』,『형제교회사』,『종교개혁사』,『한국기독교사상산책』등이 있으며, 역서로는『존 웨슬리의 설교』,『역사 속의 신학』등과 공저『존 웨슬리 신학의 역사적 조명』,『한국의 기독교사상』,『기독교사상사 I, III』가 있으며 편저로는『역사신학연구』,『존 웨슬리의 희년사상』,『역사 · 신학 · 선교』등이 있다.

평신도를 위한 신학

펴낸날 1판 1쇄 2006년 4월 14일 | **지은이** 김홍기 | **펴낸이** 김용숙 | **펴낸곳** 이화여자대학교출판부
주소 서울특별시 서대문구 대현동 11-1(우 120-750) | **등록** 1954년 7월 6일 제9-61호
전화 02) 3277-2965, 2966(편집부) 02) 3277-3164, 362-6076(영업부)
팩스 02) 312-4312 | **전자우편** press@ewha.ac.kr | **인터넷서점** www.ewhapress.com
편집책임 민지영 | **디자인** 정혜진 | **찍은곳** 한영문화사

ISBN 89-7300-686-X 03230

값 10,000원